职业教育汽车类专业教材

汽车保险与理赔

第6版

梁 军◎主 编

人民交通出版社

北 京

内 容 提 要

本书是职业教育汽车类专业教材。本书介绍了汽车保险与理赔的基本理论和方法,结合最新的《机动车辆保险条款》和发达国家汽车保险的相关规定,对汽车保险险种、保险实务、保险费率、理赔及案卷制作、定损方法、现场查勘技术等实用保险理赔知识进行了详尽的阐述。本书还针对典型案例进行了分析,以培养读者综合运用专业知识解决实际问题的能力。

本书可作为职业院校汽车、交通、保险类专业学生的教材,还可作为汽车保险业的岗位培训教材或供从事汽车保险与理赔工作的有关人员参考。

本书配有教学课件,教师可通过加入汽车高职教学研讨群(QQ:64428474)获取。

图书在版编目(CIP)数据

汽车保险与理赔/梁军主编. —6 版. —北京:
人民交通出版社股份有限公司,2024.10
ISBN 978-7-114-19539-6

Ⅰ.①汽… Ⅱ.①梁… Ⅲ.①汽车保险—理赔—中国
Ⅳ.①F842.63

中国国家版本馆 CIP 数据核字(2024)第 095247 号

书　　名:**汽车保险与理赔(第6版)**
著 作 者:梁　军
责任编辑:时　旭
责任校对:赵媛媛　魏佳宁
责任印制:刘高彤
出版发行:人民交通出版社
地　　址:(100011)北京市朝阳区安定门外外馆斜街 3 号
网　　址:http://www.ccpcl.com.cn
销售电话:(010)85285911
总 经 销:人民交通出版社发行部
经　　销:各地新华书店
印　　刷:北京市密东印刷有限公司
开　　本:787×1092　1/16
印　　张:13.75
字　　数:315 千
版　　次:2004 年 1 月　第 1 版
　　　　　2007 年 8 月　第 2 版
　　　　　2010 年 5 月　第 3 版
　　　　　2015 年 1 月　第 4 版
　　　　　2019 年 8 月　第 5 版
　　　　　2024 年 10 月　第 6 版
印　　次:2024 年 10 月　第 6 版　第 1 次印刷　总第 28 次印刷
书　　号:ISBN 978-7-114-19539-6
定　　价:48.00 元

第6版前言

Preface

　　近年来,随着新时代中国特色社会主义事业的快速发展,我国居民生活水平大幅度提高,汽车保有量持续快速增长。截至2023年底,全国机动车保有量已达4.35亿辆,其中汽车数量为3.36亿辆;全国新能源汽车保有量已达2041万辆,占整个汽车保有量的6.07%。机动车驾驶人达5.23亿人,其中汽车驾驶人4.86亿人。伴随而来的道路交通伤害已经成为我国伤害死亡的第一原因,统计表明,2022年,全国共发生道路交通事故244937起,造成63194人死亡,直接经济损失超过13.8亿元。道路交通事故给当事者和受害人造成了巨大的经济损失或精神伤害,也造成了一定的社会负担和压力。汽车保险事业的持续发展将有助于充分地发挥保险在汽车风险分担和损失补偿两方面的基本职能。

　　2020年以来,有关道路交通和汽车保险方面的法律法规等相继修订和出台,如2021年4月修订了《中华人民共和国道路交通安全法》和《机动车交通事故责任强制保险条例》,2020年中国银保监会发布了《关于实施车险综合改革的指导意见》,2020年中国保险行业协会出台了《机动车商业保险示范条款》(2020版)和《新能源汽车商业保险示范条款(试行)》,这些法律法规条款的修订,对道路交通运输、汽车保险都提出了新的要求。本书的第6版完全按照新的法律法规和条款进行了全面的修订和调整,将模块四的部分内容分别并入到模块三和模块九,增加了模块七新能源汽车保险,模块一、三、五、六、八、九、十二都进行了大幅度的修改,模块十三的全部案例和参考文献分别进行了更新。

　　本书内容新颖、图文并茂、立足实际,并结合我国汽车行业和机动车保险业务的最新情况,穿插了大量的计算题和案例,融知识性、实用性、趣味性为一体,特别适合高等职业院校汽车、交通运输、保险类专业作为教材使用,也可作为汽车4S店的汽车从业人员、保险公司的车险与理赔人员及广大汽车爱好者、购车者与驾驶人的学习、工作参考书。

　　本次修订由宁波工程学院梁军教授负责并担任主编,北华大学王哲、新疆理工学院代磊担任副主编。梁军编写模块四、六、七、八,王哲编写模块十三,代磊编写模块五、九,天津交通职业学院刘俊萍编写模块一,安徽交通职业技术学院疏祥林编写模块二,天津交通职业学院王学成编写模块三,河北交通职业技术学院骆孟波编写模块十、十一,安徽交通职业技术学院杨柳青编写模块十二。

　　在修订过程中,编者参考借鉴了有关专著、教材、报纸、杂志及网站的相关资料,在此对原作者表示由衷的敬意和衷心的感谢。

　　汽车保险与理赔涉及内容广泛,实践操作性强。恳请同行和广大读者提出宝贵意见,便于在今后的修订中不断完善。

编 者

2024年2月

目录

Contents

模块一
保险的基础知识 >>>

学习目标

知识目标

1. 掌握危险的概念和特征；
2. 掌握风险的定义、组成要素和特点；
3. 理解可保风险和风险管理的含义；
4. 掌握保险的定义、要素和特征。

能力目标

1. 能够对风险进行识别和正确的分类；
2. 能够根据风险管理的程序，选择风险管理技术对风险进行管理；
3. 能够对保险进行正确分类。

素养目标

1. 培养学生学习的主动性和自觉性，充分认识危险和风险的客观存在；
2. 使学生理解保险在国计民生中的重大意义。

保险是社会经济发展到一定阶段的产物。如今，世界上许多国家，特别是经济发达国家，保险已经成为国民经济中的重要组成部分。随着道路运输业的发展、汽车的普及，机动车辆保险已经成为一些保险公司的第一大业务。要从事机动车辆保险实际业务工作，就必须对保险的基础知识有所了解。

一、危险的概念与特征

危险的存在是人们进行保险的前提条件。在日常生活中，人们往往把危险和风险视作同义词，"危险又称风险"的提法也常见于有关的保险著作中。实际上，这种提法是有误的。危险与风险既有联系又有区别，是两个不同的概念。

(一)危险的概念

危险是指导致意外损失发生的灾害事故的不确定性。即在特定期间、特定客观情况下，导致损失的事件是否发生、何时发生，损失的范围和程度的不可预见性和不可控制性。它包含两个方面的含义：其一是危险的不确定性；其二是危险事件的发生给人类造成的经济损失的不确定性。

危险是发生损失及其程度的不确定性。危险的后果是发生损失，是产生保险的前提和根源。保险中的危险损失是未来的，不是过去的或现在已经存在的损失。损失的程度有大有小，但损失是否发生，在何时、何地发生，损失程度的大小和由谁来承担这种损失都是不确定的。

（二）危险的特征

1. 危险是普遍的客观存在

俗话说："天有不测风云，人有旦夕祸福。"人们在生产和生活中，不论何人，无论何时、何地都可能面临各种各样的危险，危险无时不有、无处不在，是普遍的客观存在。例如自然灾害、交通事故、疾病、偷盗、战乱、人身意外伤亡等。

2. 危险是不以人们的意志为转移的

危险是独立于人们的主观意识之外的客观存在，是不以人们的意志为转移的，但与人类社会的利益直接相关。例如，自然界自身运动本是一种客观现象，是不以人们的意志为转移的，本无危险可言。然而，当其对人们的生命财产造成损害时，即自然灾害（如地震、洪水等）的产生，才对人类构成威胁，成为一种危险。

3. 危险在特定的条件下是可以转化的

危险的发生，后果的严重程度，可以随着条件的改变、人们认识的深入、治理水平的提高和管理措施的完善而发生变化。随着科学技术的发展、环境的改变，人们面临的某些危险可能消失，随之新的危险又可能产生。例如，人类使用油灯照明时，会面临着打翻油灯而引发火灾的危险，随着科学的发展，人类照明由电灯代替了油灯，这种危险不存在了，但是又产生了电给人类带来的新的危险，如触电身亡、电引发的火灾等，时有发生。因此，危险在一定的条件下是可以转化的。

4. 危险的发生和后果具有一定的规律性

危险虽然是一种普遍的客观存在，发生损失及其程度具有不确定性，但是它可以通过科学的数理计算，找出其产生的规律，并据以测定种种危险发生的概率以及造成损失程度的大小及其波动性。例如，通过对工业意外事故的研究，发现工业事故发生的频率和损失程度的关系，如图1-1所示，在工业事故中，每发生一次大伤害事故，就伴随有30次小伤害事故和300次无伤害事故。

总之，在人类的生活和生产活动中，危险无时不有，无处不在，给人们带来严重威胁。人们就必然要求对危险进行防范，尽可能地减少由此给人类带来的损失。危险的这些特征，不仅决定了危险是保险的前提和根源，而且成为危险管理和为转移危险损失而制订科学的、具有可操作性办法的客观依据。

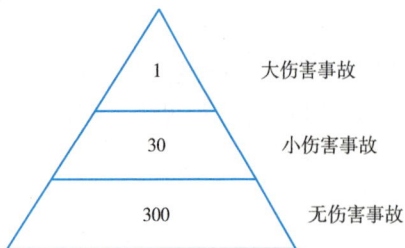

图1-1　工业事故发生的频率和损失程度关系

二、风险的概念与种类

(一) 风险

风险一词常被用于保险合同的保险人承保责任范围的条款之中。

1. 定义

风险是指人们在生产、生活或对某一事项做出决策的过程中,未来结果的不确定性,包括正面效应和负面效应的不确定性。从经济角度而言,前者为收益,后者为损失。

风险是一种客观存在,是不以人的意志为转移的。它的存在与客观环境及一定的时空条件有关,并伴随着人类活动的开展而存在,没有人类的活动,也就不存在风险。

保险不是对所有的风险进行承保,存在收益性的投机风险一般不能列入可保风险之列。下面从损失的不确定性对风险进行概述。

2. 风险的组成要素

风险的组成要素包括风险因素、风险事故和损失。

1) 风险因素

风险因素是指引起或增加风险事故的机会或扩大损失幅度的原因和条件,是风险事故发生的潜在原因,是造成损失的内在的或间接的原因。如酒后驾车、疲劳驾驶、车辆制动系统故障等导致的车祸等。风险因素根据性质可分为物质风险因素、道德风险因素和心理风险因素。

(1) 物质风险因素。物质风险因素是指有形的,并能直接影响事物物理功能的因素,即某一标的本身所具有的足以引起或增加损失机会和损失幅度的客观原因和条件。如汽车的超速行驶、地壳的异常变化、恶劣的气候、疾病传染、环境污染等。

(2) 道德风险因素。道德风险因素是与人的品德修养有关的无形的因素,即指由于个人不诚实、不正直或不轨企图促使风险事故发生,以致引起社会财富损毁或人身伤亡的原因和条件。如欺诈、纵火、贪污、盗窃等。

(3) 心理风险因素。心理风险因素是与人的心理状态有关的无形的因素,即指由于人的不注意、不关心、侥幸或存在依赖保险的心理,以致增加风险事故发生的概率和损失幅度的因素。例如,酒后驾车、驾驶有故障车辆、企业或个人投保财产保险后放松对财物的保护措施、投保人身保险后忽视自己的身体健康等。

2) 风险事故

风险事故是指造成生命、财产损害的偶发事件,是造成损害的外在的和直接的原因,损失都是由风险事故所造成的。风险事故使风险的可能性转化为现实,即风险的发生。如制动系统失灵酿成车祸而导致人员伤亡,其中,制动系统失灵是风险因素;车祸是风险事故;人员伤亡是损失。如果仅有制动系统失灵,而未导致车祸,则不会导致人员伤亡。

对于某一事件,在一定条件下,可能是造成损失的直接原因,则它成为风险事故。而在其他条件下,可能是造成损失的间接原因,则它便成为风险因素。如下冰雹导致路滑而造成车祸和人员伤亡,这时,冰雹是风险因素,车祸是风险事故,若冰雹直接击伤行人,则它是风

3

险事故。

3）损失

在风险管理中，损失是指非故意的、非预期的和非计划的经济价值的减少，这是狭义损失的定义。显然，风险管理中的损失包括两个方面的条件：一为非故意的、非预期的和非计划的观念；二为经济价值的观念，即经济损失必须以货币来衡量，二者缺一不可。如有人因病导致智力下降，虽然符合第一个条件，但不符合第二个条件，不能把智力下降定为损失。

广义的损失既包括精神上的耗损，又包括物质上的损失。例如，记忆力减退、时间的耗费、车辆的折旧和报废等属于广义的损失，不能作为风险管理中所涉及的损失。因为它们是必然发生的或是计划安排的。

在保险实务中，损失分为直接损失和间接损失，前者是直接的、实质的损失；后者包括额外费用损失、收入损失和责任损失。

4）风险因素、风险事故和损失三者之间的关系

风险是由风险因素、风险事故和损失三者构成的统一体。它们之间存在着一种因果关系，简单表述如图1-2所示。

图1-2　风险组成要素之间的因果关系

3. 风险的特点

1）风险存在的客观性

地震、台风、洪水、瘟疫、意外事故等，都不以人的意志为转移，它们是独立于人的意识之外的客观存在。这是因为无论是自然界的物质运动，还是社会发展的规律，都是由事物的内部因素所决定，由超出人们主观意识而存在的客观规律所决定。人们只能在一定的时间和空间内改变风险存在和发生的条件，降低风险发生的频率和损失幅度，而不能彻底消除风险。

2）风险存在的普遍性

自从人类出现后，就面临着各种各样的风险，如自然灾害、疾病、伤害、战争等。随着人类的进化、科学技术的发展、生产力的提高、社会的进步，又产生新的风险，且风险事故造成的损失也越来越大。在当今社会，个人面临生、老、病、死、意外伤害等风险；企业则面临着自然风险、技术风险、经济风险、政治风险等，甚至国家政府机关也面临着各种风险。总之，风险渗入到社会、企业、个人生活的方方面面，无时无处不存在。

3）某一风险发生的偶然性

虽然风险是客观存在的，但就某一具体风险而言，它的发生是偶然的，是一种随机现象。风险也可认为是经济损失的不确定性。风险事故的随机性主要表现为：风险事故是否发生不确定、何时发生不确定、发生的后果不确定。

4）大量风险发生的必然性

个别风险事故的发生是偶然的，而通过对大量风险事故的观察会发现，其往往呈现出明

显的规律性。运用统计学方法去处理大量相互独立的偶发风险事故,其结果可以比较准确地反映出风险的规律性。根据以往大量资料,利用概率论和数理统计的方法可测算出风险事故发生的概率及其损失幅度,并可构造出损失分布的模型,成为风险估测的基础。

5)风险的可变性

风险在一定条件下是可以转化的。这种转化包括:

(1)风险量的变化,即随着人们对风险认识的增强和风险管理方法的完善,某些风险在一定程度上得以控制,降低其发生频率和损失幅度。

(2)某些风险在一定的空间和时间范围内被消除。

(3)新的风险产生。

(二) 风险的分类

风险的分类方法有很多,现介绍几种与风险管理有密切关系的分类方法。

1. 按风险损害的对象分类

按风险损害的对象分类,风险可划分为财产风险、人身风险、责任风险和信用风险。

(1)财产风险是导致财产发生毁损、灭失和贬值的风险。如房屋有遭受火灾、地震的风险,机动车有发生车祸的风险,财产价值因经济因素有贬值的风险。

(2)人身风险是指因生、老、病、死、残等原因而导致经济损失的风险。例如,因为年老而丧失劳动能力或由于疾病、伤残、死亡、失业等导致个人、家庭经济收入减少,造成经济困难。生、老、病、死虽然是人生的必然现象,但在何时发生并不确定,一旦发生,将给本人或其家属在精神和经济生活上造成困难。

(3)责任风险是指因侵权或违约,依法对他人遭受的人身伤亡或财产损失应负的赔偿责任的风险。例如,汽车撞伤了行人,如果属于驾驶人的过失,那么按照法律责任规定,就须对受害人或家属给付赔偿金。又如,根据合同、法律规定,雇主对其雇员在从事工作范围内的活动中,造成身体伤害所承担的经济给付责任。

(4)信用风险是指在经济交往中,权利人与义务人之间,由于一方违约或犯罪而造成对方经济损失的风险。

2. 按风险的性质分类

按风险的性质分类,风险可划分为纯粹风险和投机风险。

(1)纯粹风险是指只有损失可能而无获利机会的风险,即造成损害可能性的风险。其所致结果有两种,即损失和无损失。例如,交通事故只有可能给人民的生命财产带来危害,而绝不会有利益可得。在现实生活中,纯粹风险是普遍存在的,如水灾、火灾、疾病、意外事故等都可能导致巨大损害。但是,这种灾害事故何时发生,损害后果多大,往往无法事先确定,于是,它就成为保险的主要对象。人们通常所称的"危险",也就是指这种纯粹风险。

(2)投机风险是指既可能造成损害,也可能产生收益的风险,其所致结果有 3 种,损失、无损失和盈利。例如,有价证券,证券价格的下跌可使投资者蒙受损失,证券价格不变无损失,但是证券价格的上涨却可使投资者获得利益。还如赌博、市场风险等,这种风险都带有一定的诱惑性,可以促使某些人为了获利而甘冒这种损失的风险。在保险业务中,投机风险一般是不能列入可保风险之列的。

此外，还有一种只会产生收益而不会导致损失的风险，例如，接受教育可使人终身受益，但教育对受教育的得益程度是无法进行精确计算的。而且，这也与不同的个人因素、客观条件和机遇有密切关系。对不同的个人来说，虽然付出的代价是相同的，但其收益可能是大相径庭的，这也可以说是一种风险，有人称之为收益风险，这种风险当然也不能成为保险的对象。

3. 按损失的原因分类

按损失的原因可将风险分为自然风险、社会风险、经济风险、技术风险、政治风险和法律风险。

（1）自然风险是指由于自然现象或物理现象所导致的风险，如洪水、地震、风暴、火灾、泥石流等所致的人身伤亡或财产损失的风险。

（2）社会风险是由于个人行为反常或不可预测的团体的过失、疏忽、侥幸、恶意等不当行为所致的损害风险，如盗窃、抢劫、罢工、暴动等。

（3）经济风险是指在产销过程中，由于有关因素变动或估计错误而导致的产量减少或价格涨跌的风险等，如市场预期失误、经营管理不善、消费需求变化、通货膨胀、汇率变动等所致经济损失的风险等。

（4）技术风险是指伴随着科学技术的发展、生产方式的改变而发生的风险，如核辐射、空气污染、噪声等风险。

（5）政治风险是指由于政治原因，如政局的变化、政权的更替、政府法令和决定的颁布实施，以及种族和宗教冲突、叛乱、战争等引起社会动荡而造成损害的风险。

（6）法律风险是指由于颁布新的法律和对原有法律进行修改等原因而导致经济损失的风险。

4. 按风险涉及的范围分类

按风险涉及的范围可分为特定风险和基本风险。

（1）特定风险是指与特定的人有因果关系的风险。即由特定的人所引起，而且损失仅涉及个人的风险，例如，盗窃、火灾等都属于特定风险。

（2）基本风险是指其损害波及社会的风险。基本风险的起因及影响都不与特定的人有关，至少是个人所不能阻止的风险，例如，与社会或政治有关的风险，与自然灾害有关的风险，都属于基本风险。

特定风险和基本风险的界限，对某些风险来说，会因时代背景和人们观念的改变而有所不同，如失业，过去被认为是特定风险，而现在认为是基本风险。

（三）风险管理

1. 风险管理的定义

风险管理是指经济单位通过风险识别、风险估测、风险评价，对风险实施有效的控制和妥善处理风险所致损失的后果，期望达到以最小的成本获得最大安全保障的管理活动。

风险管理是研究风险发生规律和风险控制技术的一门新兴管理学科，主要是为了适应现代企业自我发展和自我改造的能力。首先,由于科学技术的飞速发展及其广泛应用于社会生活的各个方面,无形中使各种风险因素及风险发生的可能性大大增加,并且使风险事故发生所造成的损失规模起了很大变化。例如,万吨巨轮遭遇海难、钻井平台倾覆海中等。这都说明,现代化的工业也会造成巨额经济损失,这就对企业所承担的责任提出更高的管理要求。其次,在现代经济生活中,企业面临着国内外众多商家的激烈竞争,其各种经济活动、经济关系日趋复杂,投机活动也越来越多,使各种动态风险因素剧增,并渗透到社会生产和社会生活的各个方面。企业为了防止可能发生的风险与损失,以及解决损失后如何获得补偿等问题,就必须进行风险识别、风险估测、风险评价,并在此基础上优化组合各种风险管理技术,对风险实施有效的控制和妥善处理风险所致损失的后果,期望达到以最小的成本获得最大安全保障的目标。

风险管理目标由两部分组成:损失发生前的风险管理目标和损失发生后的风险管理目标。前者的目标是避免和减少风险事故形成的机会,包括节约经营成本、减少忧虑心理;后者的目标是努力使损失的标的恢复到损失前的状态,包括维持企业的继续生存、生产服务的持续、稳定的收入、生产的持续增长和社会责任。二者有效结合,构成完整而系统的风险管理目标。

1)损失发生前的风险管理目标

(1)降低损失成本。风险事故的形成势必增加企业的经营成本,影响企业利润计划的实现。因此,企业必须根据本身运作的特点,充分考虑企业所面临的各项风险因素,并且对这些风险因素可能形成的风险事故进行处理,从而使风险事故对企业可能造成的损失成本变为最小,达到最大安全保障的目标。

(2)减轻和消除精神压力。风险因素的存在对于人们的正常生产和生活造成了各种心理的和精神的压力,通过制订切实可行的损失发生前的管理目标,便可减轻和消除这种压力,从而有利于社会和家庭的稳定。

2)损失发生后的风险管理目标

(1)维持企业的生存。在损失发生后,企业至少要在一段合理的时间内才能部分恢复生产或经营,这是损失发生后的企业风险管理工作的最低目标。只有在损失发生后能够继续维持受灾企业的生存,才能使企业有机会减少损失所造成的影响,尽早恢复至损失发生之前的生产状态。

(2)生产能力的保持与利润计划的实现。这是损失发生后的企业风险管理工作的最高目标。如何使风险事故对于企业所造成的损失为最小,保证企业的生产能力与利润计划不因为损失的发生而受到严重的影响,是企业风险管理工作中必须策划的目标。为了保证这个目标的实现,企业在制订和设计损失发生后的风险管理的目标过程中,就必须根据企业的资本结构和资产分布状况确定消除风险事故影响的最佳经济和技术方案。

(3)保持企业的服务能力。这是损失发生后的企业风险管理工作的社会义务目标。企业的社会责任之一就是保证其对于社会和消费者所作出的服务承诺的正常履行,这种责任的履行不仅是为了维护企业的社会形象,而且是为了保证企业发挥作为整个社会正常运转的一个链条的作用。所以,对于企业来说,这个目标具有强制性和义务性的特点。如公共事业必须保证对于公共设施提供不间断的服务,生产民用产品的企业必须能够在损失发生后保证继续履行对于其客户承诺的售后服务,以防止消费者转向该企业的竞争对手。

(4)履行社会责任。尽可能减轻企业受损对其他人和整个社会的不利影响,因为企业遭受一次严重的损失灾难转而会影响雇员、客户、供货人、债权人、税务部门以至整个社会的利益。这是损失发生后的企业风险管理工作的社会责任目标。企业作为社会的一部分,其本身的损失可能还涉及企业员工的家属、企业的债权人和企业所在社区的直接利益,从而使企业面临严重的社会压力。因此,企业在制订自身的风险管理目标时不仅要考虑到企业本身的需要,还要考虑到企业所承担的社会责任。

3)风险管理的作用

目前风险管理具有两种形式,一种是保险型风险管理,其经营范围仅限于纯粹风险;另一种是经营管理型风险管理,其经营范围不仅包括静态风险,还包括动态风险。德国的风险管理一直属于经营管理型风险管理。美国及英、法等国的风险管理也均由保险型风险管理逐渐发展到经营管理型风险管理。

风险管理之所以得到普遍应用,是因为它有着重要的作用。它对整个经济、社会的作用在于:实施风险管理有利于资源分配最佳组合的实现;实施风险管理有助于消除风险给整个经济社会带来的灾害损失及其他连锁反应,从而有利于经济的稳定发展;实施风险管理有助于提高和创造一个有利于经济发展和保障人民生活的良好的社会经济环境。

风险管理对单个企业的作用主要体现在力图以最小的耗费将风险损失降低到最低程度,从而保障企业经营目标的实现。其主要表现在:通过系统地处置和控制风险,保障企业经营目标的顺利实现;有助于企业各项决策科学化和合理化,降低决策的风险性;能够为企业提供一个安全稳定的生产经营环境。

2. 风险管理的分类

风险管理按其管理的主体划分,可分为个人风险管理、家庭风险管理、企业风险管理、国家风险管理和国际风险管理五大类。

(1)个人风险管理是指个人为实现生活稳定和工作的安全,对可能遭遇的种种不测在经济上所作的各种准备和处置,如储蓄等。

(2)家庭风险管理是指一个家庭为保障其收入稳定和生活安定,对可能遭受的自然灾害或意外事故所采取的有效措施,如人身保险、家庭财产保险等。

(3)企业风险管理是指企业为实现生产、经营和财务的稳定与安全,对可能遭受的各种风险损害所采取的有效措施,如建立消防组织、购置消防器材等。

(4)国家风险管理是指一个国家为了应对经济、政治、战争、社会以及巨灾风险损害而采取的各种处理措施。

(5)国际风险管理是指跨国公司、国际组织为了应对涉及国际的各种风险而采取的各种处理措施。

3. 风险管理的基本程序

由风险管理的定义可知,风险管理的基本程序为风险识别、风险估测、风险评价、选择风险管理技术和风险管理效果评价等环节。

1）风险识别

风险识别是风险管理的第一步，它是指对企业面临的和潜在的风险加以判断、归类和对风险性质进行鉴定的过程。存在于企业自身的风险多种多样、错综复杂，有潜在的，也有实际存在的；有企业内部的，也有企业外部的。所有这些风险在一定时期和某一特定条件下是否客观存在，存在的条件是什么，以及损害发生的可能性有多大等，都是风险识别阶段应予以解决的问题。风险识别即是对尚未发生的、潜在的和客观的各种风险系统地、连续地进行识别和归类，并分析产生风险事故的原因。识别风险主要包括感知风险和分析风险两方面内容，一方面依靠感性认识，经验判断；另一方面可利用财务分析法、流程分析法、实地调查法等进行分析和归类整理，从而发现各种风险的损害情况以及具有规律性的损害风险。在此基础上，鉴定风险的性质，从而为风险衡量做准备。风险识别的方法主要有以下几种。

（1）生产流程法。这是指风险管理部门从原料购买、投入到成品产出、销售的全过程，对每一阶段、每一环节，逐个进行调查分析，从中发现潜在风险，找出风险发生的因素，分析风险发生后可能造成的损失以及对全过程和整个企业造成的影响。该方法的优点是简明扼要，可以揭示生产流程中的薄弱环节。

（2）风险类别列举法。这是由风险管理部门就该企业可能面临的所有风险，逐一归类列出，进行管理。一般的风险类别见表1-1。

风险的类别　　　　　　　　　　　　　　　　　　　　　表1-1

性质	项目	性质	项目
社会的	道德责任、消费者的压力	财务的	对通货膨胀的预测不正确，错误的销售决定
政治的	政府干预、外国政府的行动	直接的	各种灾害，如战争、爆炸等
法律的	民事责任、法定责任、契约责任	间接的	灾害后的利润损失

（3）财务报表分析法。财务报表分析法是按照企业的资产负债表、财产目录、损益计算书等资料，对企业的固定资产和流动资产进行风险分析，以便从财务的角度发现企业面临的潜在风险和财务损失。众所周知，对一个经济单位而言，财务报表综合地反映一个企业的状况，经济实体存在的许多问题均可从财务报表中反映出来。

（4）现场调查法。现场调查法是由风险管理部门通过现场考察企业的设备、财产以及生产流程，发现许多潜在风险并能及时地对风险进行处理的方法。

2）风险估测

风险估测是指在风险识别的基础上，通过对收集的大量的详细资料加以分析，运用概率论和数理统计，估计和预测风险发生的概率和损失程度。风险估测的内容主要包括损失频率和损失程度两个方面。

损失频率的高低取决于风险单位数目、损失形态和风险事故；损失程度是指某一特定风险发生的严重程度。风险估测不仅使风险管理建立在科学的基础上，而且使风险分析定量化。损失分布的建立、损失概率和损失期望值的预测值为风险管理者进行风险决策、选择最佳管理技术提供了可靠的科学依据。它要求从风险发生频率、发生后所致损失的程度和自身的经济情况入手，分析自己的风险承受力，为正确选择风险的处理方法提供依据。

3）风险评价

风险评价是指在风险识别和风险估测的基础上，对风险发生的概率、损失程度，结合其他因素全面进行考虑，评估风险发生的可能性及其危害程度，并与公认的安全指标相比较，以衡量风险的程度，并决定是否需要采取相应的措施。处理风险，需要一定费用，费用和风险损失之间的比例关系直接影响风险管理的效益。通过对风险的性质的定性、定量分析和比较处理风险所支出的费用，来确定风险是否需要处理和处理程度，以判定为处理风险所支出的费用是否有效益。

4）选择风险管理技术

根据风险评价结果，为实现风险管理目标，选择最佳风险管理技术与实施是风险管理中最重要的环节。风险管理技术分为控制法和财务法两大类，前者的目的是降低损失频率和减小损失程度，重点在于改变引起风险事故和扩大损失的各种条件；后者是事先做好吸纳风险成本的财务安排。

（1）控制法。控制法是指避免、消除风险或减少风险发生频率及控制风险损失扩大的一种风险管理方法，主要包括以下内容。

①避免。避免是放弃某项活动以达到回避因从事该项活动可能导致风险损失的目的的行为。它是处理风险的一种消极方法，通常在两种情况下进行：一是某特定风险所致损失频率和损失幅度相当高时；二是处理风险的成本大于其产生的效益时。避免风险虽简单易行，有时能够彻底根除风险，如担心锅炉爆炸，就放弃利用锅炉烧水，改用电热炉等，但存在因电压过高致使电热炉被损坏的风险。有时因回避风险而放弃了经济利益，增加了机会成本，且"避免"的采用通常会受到限制。如新技术的采用、新产品的开发都可能带有某种风险，而如果放弃这些计划，企业就无法从中获得高额利润。地震、人的生老病死、世界性经济危机等在现有的科技水平下，是任何经济单位和个人都无法回避的风险。

②预防。预防是指在风险发生前为了消除和减少可能引起损失的各种因素而采取的处理风险的具体措施，其目的在于通过消除或减少风险因素而达到降低损失频率的目的。具体方法有工程物理法和人类行为法。前者如精心选择建筑材料，以防止火灾风险，其重点是预防各种物质性风险因素；后者包括对设计、施工人员及住户进行教育等，其重点是预防人为风险因素。

③抑制。抑制是指风险事故发生时或发生后采取的各种防止损失扩大的措施。抑制是处理风险的有效技术。例如，在建筑物上安装火灾警报器和自动喷淋系统等，可减轻火灾损失的程度，防止损失扩大，降低损失程度。抑制常在损失幅度高且风险又无法回避和转嫁的情况下采用。

④风险中和。风险中和是风险管理人采取措施将损失机会与获利机会进行平分。如企业为应对价格变动的风险，可以在签订买卖合同的同时进行现货和期货买卖。风险的中和一般只限于对投机风险的处理。

⑤集合或分散。集合或分散是集合性质相同的多数单位来直接承担所遭受的损失，以提高每一单位承受风险的能力。就纯粹风险而言，可使实际损失的变异局限于预期的一定幅度，适用大数法则的要求。就投机风险而言，如通过购并、联营等手段，以此增加单位数

目,提高风险的可测性,达到把握风险、分担风险、降低风险成本的目的。该方法适用于大数法则,但只适用于特殊的行业、地区或时期。

（2）财务法。由于人们对风险的认识受许多因素的制约,因而对风险的预测和估计不可能达到绝对精确的地步,而各种控制处理方法,都有一定的缺陷。为此,有必要采取财务法,以便在财务上预先提留各种风险准备金,消除风险事故发生时所造成的经济困难和精神忧虑。财务法是通过提留风险准备金,事先做好吸纳风险成本的财务安排来降低风险成本的一种风险管理方法,即对无法控制的风险事前所做的财务安排,包括自留或承担和转移两种。

①自留或承担。自留是经济单位或个人自己承担全部风险成本的一种风险管理方法,即对风险的自我承担。自留有主动自留和被动自留之分。采取自留方法,应考虑经济上的合算性和可行性。一般来说,在风险所致损失频率和幅度低、损失短期内可预测以及最大损失不足以影响自己的财务稳定时,宜采用自留方法。但有时会因风险单位数量的限制而无法实现其处理风险的功效,一旦发生损失,可能导致财务调度上的困难而失去其作用。

②转移。风险转移是一些单位或个人为避免承担风险损失而有意识地将风险损失或与风险损失有关的财务后果转嫁给另一单位或个人承担的一种风险管理方式。

风险转移分为直接转移和间接转移。直接转移是风险管理人将与风险有关的财务或业务直接转嫁给他人;间接转移是指风险管理人在不转移财产或业务本身的条件下将财产或业务的风险转移给他人。前者主要包括转让、转包等;后者主要包括租赁、保证、保险等。其中,转让是将可能面临风险的标的通过买卖或赠予的方式将标的所有权让渡给他人;转包是将可能面临风险的标的通过承保的方式将标的经营权或管理权让渡给他人;租赁是通过出租财产或业务的方式将与该项财产或业务有关的风险转移给承租人;保证是保证人和债权人约定,当债务人不履行债务时,保证人按照约定履行债务或承担责任的行为;保险则是通过支付保费购买保险将自身面临的风险转嫁给保险人的行为。例如,企业通过分包合同将土木建筑工程中水下作业转移出去,将带有较大风险的建筑物出售等。

上述财务法和控制法的各种形式各有利弊,适用于不同的风险损失类型。

5）风险管理效果评价

风险管理效果评价是分析、比较已实施的风险管理方法的结果与预期目标的契合程度,以此来评判管理方案的科学性、适应性和收益性。由于风险性质的可变性,人们对风险认识的阶段性以及风险管理技术正处于不断完善之中。因此,需要对风险的识别、估测、评价及管理方法进行定期检查、修正,以保证风险管理方法适应变化了的新情况。所以,我们把风险管理视为一个周而复始的管理过程。风险管理的效益取决于是否能以最小风险成本取得最大安全保障,同时还要考虑与整体管理目标是否一致以及具体实施的可能性、可操作性和有效性。

4. 风险与保险的关系

风险与保险关系密切,主要表现在以下方面。

（1）二者研究的对象都是风险。保险是研究风险中的可保风险。

（2）风险是保险产生和存在的前提,无风险则无保险。风险是客观存在的,它时时处处威胁着人的生命和物质财产的安全，是不以人的意志为转移的。风险的发生直接影响社会生产过程的继续和家庭生活的正常，因而产生了人们对损失进行补偿的需要。保险是一种被社会普遍接受的经济补偿方式，因此，风险的存在是保险关系确立的基础。

（3）风险的发展是保险发展的客观依据。社会进步、生产发展、现代科学技术的应用，在给人类社会克服原有风险的同时，也带来了新风险。新风险对保险提出了新的要求，促使保险业不断设计新的险种、开发新业务。从保险的现状和发展趋势看，作为高风险系统的核电站、石油化学工业、航空航天事业、交通运输业，其风险都可以纳入保险的责任范围。

（4）保险是风险处理传统的、有效的措施。人们面临的各种风险损失，一部分可以通过控制的方法消除或减少，但风险不可能全部消除，面对各种风险造成的损失，若单靠自身力量解决，就需要提留与自身财产价值等量的后备基金，这样既造成资金浪费，又难以解决巨灾损失的补偿问题，从而，转移就成为风险管理的重要手段。保险作为转移方法之一，长期以来被人们视为传统的处理风险手段。通过保险，把不能自行承担的集中风险转嫁给保险人，以小额的固定支出换取对巨额风险的经济保障，使保险成为处理风险的有效措施。

（5）保险经营效益受风险管理技术的制约。保险经营效益受多种因素的制约，风险管理技术作为非常重要的因素，对保险经营效益产生很大的影响。如对风险的识别是否全面，对风险损失的频率和造成损失的幅度估计是否准确，哪些风险可以接受承保，哪些风险不可以承保，保险的范围及程度如何，保险成本与效益的比较等，都制约着保险的经营效益。

三、保险的概念、特征与分类

（一）保险概念

1. 保险的定义

根据《中华人民共和国保险法》（2015年4月24日修正，以下简称《保险法》）第二条规定："本法所称保险，是指投保人根据合同约定，向保险人支付保险费，保险人对于合同约定的可能发生的事故因其发生所造成的财产损失承担赔偿保险金责任，或者当被保险人死亡、伤残、疾病或者达到合同约定的年龄、期限等条件时承担给付保险金责任的商业保险行为。"

现代保险学者一般从两个方面来解释保险的定义。从经济角度上说，保险是分摊意外事故损失的一种财务安排。投保人参加保险，实质上是将其不确定的大额损失变成确定的小额支出，即保险费。而保险人集中了大量同类风险，能借助大数法则来正确预见损失的发生额，并根据保险标的的损失概率制订保险费率。通过向所有被保险人收取保险费建立保险基金，用于补偿少数被保险人遭受的意外事故损失。因此，保险是一种有效的财务安排，并体现了一定的经济关系。从法律角度来看，保险是一种合同行为，体现的是一种民事法律关系。根据合同约定，一方承担支付保险费的义务，换取另一方为其提供的经济补偿或给付的权利，这正好体现了民事法律关系的内容——主体之间的权利和义务关系。

2. 保险的要素

1）可保风险

可保风险是保险人可以接受承保的风险。尽管保险是人们处理风险的一种方式，它能为人们在遭受损失时提供经济补偿,但并不是所有破坏物质财富或威胁人身安全的风险,保险人都承保。可保风险有以下几个特性。

(1)风险不是投机性的。

(2)风险必须具有不确定性,具有偶然性和不可预知性,就一个具体单独的保险标的而言,保险当事人事先无法知道其是否发生损失、发生损失的时间和发生损失的程度如何。

(3)风险必须是大量标的均有遭受重大损失的可能性。

(4)风险必须是意外发生的。

(5)风险可能导致较大损失。

(6)在保险合同期限内预期的损失必须是可以用货币计量的,保险人承保某一特定风险,必须在保险合同期限内收取足够数额的保费,以聚集资金支付赔款,支付各项费用开支,并获得合理的利润。

2)多数人的同质风险的集合与分散

保险的过程,既是风险的集合过程,又是风险的分散过程。众多投保人将其所面临的风险转嫁给保险人,保险人通过承保而将众多风险集合起来。当发生保险责任范围内的损失时,保险人又将少数人发生的风险损失分摊给全部投保人,也就是通过保险的补偿行为分摊损失,将集合的风险予以分散转移。保险风险的集合与分散应具备两个前提条件:一是多数人的风险,如果是少数或个别人的风险,就无所谓集合与分散,而且风险损害发生的概率难以测定;二是同质风险,如果风险为不同质风险,那么风险损失发生的概率就不相同,因此风险也就无法进行集合与分散。此外,由于不同质的风险损失发生的频率与幅度是有差异的,倘若进行集合与分散,会导致保险经营财务的不稳定,保险人将不能提供保险供给。

3)费率的合理厘定

保险在形式上是一种经济保障活动,而实质上是一种商品交换行为。因此,厘定合理的费率,即制订保险商品的价格,便构成了保险的基本要素。保险的费率过高,保险需求会受到限制;反之,费率厘定得过低,保险供给得不到保障。费率的厘定应依据概率论、大数法则的原理进行计算。

4)保险基金的建立

保险的分摊损失与补偿损失功能是通过建立保险基金实现的。保险基金是用以补偿或给付因自然灾害、意外事故和人体自然规律所致的经济损失和人身损害的专项货币基金,它主要来源于开业资金和保险费。就财产保险准备金而言,表现为未到期责任准备金、赔款准备金等形式;就人寿保险准备金而言,主要以未到期责任准备金形式存在。保险基金具有分散性、广泛性、专项性与增值性等特点。保险基金是保险的赔偿与给付的基础。

5)订立保险合同

保险是一种经济关系,是投保人与保险人之间的经济关系。这种经济关系是通过合同的订立来确定的。保险是专门对意外事故和不确定事件造成的经济损失给予赔偿的,风险是否发生,何时发生,其损失程度如何,均具有较大的随机性。保险的这一特性要求保险人与投保人应在确定的法律或契约关系约束下履行各自的权利与义务。倘若不具备在法律上或合同上规定的各自的权利与义务,保险经济关系则难以成立。因此,订立保险合同是保险得以成立的基本要素,它是保险成立的法律保证。

(二)保险的特征

1.经济性

保险是一种经济保障活动。这种经济保障活动是整个国民经济活动的一个组成部分。此外,保险体现了一种经济关系,即商品等价交换关系。保险经营具有商品属性。

2.互助性

保险在一定条件下,分担了个别单位和个人所不能承担的风险,从而形成了一种经济互助关系。它体现了"一人为众,众人为一"的思想。互助性是保险的基本特性。

3.法律性

保险的经济保障活动是根据合同来进行的。所以,从法律角度看,保险又是一种法律行为。

4.科学性

保险是以数理计算为依据而收取保险费的。保险经营的科学性是保险存在和发展的基础。

(三)保险的分类

随着经济的发展,保险的险种越来越多,所涉及的领域及具体做法也在不断地扩大和发展。然而,迄今为止,各国对保险的分类尚无统一标准,只能从不同的角度进行大体上的分类。

1.按保险的性质分类

保险按具体的性质可分为商业保险、社会保险和政策保险。

1)商业保险

商业保险是指投保人与保险人订立保险合同。根据保险合同约定,投保人向保险人支付保险费,保险人对可能发生的事故因其发生所造成的损失承担赔偿责任,或者当被保险人死亡、疾病、伤残或者达到约定的年龄期限时给付保险金责任的保险。在商业保险中,投保人与保险人是通过订立保险合同建立保险关系的。投保人之所以愿意交付保险费进行投保是因为保险费用要低于未来可能产生的损失,保险人之所以愿意承保是因为可以从中获取利润。因此,商业保险既是一个经济行为,又是一个法律行为。目前,一般保险公司经营的财产保险、人身保险、责任保险、保证保险均属商业保险性质。

2)社会保险

我国的社会保险是指国家通过立法对社会劳动者暂时或永久丧失劳动能力或失业时提供一定的物质帮助以保障其基本生活的社会保障制度。当劳动者遇到生育、疾病、死亡、伤残和失业等危险时,国家以法律的形式由政府指定的专门机构为其提供基本生活保障。《中华人民共和国劳动法》(2018年12月29日修正)规定的社会保险制度和现行的基本医疗保险办法都属于社会保险范畴。社会保险与商业保险不同,商业保险的当事人均出于自愿,而社会保险一般都是强制性的,凡符合法律规定条件的成员不论愿意与否,均须参加。在保险费的缴纳和保险金的给付方面,也不遵循对等原则。所以,社会保险实质上是国家为满足劳动者在暂时或永久丧失劳动能力和待业时的基本生活需要,通过立法采取强制手段对国民收入进行分配和再分配而形成的专项消费基金,用以在物质上给予社会性帮助的一种形式和社会福利制度。

3)政策保险

政策保险是指政府为了实现某项政策目的,对于商业保险公司难以经营的某些险种予以一定政府补贴而实施的保险。例如,为辅助农牧渔业增产增收的种植业保险;为促进出口贸易的出口信用保险。政策保险通常由国家设立专门机构或委托官方或半官方的保险公司具体承办,例如我国的出口信用保险是由中国进出口银行和中国人民保险公司承办的。

2.按保险标的分类

保险标的或称"保险对象",是指保险合同中所载明的投保对象。按不同的标的,保险可分为财产保险、责任保险、信用保证保险和人身保险4类。

1)财产保险

财产保险是指以各种有形财产及其相关利益为保险标的的保险,保险人承担对各种保险财产及相关利益因遭受保险合同承保责任范围内的自然灾害、意外事故等风险,因其发生所造成的损失负赔偿责任。财产保险的种类繁多,主要有以下几种。

(1)海上保险。这是指保险人对海上的保险标的由于保险合同承保责任范围内的风险的发生所造成的损失或引起的经济责任负责经济赔偿的保险。海上保险包括海洋运输货物保险、船舶保险、海上石油开发工程建设保险等。

(2)运输货物保险。这是指承保海洋、陆上、内河、航空、邮政运输过程中保险标的及其利益所遭受的损失,主要包括海洋运输货物保险、陆上运输货物保险、航空运输货物保险和邮政运输货物保险等。

(3)运输工具保险。这是指承保海、陆、空、内河各种运输工具在行驶和停放过程中所发生的各种损失,主要包括船舶保险、汽车保险、飞机保险等。

(4)火灾保险。这是指承保在一定地点内的财产,包括房屋、机器、设备、原材料、在制品、制成品、家庭生活用品、家具等因发生火灾造成的损失。目前,火灾保险一般不作为单独的险别,而将其包括在综合性险别的责任范围内。例如,在我国,当投保企业财产保险和家庭财产保险时,火灾损失属于其主要的责任范围;在运输货物保险条款中,火灾损失也是保险人承担赔偿责任的重要内容。

(5)工程保险。这是指承保各类建筑工程和机器设备安装工程在建筑和安装过程中因自然灾害和意外事故的物质损失、费用和对第三者损害的赔偿责任。

(6)盗窃保险。盗窃保险主要承保因盗窃、抢劫或窃贼偷窃等行为所造成的财物损失。

(7)农业保险。这是指保险人为农业生产者在从事种植、养殖和捕捞生产过程中,因遇自然灾害或意外事故导致损失提供经济补偿服务的保险。农业保险有农作物保险、农产品保险、牲畜保险、家禽保险及其他养殖业保险等。

2）责任保险

责任保险的标的是被保险人依法应对第三者承担的民事损害赔偿责任。在责任保险中，凡根据法律或合同规定，由于被保险人的疏忽或过失造成他人的财产损失或人身伤害所应负的经济赔偿责任，由保险人负责赔偿。常见的责任保险有以下几种。

（1）公众责任保险。承担被保险人在各种固定场所进行的生产、营业或其他各项活动中，由于意外事故的发生所引起的被保险人在法律上应承担的赔偿金额，由保险人负责赔偿。

（2）雇主责任保险。凡被保险人所雇佣的员工包括短期工、临时工、季节工和学徒工，在受雇过程中，从事保险单所载明的被保险人的业务有关工作时，遭受意外而致受伤、死亡或患与业务有关的职业性疾病，所致伤残或死亡，被保险人根据雇佣合同，须承担医药费及经济赔偿责任，包括应支付的诉讼费用，由保险公司负责赔偿。

（3）产品责任保险。这是指承保由于被保险人所生产、出售或分配的产品或商品发生事故，造成使用、消费或操作该产品或商品的人或其他任何人的人身伤害、疾病、死亡或财产损失，依法应由被保险人负责时，由保险人根据保险单的规定，在约定的赔偿限额内予以赔偿。被保险人为上述事故所支付的诉讼费用及其他事先经保险人书面同意支付的费用，也由保险人负责赔偿。据此，能获得产品责任赔偿的必须具备两个条件：第一，造成产品责任事故的产品必须是供给他人使用，即用于销售的商品；第二，产品责任事故的发生必须是在制造、销售该产品的场所范围以外的地点。

产品责任保险是20世纪70年代以后，首次在欧美一些发达国家开始举办并迅速普及起来的。中国人民保险公司于1980年起开始承办产品责任保险。这对增加外商经营我国产品的积极性，提高我国产品的竞争力，促进我国出口贸易都起到了积极的作用。

（4）职业责任保险。这是指承保各种专业技术人员，如医生、律师、会计师、工程师等因工作上的疏忽或过失造成合同对方或他人的人身伤害或财产损失的经济赔偿责任，由保险人承担。

3）信用保证保险

信用保证保险的标的是合同双方权利人和义务人约定的经济信用。信用保证保险是一种担保性质的保险。按照投保人的不同，信用保证保险又可分为信用保险和保证保险两种类型。信用保险的投保人和被保险人都是权利人，所承担的是契约的一方因另一方不履约而遭受的损失。例如，在出口信用保险中，保险人对出口人（投保人、被保险人）因进口人不按合同规定支付货款而遭受的损失负赔偿责任。保证保险的投保人是义务人，被保险人是权利人，保证当投保人不履行合同义务或有不法行为使权利人蒙受经济损失时，由保险人承担赔偿责任。例如，在履约保证保险中，保险人担保在承包工程业务中的工程承包人不能如期完工或工程质量不符合规定致使权利人遭受经济损失时，承担赔偿责任。综上所述，无论是信用保险还是保证保险，保险人所保障的都是义务人的信用，最终获得补偿的都是权利人。目前，信用保证保险的主要险种有以下几种。

（1）雇员忠诚保证保险。这是指承保雇主因其雇员的欺骗和不诚实行为所造成的损失，由保险人负责赔偿。

（2）履约保证保险。这是指承保签约双方中的一方,由于不能履行合同中规定的义务而使另一方蒙受的经济损失,由保险人负责赔偿。

（3）信用保险。这是指承保被保险人（债权人）在与他人订立合同后,由于对方不能履行合同义务而使被保险人遭受的经济损失,由保险人负责赔偿。常见的有出口信用保险和投资保险等。

4）人身保险

人身保险是以人的身体或生命作为标的的一种保险。人身保险以伤残、疾病、死亡等人身风险为保险内容,被保险人在保险期间因保险事故的发生或生存到保险期满,保险人依照合同规定对被保险人给付保险金。由于人的价值无法用金钱衡量,具体的保险金额是根据被保险人的生活需要和投保人所支付的保险费,由投保人和保险人协商确定。人身保险主要包括人寿保险、健康保险和人身意外伤害保险。

（1）人寿保险。人寿保险包括死亡保险、生存保险和两全保险3种。

①死亡保险是指在保险期内被保险人死亡,保险人即给付保险金。

②生存保险是以被保险人在保险期内仍然生存为给付条件,如被保险人在保险期内死亡,不仅不给付保险金,而且也不返还已缴纳的保险费。

③两全保险是由死亡保险和生存保险合并而成。当被保险人生存到保险期满时,保险人要给付保险金;当被保险人在保险期内死亡时,保险人也要给付保险金。两全保险的保险费带有较多的储蓄因素。

（2）健康保险。健康保险又称疾病保险,它是指承保被保险人因疾病而支出的医疗费用,或者因丧失劳动能力,按保险单规定,由保险人给付保险金。

（3）人身意外伤害保险。人身意外伤害保险是指承保被保险人因意外事故而伤残或死亡时,由保险人负责给付规定的保险金,包括意外伤害的医疗费用给付和伤残或死亡给付两种。

3. 按保险的实施形式分类

按保险的实施形式,保险可分为强制保险与自愿保险。

1）强制保险

强制保险又称法定保险,是指国家对一定的对象以法律或行政法规的形式规定其必须投保的保险。这种保险依据法律或行政法规的效力,而不是从投保人和保险人之间的合同行为而产生,例如我国的机动车交通事故责任强制保险。凡属强制保险承保范围内的保险标的,其保险责任均自动开始。例如,中国人民保险公司对在国内搭乘火车、轮船、飞机的旅客实施的旅客意外伤害保险,就规定自旅客买到车票、船票、机票开始旅行时起保险责任就自动开始,每位旅客的保险金额也由法律按不同运输方式统一规定。

2）自愿保险

自愿保险又称任意保险,是由投保人和保险人双方在平等自愿的基础上,通过协商订立保险合同并建立起保险关系的。在自愿保险中,投保人对于是否参加保险,向哪家保险公司投保,投保何种险别,以及保险金额、保险期限等均有自由选择的权利。在订立保险合同后,投保人还可以中途退保,终止保险合同。至于保险人也有权选择投保人,自由决定是否接受承保和承保金额。在决定接受承保时，对保险合同中的具体条款，如承保的责任范围、保险费率等也均可通过与投保人协商决定。自愿保险是商业保险的基本形式。

四、保险的基本原则

（一）保险的基本原则

保险的基本原则有诚实信用原则、保险利益原则、补偿原则、近因原则、权益转让原则和分摊原则。

1. 诚实信用原则

诚实信用原则是世界各国调整民事法律关系的一项基本准则。保险作为一种特殊的民事活动，要求当事人具有最大诚信，保险最大诚信原则在保险合同中应该对保险当事人双方都有约束，但在实际中，由于保险标的掌握在保险人手中，所以最大诚信原则只约束投保人，而对保险人的规范与监督，是通过保险业相关法律和政府的监管来实现的。

最大诚信原则的实施，对于投保人来说，主要是告知、保证和违反诚信原则的处分；对于保险人而言，则要求保险人在保险业务中不得有下列行为。

（1）欺骗投保人、被保险人或者受益人。

（2）对投保人隐瞒与保险合同有关的重要情况。

（3）阻碍投保人、被保险人履行如实告知义务，或者诱导投保人不履行告知义务。

（4）承诺向投保人、被保险人或者受益人给予保险合同规定以外的保险费回扣或者其他利益。

2. 保险利益原则

保险利益是指投保人或者被保险人对保险标的的具有的法律上承认的利益。

保险合同建立的经济关系，是保险人对被保险人经济利益的保障。保险利益是保险法律关系的基本要素，投保人只有对保险标的的具有保险利益，才能据以投保保险。保险利益是指导保险实际业务活动的基本原则。保险人在履行赔偿或者给付责任时，必须以被保险人对保险标的的所具有的保险利益为最高限额，赔偿或者给付的最高限额不得超过其保险利益的损失价值。根据这一原则，财产保险在保险事故发生时，人身保险在保险合同成立时，被保险人（投保人）对保险标的的必须具有保险利益。

保险合同的成立，以保险标的和与之相关联的利益为要件。其目的有四个：第一，避免产生赌博行为；第二，防止诱发道德危险；第三，限制损失保险的补偿程度，即不论保险标的的损失的价值有多大，被保险人所能获得的补偿程度，要受保险利益的限制；第四，是人寿保险确定给付保险金的唯一标准。

3. 近因原则

近因原则是保险当事人处理保险赔偿或者给付责任，法庭审理有关保险赔偿或者给付的诉讼案件，在调查事件发生的起因，确定事件的责任归属时所遵循的原则。

近因，不是指最初的原因，也不是最终的原因，而是一种能动而有效的原因。这既指原因和结果之间有直接的联系,又指原因十分强大有力,以致在一连串事件中,人们从各个阶段上可以逻辑地预见下一事件,直到发生意料中的结果。如果有多种原因同时起作用,那么近因是其中导致该结果的起决定作用或强有力的原因。

当多种风险成为引起损失的原因时,判断其中哪一个为近因,国际上通常采用两种方法。第一种,从最初事件出发,按逻辑推理,下一步将发生什么。若最初事件导致了第二事件,第二事件又导致了第三事件……如此推理,导致最终事件,那么最初事件即为最终事件的近因。若其中两个环节间无明显联系,或出现中断,则其他事件为致损原因。第二种,从损失开始,沿系列自后往前推理,为什么会发生这样的情况,若追溯到最初事件,且系列完整,则最初事件即为近因,若推理出现事件中断,则其他原因为致损原因。

4. 补偿原则

补偿原则是财产保险处理赔案时的一项基本原则。人身保险是采用定额(保险金额)给付保险金的原则,不适用补偿原则,因人身价值是无限的。补偿原则是指在发生保险事故,致使保险标的发生损失时,按照保险合同约定的条件,依保险标的的实际损失,在保险金额以内进行赔偿的原则,其中包含以下3层意思。

(1)保证被保险人按保险合同约定,能够获得充分保障,若是足额保险,损失额多少就会得到多少保险赔款。

(2)被保险人获得的保险赔款恰好是使保险标的恢复到保险事故发生之前的状态。

(3)因保险赔偿以保险标的损失为限,且在保险金额以内,所以被保险人不能因保险赔款而获得额外利益,即超过财产实际损失的利益。

补偿原则虽然是保险的一项基本原则,但在保险实务中有例外的情况。在财产保险中有不定值保险和定值保险两种,绝大部分险种均为不定值保险。所以补偿原则在绝大部分险种中得到应用。而在定值险种中则是一个例外。所谓定值保险是保险当事人在订立保险合同时,约定保险标的的价值即保险价值,并依其确定保险金额,两者均书写于保险合同中。当保险事故发生时,保险人以约定的保险金额为基础,计算保险赔款,而不按保险标的在保险事故发生时的实际价值计算,即不论保险标的在保险事故发生时的实际价值大于或小于保险金额,均按保险金额和损失程度足额赔偿。仅在这种情况下,保险赔款可能大于实际价值,是补偿原则的例外。例如,海洋货物保险中,货物的保险金额是按当事人约定的保险价值确定的,一经确定且两者相等,就视为足额保险。当运输的货物出险时,不论出险当地、当时的市场价格是多少,保险人均按投保时的保险金额,根据损失程度足额赔偿。

5. 权益转让原则

权益转让原则是由补偿原则派生出来的,仅适用于财产保险,而不适用于人身保险。《保险法》第四十六条规定:"人身保险的保险人不得向第三者行使追偿权利。"对于财产保险而言,权益转让原则,系指保险事故发生,保险人向被保险人支付了赔偿金之后,取得有关保险标的的所有权或者向第三者的索赔权。

6. 分摊原则

分摊原则也是由补偿原则派生出来的,它不适用于人身保险,而与财产保险业务中发生的重复保险密切相关。重复保险是指投保人对同一标的、同一保险利益、同一保险事故分别向两个以上保险人订立合同的保险。重复投保原则上是不允许的,但在事实上是存在的。其原因通常是由于投保人或者被保险人的疏忽,或者源于投保人求得心理上更大安全感的欲望。重复保险的投保人应当将重复保险的有关情况通知各保险人。

在重复保险的情况下,当发生保险事故,对于保险标的所受损失,由各保险人分摊。如果保险金额总和超过保险价值的,各保险人承担的赔偿金额总和不得超过保险价值。这是补偿原则在重复保险中运用时的注意事项,以防止被保险人因重复保险而获得额外利益。

(二) 保险活动的基本原则

1. 遵守法律和行政法规的原则

法律和行政法规是国家为维护社会经济、社会生活的正常的、合理的秩序而制定的,任何人在进行民事、经济活动时,都必须遵守法律,符合法律的要求。违反法律的规定,将受到法律的制裁。《中华人民共和国民法典》(以下简称《民法典》)第八条规定:"民事主体从事民事活动,不得违反法律,不得违反公序良俗。"保险活动为民事活动之一,当事人应当遵守法律。

从事保险活动应当合法,不仅要遵守法律、行政法规,还不得违反社会公共利益。违反社会公共利益,也视为违法。因此,从事保险活动,不得违反法律、行政法规,也不得违反社会公共利益。

2. 自愿原则

自愿原则是保险活动当事人在从事保险活动时应当充分表达真实的意思,根据自己的意愿在法律和行政法规允许的范围内订立、变更和终止保险法律关系的原则。任何人不得威胁、强迫、欺骗他人从事或参与保险活动。保险行为是合同行为,保险活动是围绕着保险合同进行的。合同自由是合同法的基本原则,也是市场经济运作的基本原则。没有合同自由,就没有真正的市场经济。我国在改革开放以前,计划经济时代,不承认当事人自由订约的权利。改革开放后,随着市场经济发展的需要和我国法制的完善,合同自由已为我国法律所认可。《保险法》第十一条规定:"订立保险合同,应当协商一致,遵循公平原则确定各方的权利和义务。除法律、行政法规规定必须保险的外,保险合同自愿订立。"

3. 境内投保原则

《保险法》第七条规定:"在中华人民共和国境内的法人和其他组织需要办理境内保险的,应当向中华人民共和国境内的保险公司投保。"

该条法律约束的对象是法人或其他组织。前提是需要办理境内保险的情况下,要求是向境内的保险公司投保。三个"境内"是本条的关键所在。境内投保原则,一方面保险标的一旦受损,可以及时得到赔付,迅速获得保险保障;另一方面可以保护和发展中国的保险市场,扩大保险需求,刺激保险消费,促进民族保险业的繁荣。

4. 专业经营原则

《保险法》第六条规定:"保险业务由依照本法设立的保险公司以及法律、行政法规规定的其他保险组织经营,其他单位和个人不得经营保险业务。"这条规定的含义是未经法定部门批准的任何单位和个人不得经营保险业务。

《保险法》第九十五条规定了保险公司的业务范围：

(1) 人身保险业务,包括人寿保险、健康保险、意外伤害保险等保险业务；

(2) 财产保险业务,包括财产损失保险、责任保险、信用保险、保证保险等保险业务；

(3) 国务院保险监督管理机构批准的与保险有关的其他业务。

《保险法》第九十五条还规定："保险人不得兼营人身保险业务和财产保险业务。但是,经营财产保险业务的保险公司经国务院保险监督管理机构批准,可以经营短期健康保险业务和意外伤害保险业务。保险公司应当在国务院保险监督管理机构依法批准的业务范围内从事保险经营活动。"

这一规定要求保险公司必须实行分业经营。以财产保险为业务范围的保险公司,经保险监督管理机构核定后,可以经营短期健康保险业务和意外伤害保险业务,不得从事人身保险的其他业务；以人身保险为业务范围的保险公司,不得从事财产保险业务。除法律、行政法规另有规定外,任何形式的保险公司,不得同时经营财产保险业务和人身保险业务。

专业经营原则是国际上保险立法的一个重要原则,这一原则是由保险的特殊性决定的。国际上对保险公司的开业、营业的法律规定比一般的商业公司严格得多。这是因为保险公司是负债经营,是广大保户的债务人。一旦经营不善,出现亏损,乃至破产,将会给广大保户带来巨大的经济损失,直接损害了国家、企业及社会公众的切身利益,甚至会酿成社会动荡的恶果。另外,保险具有很强的专业性和技术性,规范它们的行为,保证保险市场的健康发展,必须坚持保险专业经营的原则,使保险业按照自己特有的规律健康发展。

5. 公平竞争原则

《保险法》第一百一十五条规定："保险公司开展业务,应当遵循公平竞争的原则,不得从事不正当竞争。"公平竞争原则不是保险法的特殊原则,而是民法原则之一,也是商品经济的基本原则。我们知道市场经济是鼓励竞争的,只有通过竞争才能调动积极性,并使财物得到充分利用,达到以市场调节经济的作用。在竞争机制的作用下优胜劣汰,整个社会经济才会充满活力。但竞争作用的正常发挥,需要一种公平交易的秩序,即需要形成公平的竞争。所谓公平的竞争是指竞争主体间在价格公平、手段合法、条件平等的前提下展开的竞争。只有公平竞争,才能使价值规律充分发挥作用。

保险公司及其业务人员,应当在我国法律允许的范围内,在相同的条件下开展保险业务竞争。由于保险市场刚起步时,缺乏良好的法制环境和有效的监管措施,造成了保险市场秩序的某些混乱。《保险法》将公平竞争用法律的形式确定下来,就是强调保险市场行为的规范化、法治化。

保险公司在从事保险活动中,不仅要遵守《保险法》规定的公平竞争义务,而且还应当遵守《中华人民共和国反不正当竞争法》(2019年4月23日修正,以下简称《反不正当竞争法》),自觉维护公平竞争,反对不公平竞争。为鼓励和保护公平竞争,制止不公平竞争行为,保护市场交易的合法权益,《反不正当竞争法》具体规定了一系列应当禁止的不正当竞争行为。

公平竞争原则不仅适用于保险人,也适用于保险中介人。虽然保险中介人不享有权利,不承担义务,不是合同主体,但他们却代表着保险人一方或投保人一方的利益。他们是连接保险人和投保人或被保险人的中间环节,是保险市场的要素之一,是公平竞争原则最直接的适用者、执行者。他们的营销行为是否规范,直接关系到保险市场的秩序。

思考与练习题

1. 什么是危险?

2. 危险有何特征?

3. 按风险损害的对象可将风险划分几类?

4. 按损害原因可将风险划分几类?

5. 在通常条件下,保险人接受承保的风险必须具备哪些特征?

6. 风险管理的作用是什么?

7. 保险的要素是什么?

8. 财产保险种类繁多,可分为几类?

9. 保险的基本原则是什么?

模块二
保险法概述 >>>

学习目标

知识目标

1. 掌握保险法的概念和构成;
2. 掌握保险法的基本原则。

能力目标

1. 理解并能识别保险法的效力范围;
2. 能够完成保险合同订立、履行、变更和终止等过程。

素养目标

1. 培养学生知法、懂法、守法的自觉性;
2. 养成依照保险法订立保险合同的习惯。

法是由国家制定或认可的,反映统治阶级意志的,依靠国家强制力保证实施的,具有普遍约束力的行为规范的总和。

法律一词有广义和狭义两种理解。狭义的法律是专指特定或具体意义上的法律;而广义上的法律是指一切规范性法律文件的总称。一般而言,把广义的法律称为法,而将狭义的法律仍称作法律。

法律不是从来就有的,也不是永恒不变的,它是人类社会发展到一定历史阶段,随着生产力的发展,私有制、阶级和国家的出现而产生的。人类自进入阶级社会以来,在不同的时期、不同的国家或地区,产生了不同的法律体系。而自14世纪中期意大利出现世界上第一部海上保险法以来,保险法就成为各种法律体系中不可缺少的一部分。

一、保险法的概念及内容

(一) 保险法的概念

保险法有广义和狭义之分,又有形式意义和实质意义之分。广义的保险法是指以保险为对象的一切法规的总称,包括保险公法和保险私法。狭义的保险法,则专指保险私法而言,保险公法不包括在内。形式意义的保险法,系指以保险法命名的专门性文件,如《中华人民共和国保险法》(以下简称《保险法》)。实质意义的保险法,泛指法律体系中有关保险法律规范的总和。本书中所称保险法,既指广义的保险法,又指形式意义的保险法。概言之,保险法是调整商业保险法律规范的总称。具体地说,保险法是调整保险活动中保险人与投保人、被保险人以及受益人之间法律关系的重要民商事法律,也是国家对保险企业、保险市场实施监督管理的法律。

(二)保险法的构成与调整对象

1.保险法的构成

保险法是调整商业保险关系的各种法律规范的总称,主要包括保险合同法、保险业法、保险特别法等。

1)保险合同法

商业保险是一种合同保险,保险合同在保险法律关系中占据极其重要的地位,因此,保险合同法是保险法中的核心内容,是调整保险合同双方当事人权利和义务关系的法律规范。这里的双方当事人,是指保险方和投保方,保险合同法调整其在订立、变更、终止保险合同中所产生的各种权利和义务关系,规范双方的保险合同行为,从而达到保护双方合法权益(特别是投保方的合法权益);维护保险业安定、稳健发展的目的。

2)保险业法

保险业法又被称为保险公法,是调整保险监管关系、规范保险人经营行为的法律规范。其调整对象包括:国家在监管保险业过程中发生的关系;保险公司之间因合作、竞争而发生的关系;保险公司内部管理过程中发生的关系。由于保险业在国民经济中的特殊地位,世界各国都通过立法加强对保险业的监督管理,从而使保险业法的作用越来越重要。

3)保险特别法

保险特别法是相对于保险合同法而言,是指保险合同法之外,民商法中有关保险关系的规定。如各国海商法中有关海上保险的规定。

2.保险法的调整对象

保险法的调整对象是商业保险行为及其形成的社会关系。这种关系包括两个方面,一是保险合同关系,即保险合同当事人之间形成的横向关系,这种关系的实质为民商事关系,因此,又被称为保险私法关系;另一种为保险监督管理机关与保险业经营者之间的监督管理的纵向关系,也就是保险公法关系。因此,保险法的调整对象是国家、保险人和投保人以及保险中介人等多方主体因参与商业保险活动而形成的社会关系。这些关系主要包括以下几种。

(1)国家与保险人之间的关系。这种关系是一种纵向的管理、监督关系。国家为了规范保险人的经营行为,维护被保险人利益,保障保险业的健康发展,设立了保险业主管机关,负责审批保险企业的设立、监督和管理保险企业的经营行为。所有保险企业都必须在主管机关的监督管理下进行合法经营。

(2)国家与投保人之间的关系。这种关系包括两层含义:一是为了维护广大投保人的利益而形成的保护和被保护关系;二是强制与被强制关系,即国家针对一些特别的危险而立法要求有关主体必须参与特定的保险;这种强制关系从根本上说也是为了保护广大投保人的利益。

(3)国家与保险中介人之间的关系。这也是一种纵向管理关系,国家对保险代理人和经纪人的任职资格和从业条件进行审核和批准,保险代理人和经纪人必须在主管机关的监督下从事合法经营活动。

(4)保险人与投保人之间的关系。这种关系是一种横向关系,它是基于保险合同而产生的,是一种合同当事人双方的权利义务关系,是保险法调整的主要方面。

(5)保险中介关系。这种关系主要是指保险人或投保人与保险代理人或保险经纪人之间的关系,起沟通保险人与投保人的作用。

(6)保险人之间的关系。这种关系包括两方面,即保险企业内部组织关系,以及保险企业之间的外部关系。前者是一种纵向的管理关系,受保险公司法的规范;后者主要是一种横向的竞争与协调关系,除受《保险法》的规范外,还受《反不正当竞争法》的规范。

(7)投保方之间的关系。这种关系主要是投保人与被保险人及受益人之间的关系,三者之间可能统一,也可能不统一。

二、我国《保险法》的基本内容

1995 年颁布施行的《保险法》已由第十二届全国人大常务委员会第十四次会议于 2015 年 4 月 24 日修正通过。其内容由总则、保险合同、保险公司、保险经营规则、保险代理人和保险经纪人、保险业监督管理、法律责任及附则共 8 章组成,全文共 185 条。

(一)《保险法》的效力范围

1.《保险法》的时间效力

(1)保险法的生效日期:法律的生效日期有两种,一是颁布之日起施行,二是公布之日起满一定时间生效。《保险法》采用的是后一种。

(2)保险法的失效日期:一般来说,若法律未规定施行的时间期限,则被视为不受时间的限制直到其被明令废除而失效。废除原有法律的主要方式有以下几种:

①在新制定的法律中宣布过去生效的法律即行废止,此即法律适用效力上的新法改旧法的原则;

②通过发布命令废除已生效的法律;

③在新制定的法律中声明凡与之相抵触的法律和法规不再有效。

《保险法》未规定废止时间,留待以后的法律予以明确。

(3)保险法的溯及力。法律的溯及力是指法律是否追究生效之前的事件和行为。如果追究称之为"溯及既往";否则,称之为"不溯及既往"。我国《保险法》中没有该法具有溯及力的规定,即采用"不溯及既往"原则。

2.《保险法》的空间效力

关于保险法的空间效力,不同的国家有着不同的规定。依照我国《保险法》第三条规定:"在中华人民共和国境内从事保险活动,适用本法。"同时,《中华人民共和国宪法》(2018 年

3 月 11 日修正，以下简称《宪法》）第三十一条规定："国家在必要时得设立特别行政区。在特别行政区内实行的制度按照具体情况由全国人民代表大会以法律规定。"除在特别行政区《基本法》中规定适用的全国法律外，其他法律不适用特别行政区。据此，我国《保险法》的空间效力是，除依法设立的特别行政区外的全部中华人民共和国的领土范围。

3.《保险法》对人的效力

根据对《保险法》的空间效力及其他条款的理解，《保险法》对人的效力是参加到商业保险活动中的中华人民共和国境内的所有的自然人和法人。具体地说有以下几种：

（1）国家负责金融监管部门——国家金融监督管理总局；

（2）在中国从事商业保险活动的、具有中国法人资格的保险公司，外国保险公司在中国设立的分公司，以及依法取得营业资格的保险代理人、保险经纪人和保险公证人等；

（3）参加依照《保险法》开办的商业保险的中国公民、外国公民和无国籍人等。

（二）保险合同的基本规定

1. 保险合同的概念

保险合同作为各国保险制度的直接运作手段，是商业保险必须具备的一种特定的法律形式，也是保险法的主要规范内容之一。

合同，又称"契约"。根据《民法典》（第三编合同）第四百六十四条的规定："合同是民事主体之间设立、变更、终止民事法律关系的协议。"保险合同是合同的一种。根据《保险法》第十条的规定："保险合同是投保人与保险人约定保险权利义务关系的协议。"

保险合同实质上是一种债权合同，即保险人只能对投保人有请求给付保险费的债权，在保险事故发生前有承担危险的债务，在保险事故发生后有依约赔偿或给付保险金的债务。保险人与投保人，一方的权利对应另一方的义务，因此，保险合同又是一种双方有偿合同。

保险合同既属于合同的一种，又是一种债权债务关系，依据法学原理其首先符合《保险法》的规定，此外，如《保险法》没有规定的项目还要符合《民法典》（第三编合同）等的规定。

2. 保险合同的主体

保险合同的主体包括保险合同的当事人、关系人和辅助人。主体是保险合同不可缺少的要素，没有主体就没有保险合同。

（1）保险合同的当事人，是指保险合同的双方缔约人。就订立保险合同的缔约人而言，保险合同的当事人是保险人和投保人。

《保险法》第十条规定："保险人是指与投保人订立保险合同，并按照合同约定承担赔偿或者给付保险金责任的保险公司。"其法律特征主要是：保险人必须是依法成立的经营保险业务的公司法人，任何自然人，或未经特别许可的法人，都不得擅自经营保险业务。

《保险法》第十条还规定："投保人是指与保险人订立保险合同，并按照合同约定负有支付保险费义务的人。"其法律特征主要是：投保人可以是自然人，也可以是法人。投保人为自然人时，应当具有完全民事行为能力；投保人为法人时，应当具有权利能力。

（2）保险合同的关系人，是指虽然不是保险合同缔约人，却享有保险合同权利或承担保险合同义务的人。保险合同的关系人包括被保险人和受益人。

《保险法》第十二条规定："被保险人是指其财产或者人身受保险合同保障,享有保险金请求权的人。投保人可以为被保险人。"《保险法》第十八条规定："受益人是指人身保险合同中由被保险人或者投保人指定的享有保险金请求权的人。投保人、被保险人可以为受益人。"

(3)保险合同的辅助人,是指为订立、履行保险合同充当中介人或提供服务,并收取中介服务费的人。保险辅助人包括保险代理人和保险经纪人。

《保险法》第一百一十七条规定:"保险代理人是根据保险人的委托,向保险人收取佣金,并在保险人授权的范围内代为办理保险业务的机构或者个人。"其法律特征主要是:首先,保险代理人必须取得相应的证书和授权书才可在权限内开展代理业务;其次,保险代理人在法律上与保险人视为同一人,在授权范围内以保险人名义开展的活动,直接对保险人发生效力;代理人所知视作保险人所知,保险人必须对其代理活动承担法律后果。

《保险法》第一百一十八条规定:"保险经纪人是基于投保人的利益,为投保人与保险人订立保险合同提供中介服务,并依法收取佣金的机构。"其主要法律特征是:首先,保险经纪人必须取得相关的资格和许可,才可开展业务;其次,保险经纪人是独立的保险中介主体,其必须对自己的一切过错行为承担法律后果。

3. 保险合同的客体

保险合同的客体是保险合同当事人的权利和义务共同指向的对象。保险合同如果没有客体,就丧失了存在的意义。

根据《保险法》第十二条的规定,投保人对保险标的应当具有保险利益。保险的对象是保险标的,但保险合同的订立和履行并不能保障保险标的的本身不受损失,而只是保障投保人、被保险人在保险事故或事件发生后,在该保险标的上得到法律承认的利益(即保险利益)不受损失。因此,保险标的本身不是保险合同的客体,只有依附其上的保险利益才是保险合同的客体。

4. 保险合同的内容

保险合同的内容,即保险合同双方当事人的权利和义务,由于保险合同一般都根据保险人事先拟定的合同条款订立,双方当事人的权利和义务,主要体现在保险合同条款上。

根据《保险法》第十八条的规定,保险合同应当包括下列事项:

(1)保险人的名称和住所;

(2)投保人、被保险人的姓名或者名称、住所,以及人身保险的受益人的姓名或者名称、住所;

(3)保险标的;

(4)保险责任和责任免除;

(5)保险期间和保险责任开始时间;

(6)保险金额;

(7)保险费以及支付办法;

(8)保险金赔偿或者给付办法;

(9)违约责任和争议处理;

（10）订立合同的年、月、日。

投保人和保险人可以约定与保险有关的其他事项。

保险金额是指保险人承担赔偿或者给付保险金责任的最高限额。

（三）保险合同的订立、履行、变更和终止

1. 保险合同的订立和生效

1）保险合同的订立

保险合同的订立，是指投保人和保险人在意思表示一致的情况下设立保险合同的行为。保险合同是双方当事人约定保险权利和义务的协议，是当事人之间的一种合意行为，需要经过一方当事人提出保险要求；另一方当事人表示同意承保的程序。在法律上，通常把提出保险要求称之为"保险上的要约"，把同意承保称之为"保险上的承诺"，保险合同只有经过要约和承诺两个阶段才能成立。

投保人要约是订立保险合同的必须和首要程序，必须采取书面形式，保险实务中，这种书面形式即为投保单。投保单是保险人事先制定的，投保人必须按照投保单所列举的内容逐一填写，投保人填写的内容准确与否，直接关系到投保人是否履行了"如实告知"义务。当然，对于投保单上没有列举的内容，投保人不承担告知义务。

保险上的承诺，就是保险人认可了投保人在投保单上填写的全部内容，接受了投保人在投保单上提出的所有条件，同意在双方合意的条件下承担保险责任。保险人承诺是保险合同成立的必须程序。保险人承诺，既可以由保险人自己做出，也可以由保险代理人做出。

2）保险合同的成立和生效

保险合同的成立，是指保险合同双方当事人经过要约、承诺的程序而达成了协议。保险实务中，保险人在投保单上签字盖章，并注明订立时间后，保险合同即告成立。

保险合同的生效，是指在合同成立的前提下，开始对订约双方当事人产生法律约束力。保险合同的生效除了形式要件外，还必须具备一些实质要件。如订立合同的双方当事人资格是否合格？保险合同有没有与保险法律、法规相抵触的条款？合同内容有没有违背公序良俗等。保险合同若同时具备形式要件和实质要件，一般情况下，合同成立即意味着开始生效，但也有特殊情况，如附加条件生效的保险合同和有试保期生效的保险合同等例外。

3）保险合同订立的凭证

保险合同订立的凭证，是指能够证明双方当事人已经达成保险协议的书面文件。这些文件主要包括投保单、暂保单、保险单、保险凭证、批单或批注等。

4）保险合同的解释

保险合同生效后，双方当事人在主张权利或履行义务时，往往会涉及对合同条款，乃至对条款中语言文字的理解。不同的理解会产生保险纠纷，甚至引起仲裁或诉讼，因此，为了判明当事人的真实意图、保护当事人的合法权利，准确处理保险纠纷，有必要确立保险合同的解释原则。保险实务中，对保险合同的解释，主要采用以下原则。

（1）文义解释的原则，即对于保险合同条款的文字，应当按普遍的理解、通常的含义进行解释的原则。根据这一原则，保险人在制订保险合同条款时，如果使用的文字具有特殊含

义,则应当做必要说明,否则,一律按通常文义解释。

(2)逻辑解释原则,即对于保险合同条款的上下文,应当进行逻辑分析和推理,从而判明当事人真实意图的解释原则。根据这一原则,保险人在制订合同条款时,应当注意文本的逻辑性、概念的统一性,避免上下文之间产生矛盾。

(3)专业解释原则,即对于保险合同中出现的专用术语,应当按照其所属专业的专业技术含义来解释的原则。

(4)有利于被保险人或受益人的解释原则,即当保险合同出现纠纷时,按照其他解释原则难以判明当事人真实意图时,所采取的保护被保险人或受益人的原则。产生这一原则的根本原因是保险合同双方当事人的地位实质上是不平等的。保险合同由保险人事先制定,投保方只能表示接受与否;在专业知识、保险信息等许多方面,投保方也处于绝对劣势,作为救济措施,法律要求保险人在制定保险合同时,必须做到公平合理、准确精密,如果保险人做不到这一点,则必须承担法律责任。

2. 保险合同的履行

保险合同的履行,是指保险合同成立后,双方当事人完成各自承担的义务,保证对方权利实现的整个行为过程。保险合同的履行是投保方和保险方双方的义务。

1)投保方的主要义务

(1)按期、足额缴纳保险费。

(2)维护保险标的安全。

(3)履行危险增加通知义务。

(4)履行出险通知义务。

(5)保险事故发生时,履行积极施救义务等。

2)保险人的合同履行

(1)承担赔偿或给付保险金责任。

(2)承担施救及其他合理费用。

3. 索赔和理赔

1)索赔

索赔是保险事故发生后,被保险人或受益人根据保险合同约定,向保险人提出支付保险金要求的行为。行使索赔权的主体,原则上应是被保险人或受益人。若被保险人为无民事行为能力或限制民事行为能力人,可以由其法定代理人代为行使索赔权。行使索赔权还有时间限制,即索赔时效。《保险法》第二十六条规定:"人寿保险以外的其他保险的被保险人或者受益人,向保险人请求赔偿或者给付保险金的诉讼时效期间为二年,自其知道或者应当知道保险事故发生之日起计算。人寿保险的被保险人或者受益人向保险人请求给付保险金的诉讼时效期间为五年,自其知道或者应当知道保险事故发生之日起计算。"此外,索赔是一种要式行为,其过程必须遵循一定程序,一般包括以下几种:

(1)提出索赔请求;

(2)接受检验;

(3)提供索赔单证;

（4）领取保险金；

（5）出具权利转让证书等。

2）理赔

理赔是指保险人因被保险人或受益人的请求，依据保险合同，审核保险责任并处理保险赔付的行为。保险人在履行这一重要义务时，应当重合同、守信用，做到主动、迅速、准确、合理。理赔的一般程序为以下4步：

（1）立案；

（2）检验；

（3）核定保险责任；

（4）支付保险金或发出拒赔通知书。

3）理赔期限

理赔中的重要原则是"迅速"，要求保险人迅速进行理赔，是为了帮助被保险人或受益人尽快从危险事故的阴影中摆脱出来，尽快恢复到出险前的状况。

《保险法》第二十三条规定："保险人收到被保险人或者受益人的赔偿或者给付保险金的请求后，应当及时作出核定；情形复杂的，应当在三十日内作出核定，但合同另有约定的除外。保险人应当将核定结果通知被保险人或者受益人；对属于保险责任的，在与被保险人或者受益人达成赔偿或者给付保险金的协议后十日内，履行赔偿或者给付保险金义务。保险合同对赔偿或者给付保险金的期限有约定的，保险人应当按照约定履行赔偿或者给付保险金义务。"

该条还规定："保险人未及时履行前款规定义务的，除支付保险金外，应当赔偿被保险人或者受益人因此受到的损失。"

《保险法》第二十四条规定："保险人依照本法第二十三条的规定作出核定后，对不属于保险责任的，应当自作出核定之日起三日内向被保险人或者受益人发出拒绝赔偿或者拒绝给付保险金通知书，并说明理由。"

《保险法》第二十五条规定："保险人自收到赔偿或者给付保险金的请求和有关证明、资料之日起六十日内，对其赔偿或者给付保险金的数额不能确定的，应当根据已有证明和资料可以确定的数额先予支付；保险人最终确定赔偿或者给付保险金的数额后，应当支付相应差额。"

4. 保险合同的变更、解除和终止

1）保险合同的变更

保险合同的变更，是指在保险合同有效期限内，由于订立保险合同时所依据的主客观情况发生变化，双方当事人按照法定或合同规定的程序，对原保险合同的某些条款进行修改或补充的行为。根据保险合同的内容，这种变更行为可分为主体变更、客体变更、条款变更等三种。一般而言，保险合同的变更是一种双方民事行为，其生效的条件是：投保人或被保险人提出变更书面申请，保险人同意后签发批单或批注。少数属单方民事行为，如被保险人变更受益人，只需书面通知保险人即可，而不必得到保险人同意。

2）保险合同的解除

保险合同的解除，是指双方当事人依法或依合同约定而提前终止保险合同的行为。保

险合同的解除可以分为投保人解除和保险人解除两大类。

《保险法》第十五条规定:"除本法另有规定或者保险合同另有约定外,保险合同成立后,保险人不得解除合同。"从法律规定看,保险人得以解除合同的前提是投保人、被保险人或受益人有违约或违法行为。《保险法》在第十六条、第二十七条、第三十二条、第五十一条、第五十二条分别规定了保险人在以下几种情况出现时可以解除合同:

(1)投保人未履行如实告知义务;

(2)被保险人或受益人谎称发生保险事故骗保;

(3)投保方故意制造保险事故;

(4)投保方未按照约定履行对保险标的的安全应尽的责任;

(5)保险标的的危险程度增加;

(6)被保险人年龄不实,并且真实年龄不符合合同约定的年龄限制的;

(7)人身保险合同中止后未能复效等。

除通过法律规定外,如果双方当事人在订立保险合同时有解除合同的约定,保险人也可以据此解除合同。保险合同一经解除,合同效力归于消灭,双方当事人约定的权利和义务不复存在。但合同解除不影响原合同中争议处理条款的效力,也不影响当事人要求赔偿的权利。

3)保险合同的终止

保险合同的终止,是指保险合同双方当事人消灭合同确定的权利和义务行为。保险合同一旦终止,就失去法律效力,但是原合同中争议处理条款的效力和当事人要求赔偿的权力不受影响。保险合同的终止,可以分为3种情况。

(1)自然终止。保险合同因合同期限届满而终止。

(2)义务履行而终止。保险事故发生后,由于保险人履行了赔付保险金的全部责任,导致合同终止。这里的全部责任,是指发生了保险人应当按约定的保额全部赔偿或给付的保险事故,保险人赔付后即承担了全部责任。如果保险标的只是部分受损,保险人履行部分赔付保险责任后,保险合同继续有效。

(3)当事人行使终止权而终止。在符合法律规定或合同约定的一定条件下,当事人具有终止权,在履行适当的义务后即行使终止权而使保险合同终止,包括解除合同而终止。

4)无效保险合同

无效保险合同是法律不予承认或保护的保险合同,该保险合同因法定或约定的原因,自然而确定地不发生效力。如前所述,保险合同成立后是否发生效力,除形式上必须具备成立要件外,还必须具备生效的实质性要件,只要缺少其中之一,该合同就是无效合同。《保险法》第十七条规定:"订立保险合同,采用保险人提供的格式条款的,保险人向投保人提供的投保单应当附格式条款,保险人应当向投保人说明合同的内容。对保险合同中免除保险人责任的条款,保险人在订立合同时应当在投保单、保险单或者其他保险凭证上作出足以引起投保人注意的提示,并对该条款的内容以书面或者口头形式向投保人作出明确说明;未作提示或者明确说明的,该条款不产生效力。"这是合同部分无效情况。

《保险法》第十九条规定:"采用保险人提供的格式条款订立的保险合同中的下列条款

无效：(1)免除保险人依法应承担的义务或者加重投保人、被保险人责任的；(2)排除投保人、被保险人或者受益人依法享有的权利的。"

《保险法》第三十四条规定："以死亡为给付保险金条件的合同，未经被保险人同意并认可保险金额的，合同无效。"

《保险法》第五十五条规定："保险金额不得超过保险价值。超过保险价值的，超过部分无效，保险人应当退还相应的保险费。"除了以上4种法条直接规定无效的情况外，也可能出现合同的内容与法律、法规相抵触，或主体资格不合格等可以明确判定合同无效的情况，以及出现合同中约定的无效情况。

无效保险合同，不受法律保护，也不能达到当事人预期的效果。但是，这并不表明无效合同没有法律意义，保险合同被认定为无效，同样会产生一定的法律后果，其中主要有返还财产、赔偿损失和行政处罚等。

(四)保险业的基本规定

1. 保险公司的规定

我国保险业的组织形式是实行公司制，保险公司应当采取股份有限公司或国有独资公司的组织形式。设立保险公司，必须经金融监管部门的批准，其注册资本的最低限额为人民币2亿元。保险公司的设立、变更、解散和清算，适用《保险法》《中华人民共和国公司法》(2023年12月29日修订，以下简称《公司法》)等其他有关法律和行政法规的规定。

2. 保险业务范围和经营规则的规定

《保险法》第四章中规定保险公司的业务范围包括以下2种：

(1)财产保险业务包括财产损失保险、责任保险、信用保险和保证保险等保险业务；

(2)人身保险业务包括人寿保险、健康保险、意外伤害保险等保险业务。

保险公司的经营规则是：同一保险人不得同时兼营财产保险业务和人身保险业务，经金融部门的核定，保险公司可以经营上述保险业务的再保险业务。

为了确保投保人的利益和维护保险业务的安全，保险公司应当具有与其业务规模相适应的最低偿付能力，保险公司应当根据保障被保险人利益，保证偿付能力的原则，提取各项责任准备金。

在资金运用上，保险公司必须遵循稳健与安全性原则，并保证资产的保值增值。其资金运用途径按照《保险法》的规定限于在银行存款、买卖政府债券、金融债券和国务院规定的其他资金运用形式。

3. 保险业的监督管理的规定

1998年11月，根据《中共中央、国务院关于深化金融改革，整顿金融秩序，防范金融风险的通知》(中发〔1997〕19号)和《国务院关于成立中国保险监督管理委员会的通知》(国发〔1998〕37号)，设置中国保险监督管理委员会(简称保监会)。

2018年3月，第十三届全国人民代表大会第一次会议批准了《国务院机构改革方案》，组建中国银行保险监督管理委员会(简称银保监会)，不再保留中国保险监督管理委员会。

2023年3月，中共中央、国务院印发了《党和国家机构改革方案》。在中国银行保险监督管理委员会基础上组建国家金融监督管理总局,不再保留中国银行保险监督管理委员会。5月18日,国家金融监督管理总局正式揭牌。

目前,我国保险业的监管部门是国家金融监督管理总局。保险公司依法接受国家金融监督管理总局的监督管理。国家金融监督管理总局有权检查保险公司的业务状况、财务状况及资金运用状况,有权要求保险公司在规定的期限内提供有关的书面报告和资料。

4. 法律责任的规定

《保险法》第七章中规定,投保人、被保险人或者受益人进行保险欺诈活动,构成犯罪的,依法追究刑事责任。保险公司及其工作人员在保险业务中有隐瞒与保险合同有关的重要情况、欺骗保险人、被保险人或者受益人,不履行保险合同等违反保险经营规则的行为,都应依法承担相应的法律责任。保险代理人和保险经纪人在其业务活动中有欺骗行为,非法从事保险代理业务,或者经营业务,要依法承担相应的法律责任。擅自设立保险公司或者非法从事商业保险业务活动的,或超出核定的业务范围从事保险业务的,或未经批准,擅自变更保险公司名称、章程、注册资本、公司或公司分支机构、营业场所等事项的,由国家金融监督管理总局处理。

三、保险法的基本原则

保险法的基本原则,即集中体现保险法本质和精神的基本准则,它既是保险立法的依据,又是保险活动中必须遵循的准则。保险法的基本原则是通过保险法的具体规定来实现的,而保险法的具体规定,必须符合基本原则的要求。

(一) 保险与防灾减损相结合的原则

保险从根本上说,是一种危险管理制度,目的是通过危险管理来防止或减少危险事故,把危险事故造成的损失缩小到最低程度,由此产生了保险与防灾减损相结合的原则。

1. 保险与防灾相结合的原则

这一原则主要适用于保险事故发生前的事先预防。根据这一原则,保险方应对承保的危险责任进行管理,其具体内容包括:调查和分析保险标的的危险情况,据此向投保方提出合理建议,促使投保方采取防范措施,并进行监督检查;向投保方提供必要的技术支持,共同完善防范措施和设备;对不同的投保方采取差别费率制,以促使其加强对危险事故的管理,即对事故少、信誉好的投保方给予降低保费的优惠,反之,则提高保费等。遵循这一原则,投保方应遵守国家有关消防、安全、生产操作、劳动保护等方面的规定,主动维护保险标的的安全,履行所有人、管理人应尽的义务,同时,按照保险合同的规定,履行危险增加通知义务。

2. 保险与减损相结合的原则

这一原则主要适用于保险事故发生后的事后减损。根据这一原则,如果发生保险事故,投保方应尽最大努力积极抢救,避免事故蔓延、损失扩大,并保护出险现场,及时向保险人报案。而保险方则通过承担施救及其他合理费用来履行义务。

（二）最大诚信原则

由于保险关系的特殊性，人们在保险实务中越来越感到诚信原则的重要性，要求合同双方当事人最大限度地遵守这一原则，故称最大诚信原则。具体讲即要求双方当事人不隐瞒事实，不相互欺诈，以最大诚信全面履行各自的义务，以保证对方权利的实现。最大诚信原则是合同双方当事人都必须遵循的基本原则，其表现为以下几个方面。

1. 履行如实告知义务

这是最大诚信原则对投保人的要求。由于保险人面对广大的投保人，不可能一一去了解保险标的的各种情况。因此，投保人在投保时，应当将足以影响保险人决定是否承保，足以影响保险人确定保险费率或增加特别条款的重要情况，向保险人如实告知。保险实务中一般以投保单为限，即投保单中询问的内容投保人必须如实填写。除此之外，投保人不承担任何告诉、告知义务。

投保人因故意或过失没有履行如实告知义务，将要承担相应的法律后果，包括保险人可以据此解除保险合同；如果发生保险事故，保险人有权拒绝赔付等。

2. 履行说明义务

这是最大诚信原则对保险人的要求。由于保险合同由保险人事先制订，投保人只有表示接受与否的选择，通常投保人又缺乏保险知识和经验，因此，在订立保险合同时，保险人应当向投保人说明合同条款内容。对于保险合同的一般条款，保险人应当履行说明义务。对于保险合同的责任免除条款，保险人应当履行明确说明义务，未明确说明的，责任免除条款不发生效力。

3. 履行保证义务

这里的保证，是指投保人向保险人做出承诺，保证在保险期间遵守作为或不作为的某些规则，或保证某一事项的真实性，因此，这也是最大诚信原则对投保人的要求。

保险上的保证有两种，一种是明示保证，即以保险合同条款的形式出现，是保险合同的内容之一，故为明示。如机动车辆保险中有遵守交通规则、安全驾驶、做好车辆维修和维护工作等条款，一旦合同生效，即构成投保人对保险人的保证，对投保人具有作为或不作为的约束力。另一种是默示保证，即这种保证在保险合同条款中并不出现，往往以社会上普遍存在或认可的某些行为规范为准则，并将此视作投保人保证作为或不作为的承诺，故为默示。如财产保险附加盗窃险合同中，虽然没有明文规定被保险人外出时应该关闭门窗，但这是一般常识下应该做的行为，这种社会公认的常识，既构成默示保证，也成为保险人之所以承保的基础，所以，因被保险人没有关闭门窗而招致的失窃，保险人不承担保险责任。

4. 弃权和禁止抗辩

这是最大诚信原则对保险人的要求。所谓弃权，是指保险人放弃法律或保险合同中规定的某项权利，如拒绝承保的权利、解除保险合同的权利等等。所谓禁止抗辩，与弃权有紧密联系，是指保险人既然放弃了该项权利，就不得向被保险人或受益人再主张这种权利。

(三) 保险利益原则

《保险法》第十二条规定:"人身保险的投保人在保险合同订立时,对被保险人应当具有保险利益。财产保险的被保险人在保险事故发生时,对保险标的应当具有保险利益。人身保险是以人的寿命和身体为保险标的的保险。财产保险是以财产及其有关利益为保险标的的保险。被保险人是指其财产或者人身受保险合同保障,享有保险金请求权的人。投保人可以为被保险人。保险利益是指投保人或者被保险人对保险标的具有的法律上承认的利益。"根据这条规定,保险利益原则主要有两层含义:其一,投保人在投保时,必须对保险标的具有保险利益,否则,保险就可能成为一种赌博,丧失其补偿经济损失、给予经济帮助的功能;其二,有否保险利益,是判断保险合同有效或无效的根本依据,缺乏保险利益要件的保险合同,自然不发生法律效力。

1. 财产保险利益

财产保险的保险标的是财产及其相关利益,其保险利益是指投保人对保险标的具有法律上承认的经济利益。财产保险的保险利益应当具备 3 个要素:

(1) 必须是法律认可并予以保护的合法利益;

(2) 必须是经济上的利益;

(3) 必须是确定的经济利益。

2. 人身保险利益

人身保险的保险标的是人的寿命和身体,其保险利益是指投保人对被保险人寿命和身体所具有的经济利害关系。从《保险法》第十二条规定可以得出,人身保险的保险利益具有以下特点:

(1) 是法律认可并予以保护的人身关系;

(2) 人身关系中具有财产内容;

(3) 构成保险利益的是经济利害关系。

经济利害关系虽然无法用金钱估算,但投保人与保险人在订立保险合同时,可以通过约定保额来确定。

保险利益原则在保险合同的订立、履行过程中,有不同的适用要求。就财产保险而言,投保人应当在投保时对保险标的具有保险利益;合同成立后,被保险人可能因保险标的的买卖、转让、赠予、继承等情况而变更,因此,发生保险事故时,被保险人应当对保险标的具有保险利益,投保人是否具有保险利益已无关紧要。就人身保险而言,投保时,投保人必须对被保险人具有保险利益,至于发生保险事故时,投保人是否仍具有保险利益,则无关紧要。

(四) 损失赔偿原则

这是财产保险特有的原则,是指保险事故发生后,保险人在其责任范围内,对被保险人遭受的实际损失进行赔偿的原则。其内涵主要有以下几点。

(1) 赔偿必须在保险人的责任范围内进行,即保险人只有在保险合同规定的期限内,以约定的保险金额为限,对合同中约定的危险事故所致损失进行赔偿。保险期限、保险金额和保险责任是构成保险人赔偿的不可或缺的要件。

（2）赔偿额应当等于实际损失额。按照民事行为的准则，赔偿应当和损失等量，被保险人不能从保险上获得额外利益。因此，保险人赔偿的金额，只能是保险标的实际损失的金额。换言之，保险人的赔偿应当恰好使保险标的恢复到保险事故发生前的状态。

（3）损失赔偿是保险人的义务。据此，被保险人提出索赔请求后，保险人应当按主动、迅速、准确、合理的原则，尽快核定损失，与索赔人达成协议并履行赔偿义务；保险人未及时履行赔偿义务时，除支付保险金外，应当赔偿被保险人因此受到的损失。

（五）近因原则

近因原则的含义是：损害结果必须与危险事故的发生具有直接的因果关系，若危险事故属于保险人责任范围的，保险人就赔偿或给付。在实际生活中，损害结果可能由单因或多因造成。单因比较简单，多因则比较复杂，主要有以下几种情况。

（1）多因同时发生。若同时发生的都是保险事故，则保险人承担赔付责任；若其中既有保险事故，也有责任免除事项，保险人只承担保险事故造成的损失。

（2）多因连续发生。两个以上灾害事故连续发生造成损害，一般以最近的（后因）、最有效的原因为近因，若其属于保险事故，则保险人承担赔付责任。但后果是前因直接自然的结果、合理连续或自然延续时，以前因为近因。

（3）多因间断发生。即后因与前因之间没有必然因果关系，彼此独立。这种情况的处理与单因大致相同，即保险人视各种独立的危险事故是否属于保险事故，从而决定是否赔付。

💡 思考与练习题

1．《保险法》的效力范围是什么？
2．保险合同的基本条款包括哪些内容？
3．保险合同的解释采用哪些原则？
4．索赔过程必须遵循哪几个程序？
5．保险法的基本原则是什么？

模块三
汽车保险概述 >>>

学习目标

知识目标

1. 掌握汽车保险的概念、特征、职能和作用；

2. 掌握汽车保险合同的概念和法律特征；

3. 了解保险市场、保险中介的有关概念。

能力目标

1. 能够辨识汽车保险合同的主体和客体；

2. 能熟练选择使用汽车保险合同的几种形式；

3. 熟悉汽车保险政策变化的内容，能够在实际保险业务中应用。

素养目标

1. 认识到汽车保险综合改革的必要性和重大意义；

2. 理解车险改革过程中以人民为中心的发展思想。

一、汽车保险的概念与职能

(一)汽车(机动车)保险的概念与特点

机动车保险是以机动车本身及其相关利益为保险标的的一种不定值财产保险。这里的被保险机动车是指在中华人民共和国境内(不含港、澳、台地区)行驶,以动力装置驱动或者牵引,上道路行驶的供人员乘用或者用于运送物品以及进行专项作业的轮式车辆(含挂车)、履带式车辆和其他运载工具,但不包括摩托车、拖拉机、特种车。机动车保险一般包括交强险、主险和附加险三种。主险又分为机动车损失险、第三者责任险和车上人员责任险。

机动车保险的基本特征,可以概括为以下几点。

1. 保险标的出险率较高

机动车是陆地的主要交通工具。由于其经常处于运动状态,总是载着人或货物不断地从一个地方开往另一个地方,很容易发生碰撞及意外事故,造成人身伤亡或财产损失。由于汽车保有量的迅速增加,一些国家交通设施及管理水平跟不上汽车的发展速度,再加上驾驶人的疏忽、过失等人为原因,交通事故发生频繁,汽车出险率较高。

2. 业务量大,投保率高

由于汽车出险率较高,汽车的所有者需要以保险方式转嫁风险。各国政府在不断改善交通设施,严格制定交通规章的同时,为了保障受害人的利益,对第三者责任保险实施强制保险。保险人为适应投保人转嫁风险的不同需要,为被保险人提供了更全面的保障,在开展机动车损失险和第三者责任险等主险的基础上,推出了一系列附加险,使汽车保险成为财产保险中业务量较大,投保率较高的一个险种。

3. 扩大保险利益

机动车保险中,针对汽车的所有者与使用者不同的特点,机动车保险条款一般规定:不仅被保险人本人使用汽车时发生保险事故保险人要承担赔偿责任,而且凡是被保险人允许的驾驶人使用汽车时,也视为其对保险标的具有保险利益。如果发生保险单上约定的事故,保险人同样要承担事故造成的损失,保险人须说明机动车保险的规定以"从车"为主,凡经被保险人允许的驾驶人驾驶被保险人的汽车造成保险事故的损失,保险人须对被保险人负赔偿责任。此规定是为了对被保险人提供更充分的保障,并非违背保险利益原则。但如果在保险合同有效期内,被保险人将被保险机动车转卖、转让、赠送他人,被保险人应当书面通知保险人并申请办理批改。否则,保险事故发生时,保险人对被保险人不承担赔偿责任。

4. 被保险人自负责任与无赔款优待

为了促使被保险人注意维护、养护汽车,使其保持安全行驶技术状态,并督促驾驶人注意安全行车,以减少交通事故,保险合同上一般规定:驾驶人在交通事故中所负责任,机动车损失险和第三者责任险在符合赔偿规定的金额内实行绝对免赔率;被保险机动车在保险期限内无赔款,续保时可以按保险费的一定比例享受无赔款优待。以上两项规定,虽然分别是对被保险人的惩罚和优待,但要达到的目的是一致的。

(二) 汽车(机动车)保险的职能

保险基本职能就是组织经济补偿和实现保险金的给付。同样,这也是机动车保险的基本职能。生产力水平的提高、科学技术的发展使人类社会走向文明,汽车文明在给人类生活带来交通便利的同时,也给人类带来了因汽车运输中的碰撞、倾覆等意外事故造成的财产损失和人身伤亡。不仅如此,随着生产力水平的提高,科学技术的进步,风险事故所造成的损失也越来越大,对人类社会的危害也越来越严重。机动车在使用过程中遭受自然灾害风险和发生意外事故的概率较大,特别是在发生第三者责任的事故中,其损失赔偿是难以通过自我补偿的。机动车使用过程中的各种风险及风险损失,同样是难以通过对风险的避免、预防、分散、抑制以及风险自留就能解决得了的,必须或最好通过保险转嫁方式将其中的风险及风险损失得以在全社会范围内分散和转移,以最大程度地抵御风险。汽车保险的职能就是使汽车用户以缴纳保险费为条件,将自己可能遭受的风险成本全部或部分转嫁给保险人。

机动车保险是一种重要的风险转嫁方式,在大量的风险单位集合的基础上,将少数被保险人可能遭受的损失后果转嫁到全体被保险人身上,而保险人作为被保险人之间的中介对其实行经济补偿。通过机动车保险，将拥有机动车的企业、家庭和个人所面临的种种风险及其损失后果得以在全社会范围内分散与转嫁。机动车保险是现代社会处理风险的一种非常重要的手段，是风险转嫁中一种最重要、最有效的技术，是不可缺少的经济补偿制度。

(三) 汽车(机动车)保险的作用

我国自1980年国内保险业务恢复以来，机动车保险业务已经取得了长足的进步，尤其是伴随着机动车进入百姓的日常生活，机动车保险正逐步成为与人们生活密切相关的经济活动，其重要性和社会性也正逐步凸显，作用越加明显。

1. 扩大了人们对汽车的需求

从目前经济发展情况看，汽车工业已成为我国经济健康、稳定发展的重要动力之一，汽车产业政策在国家产业政策中的地位越来越重要。汽车产业政策要产生社会效益和经济效益，要成为中国经济发展的原动力，离不开机动车保险和与之相关的配套服务。机动车保险业务自身的发展对汽车工业的发展起到了有力的推动作用，机动车保险的出现，解除了企业与个人对使用汽车过程中可能出现的风险的担心，一定程度上提高消费者购买汽车的欲望，扩大了对汽车的需求。

2. 稳定了社会公共秩序

随着我国经济的发展和人民生活水平的提高，机动车作为重要的生产运输和代步工具，成为社会经济及人民生活中不可缺少的一部分，其作用显得越来越重要。机动车作为一种保险标的，虽然单位保险金不是很高，但数量多而且分散，汽车所有者既有党政部门，也有工商企业和个人。汽车所有者为了转嫁使用机动车带来的风险，愿意支付一定的保险费投保。在机动车出险后，从保险公司获得经济补偿。由此可以看出，开展机动车保险既有利于社会稳定，又有利于保障保险合同当事人的合法权益。

3. 促进了汽车安全性能的提高

在机动车保险业务中，经营管理与机动车维修行业及其价格水平密切相关。原因是在机动车保险的经营成本中，事故车辆的维修费用是其中重要的组成部分，同时车辆的维修质量在一定程度上体现了机动车保险产品的质量。保险公司出于有效控制经营成本和风险的需要，除了加强自身的经营业务管理外，必然会加大事故车辆修复工作的管理，一定程度上提高了机动车维修质量管理的水平。同时，机动车保险的保险人从自身和社会效益的角度出发，联合汽车生产厂家、汽车维修企业开展汽车事故原因的统计分析，研究汽车安全设计新技术，并为此投入大量的人力和财力，从而促进了汽车安全性能方面的提高。

4. 机动车保险业务在财产保险中占有重要的地位

目前，大多数发达国家的机动车保险业务在整个财产保险业务中占有十分重要的地位。据不完全统计，2022年，美国汽车保险保费收入3353亿美元，占财产保险总保费的39%左右。

从我国情况来看，随着积极的财政政策的实施，道路交通建设的投入越来越多，机动车保有量逐年递增。在过去的四十多年中，机动车保险业务保费收入每年都以较快的速度增长。2022年，我国机动车保险保单数量为59200万件，车险保费收入8210亿元，占财产保险业务总保费收入的55%以上，机动车保险业务已经成为财产保险公司的"吃饭险种"。其经营的盈亏,直接关系到整个财产保险行业的经济效益。可以说,机动车保险业务的效益已成为财产保险公司效益的"晴雨表"。

二、汽车保险合同

(一) 汽车(机动车)保险合同的概念及法律特征

机动车保险合同是财产保险合同的一种,是指以机动车及其有关利益作为保险标的的保险合同。由于机动车保险业务在财产保险公司的所有业务中占据绝对地位,因而机动车保险合同是财产保险公司经营过程中的重要合同。机动车保险合同具有如下法律特征。

1. 机动车保险合同是当事人双方的一种法律行为

机动车保险合同是投保人提出保险要求,经保险人同意,并双方意见一致才告成立。机动车保险合同是双方当事人在社会地位平等的基础上产生的一项经济活动,是双方当事人平等、等价的一项民事法律行为。

2. 机动车保险合同是有偿合同

机动车保险合同的生效是以投保人交付保险费为条件,换句话说是以交付保险费换取保险人承担危险的代价。

3. 机动车保险合同是射幸合同

射幸合同是相对于"等价合同"而言的,通俗地讲,射幸合同是一种不等价合同,也就是说,由于机动车保险事故发生的频率及损失发生率的不确定性,倘若发生了机动车保险事故,对单个的被保险人而言,他获得的机动车保险赔款,远远大于他所缴纳的保险费;倘若没有发生机动车保险事故,被保险人虽然付出了保险费,仍然不能得到保险赔款。但是从全体被保险人的整体来观察,保险费的总和总是与机动车保险赔款支出趋于一致,所以从机动车保险关系的整体上看,这种合同内容的有偿交换却是等价的。机动车保险合同的这种在特定条件下的等价与不等价特征,我们将之称为机动车保险合同的射幸性。

4. 机动车保险合同是最大诚信合同

任何合同的订立,都应本着诚实、信用的原则。机动车保险合同自投保人正式向保险人提出签订合同的要约后,就必须将机动车保险合同中规定的要素如实告知保险人,这一点是所有投保机动车保险的投保人应当明白的规则。因为作为保险人的保险公司如果发现投保人对机动车本身的主要危险情况没有告知、隐瞒或者做错误告知,即便机动车保险合同已经生效,保险人也有权不负赔偿责任。机动车保险合同的诚信原则不仅是针对投保人而言的,也是针对保险人而言的。也就是说,机动车保险合同双方当事人都应共同遵守诚信原则。作为投保人,应当将机动车本身的情况,如是否是营运车、是否重复保险等情况如实告知保险人,或者如实回答保险公司提出的问题,不得隐瞒;而保险人也应将保险合同的内容及特别约定事项、免赔责任如实向投保人进行解释,不得误导或引诱投保人参加机动车保险。因此,最大诚信原则对投保人与保险人是同样适用的。

5. 机动车保险合同是对人的合同

在机动车保险中,被保险机动车的过户、转让或者出售,必须事先通知保险人,经保险人同意并将保险单或保证凭证批改后方可有效,否则从被保险机动车过户、转让、出售时起,保险责任即行终止。被保险机动车的过户、转让、出售行为是其所有权的转移,必然带来被保险人的变更,而过户、转让或者出售机动车的原被保险人在其投保前已经履行了告知义务,承担了支付保险费等义务,保险人对其资信情况也有一定了解,如果被保险人的机动车发生所有权转移,势必导致保险人对新的车辆所有者的资信情况一无所知。众所周知,在机动车保险期间保险事故的发生,除了客观自然因素外,还与投保人、被保险人的责任心及道德品质有关,倘若机动车新的所有者妄想通过保险获得经济利益,那么机动车保险事故就成为一种必然危险。因此,被保险机动车的所有权转移行为必须通知保险人,否则,保险人有据此解除保险合同关系的权利。

6. 机动车保险合同是双务合同

双务合同是指合同当事人双方互相承担义务、互相享有权利。投保人承担支付保险费义务,保险人承担约定事故出现后的赔款义务;投保人或被保险人在约定事故发生后有权向保险人索赔,而保险人也有权要求投保人缴纳保险费。

(二)汽车(机动车)保险合同的主体

机动车保险合同的主体是指具有权利能力和行为能力的保险关系双方,包括当事人、关系人和社会中介组织三方面内容。与机动车保险合同订立直接发生关系的是保险合同的当事人,包括保险人和投保人;与机动车保险合同间接发生关系的是合同的关系人,它仅指被保险人。由于在保险业务中涉及的面较广,通常存在社会中介组织,如保险代理人、经纪人、公估人等。

1. 机动车保险合同的当事人

机动车保险合同的当事人包括保险人和投保人。保险人是指与投保人订立机动车保险合同,对于合同约定的可能发生的事故因其发生造成机动车本身损失及其他损失承担赔偿责任的财产保险公司。投保人是指与保险人(即保险公司)订立保险合同,并按照保险合同负有支付保险费义务的人。作为机动车保险合同当事人之一的保险人有权决定是否承保,有权要求投保人履行如实告知义务,有权代位追偿、处理赔偿后损余物资。同时也有按规定及时赔偿的义务。

投保人必须对机动车具有可保利益,也就是说,机动车的损毁或失窃,都将影响投保人的利益。换句话讲,可保利益是指投保人对保险标的具有法律上承认的利益。同时,投保人要向保险人申请订立保险合同,并负有缴纳保险费义务。投保机动车保险应具备下列 3 个条件。

(1)投保人是具有权利能力和行为能力的自然人或法人,反之,不能作为投保人。

(2)投保人对机动车具有利害关系,存在可保利益。

(3)投保人负有缴纳保险费的义务。

2. 机动车保险合同的关系人

在财产保险合同中,合同的关系人仅指被保险人,而人身保险合同中的关系人除了被保险人外,还有受益人。通常被保险人是一个,而受益人可以为多个。机动车保险合同是财产保险合同的一种,应当具有财产保险合同的一般特征,因而,机动车保险合同的关系人是被保险人。被保险人是指其财产或者人身受保险合同保障,享有保险金请求权的人。

1）被保险人的特征

（1）被保险人是因保险事故发生而遭受损失的人。在机动车保险合同中,被保险人是保险标的即被保险机动车的所有人或具有利益的人。

（2）被保险人是享有赔偿请求权的人。因为被保险人是保险事故发生而遭受损失的人,所以享有赔偿请求的权利,投保人不享有赔偿请求的权利。

2）投保人和被保险人的关系

（1）投保人与被保险人的相等关系。在机动车保险中,投保人以自己的机动车投保,投保人同时也就是被保险人。

（2）投保人与被保险人的不相等关系。投保人以他人的机动车投保,保险合同一经成立,投保人与被保险人分属两者。在这种情况下,要求投保人对于被保险人的财产损失具有直接的或间接的利益关系。

3. 中介组织

由于机动车保险在承保与理赔中涉及的面广,中间环节较多,因而在机动车保险合同成立及其理赔过程中存在众多的社会中介组织,如保险代理人、保险经纪人、保险公估行等。

(三)汽车(机动车)保险合同的客体

保险标的是指作为保险对象的财产及其有关利益或者人的寿命和身体,它是保险合同双方当事人权利与义务所指的对象。在财产保险合同中,保险标的是指财产本身或与财产相关的利益与责任;人身保险合同的保险标的是指人的生命或身体。机动车保险合同的保险标的是指被保险机动车及其相关利益。

投保人与保险人订立机动车保险合同的主要目的不是保障保险标的不发生损失,而是保障被保险机动车发生损失后的补偿。因此,保险人保障的是被保险人对保险标的所具有的利益,即保险利益。保险利益是机动车保险合同的客体。

机动车保险利益是指投保人对机动车所产生的实际或法律上的利益,如果这种利益丧失将使之蒙受经济损失。

1. 机动车保险利益的特点
（1）这种利益是投保人对机动车具有经济上的价值。
（2）这种利益得到法律上允许或承认。
（3）这种利益能够用货币进行估价或约定。

2. 机动车保险利益的表现形式
机动车保险利益具体表现在财产利益、收益利益、责任利益与费用利益4个方面:
（1）财产利益包括机动车的所有利益、占有利益、抵押利益、留置利益、担保利益及债权利益;
（2）收益利益包括对机动车的期待利益、营运收入利益、租金利益等;
（3）责任利益包括机动车的民事损害赔偿责任利益;

（4）费用利益是指施救费用利益及救助费用利益等内容。

（四）汽车（机动车）保险合同的内容

机动车保险合同的内容主要用来规定保险关系双方当事人所享有的权利和承担的义务，它通过保险条款使这种权利义务具体化，它包括基本条款和附加条款。

基本条款是机动车保险合同中不可缺少的条款，没有基本条款也就没有机动车保险合同。基本条款中包括以下内容：保险人名称和住所、投保人、被保险人名称和住所、保险标的、保险责任和责任免除、保险期限和保险责任开始时间、保险价值、保险金额、保险费、保险赔偿办法、违约责任和争议处理等。上述内容便构成了机动车保险合同的基本条款。

附加条款是应投保人的要求而增加承保风险的条款。相当于扩大了承保范围，满足部分投保人的特殊要求。

（五）汽车（机动车）保险合同的形式

在机动车保险的具体实务工作中，机动车保险合同主要有以下几种形式。

1. 投保单

机动车保险投保单又称为"要保单"或者称为"投保申请书"，是投保人申请保险的一种书面形式。通常，投保单由保险人事先设计并印就，上面列明了保险合同的具体内容，投保人只需在投保单上按列明的项目逐项填写即可。投保人填写好投保单后，保险人审核同意签章承保，这意味保险人接受了投保人的书面要约，说明机动车保险合同已告成立。

机动车投保单的主要包括：

（1）被保险人、投保人的名称；

（2）被保险机动车的名称；

（3）投保的险别；

（4）保险金额；

（5）保险期限等内容。

上述投保单的内容经保险人签章后，保险合同即告成立，保险人按照约定的时间开始承担保险责任。在保险双方当事人约定的时间后，保险人仍未签发保险单，投保单仍具法律效力。

2. 暂保单

暂保单是保险人出立正式保单以前签发的临时保险合同，用以证明保险人同意承保。暂保单的内容较为简单，仅包括保险标的、保险责任、保险金额以及保险关系当事人的权利义务等。

暂保单具有与正式保单同等的法律效力。同正式保单相比，暂保单的内容相对简单、保险期限短，可由保险人或兼业保险代理机构签发；而正式保单尽管法律效力与暂保单相同，但其内容较为复杂，保险期限通常为一年，保险单只能由保险人签发。

3. 保险单

保险单简称"保单"，是保险人和投保人之间订立保险合同的正式书面凭证。它根据机动车投保人申请，在保险合同成立之后，由保险人向投保人签发。保险单上列明了保险合同的所有内容，它是保险双方当事人确定权利、义务和在发生保险事故遭受经济损失后，被保险人向保险人索赔的重要依据。

4. 保险凭证

保险凭证是保险人发给被保险人证明保险合同已经订立的一种凭证，它也是保险合同的一种存在形式。凡凭证没有记载的内容，均以同类险种的保险单为准，是一种简化的保险单。

在机动车保险业务中，保险人除签发保险单外，还须出立保险凭证，用以证明被保险人已经投保机动车损失险及第三者责任险，便于交通事故的处理。

5. 批单

批单是更改保险合同某些内容的更改说明书。在机动车保险业务的过程中，往往涉及汽车过户、转让、出售等变更汽车所有权的行为，因而也带来机动车保险单中的某些要素，如被保险人、保险金额、保险期限等内容变更。这些变更内容需要用某种形式将其记载下来，或者重新出具保险单。但是在实际业务中，这样的变更行为是非常频繁的，因而重新出具保险单往往成了一种烦琐的工作，批单的出现及广泛使用便成为顺理成章的事情。投保人或被保险人在保险有效期内如果需要对保单内容做部分更改，需向保险人提出申请，保险人如同意更改则批改的内容在保单或保险凭证上批注或附贴便条。凡经批改过的内容均以批单为准，批单是保险单中的一个重要组成部分。

6. 书面协议

保险人经与投保人协商同意，可将双方约定的承保内容及彼此的权利义务关系以书面协议形式明确下来。这种书面协议也是保险合同的一种形式。同正式保单相比，书面协议的内容不事先拟就，而是根据保险关系双方当事人协商一致的结果来签订，具有较大的灵活性和针对性，是一种不固定格式的保险单，因而它与保险单具有同等法律效力。

7. 电子保单

随着信息技术和网络技术的发展，投保人在网上购买车险后，保险公司并没有出具纸质保单，投保人可预留自己的邮箱，保险公司会将电子保单发送给投保人。投保人可以登录投保的保险公司官网查询，注册账号并登录，选择保单服务，就可以查询到被保险机动车的保单。投保人还可以下载保险公司的 App，注册账号并查询电子保单的信息。也可登录保险公司的微信公众号，找到"我的保单"栏目，然后查找被保险机动车的保单。

(六) 保险合同的解除

投保人与保险人订立保险合同或在保险合同执行过程中，如果出现了某些特定情况，保险人、投保人或被保险人有权解除保险合同关系。这些特定情况包含以下几方面内容。

（1）投保人故意隐瞒事实，不履行如实告知义务的，或者因过失未履行如实告知义务，足以影响保险人决定是否同意承保或者提高保险费率的，保险人有权解除保险合同。投保人故意隐瞒事实，不履行如实告知义务，保险人不仅不承担保险合同解除之前的保险事故赔偿与给付责任,而且也不退还所交保险费。因过失造成未向保险人如实告知的,保险人同样不承担在保险合同解除前发生保险事故的赔偿与给付责任,但可以退还所交保险费。因为故意隐瞒与过失行为对投保人而言,其主观意愿有显著区别。

(2)投保人或被保险人未按照合同约定履行其对保险标的的安全应尽的责任,保险人有权解除保险合同。

(3)合同执行过程中,由于保险标的危险程度增加,被保险人应当及时通知保险人,否则,保险人有权解除保险合同。

(4)保险责任开始前,也就是说保险合同成立前,投保人可以要求解除合同。但是投保人应当向保险人支付手续费,保险人应当退还保险费。保险责任开始后,投保人也可以要求解除保险合同。不过,投保人应当支付自保险责任开始之日起至合同解除之日止期间的保险费,保险人退还投保人剩余保险费。

除了上述几种情形外,保险人在保险合同成立后,不能解除保险合同;投保人可以解除保险合同。但是在货物运输保险合同和运输工具航程保险合同中,保险责任开始后,保险人、被保险人均不能解除保险合同。

(七)《保险法》对机动车保险合同与保险业务的规定

机动车保险合同是保险合同的一种,《保险法》关于保险合同的一般规定,包括合同订立、变更、解除以及保险合同双方当事人的权利义务关系等基本内容对机动车保险合同的订立、变更等行为同样适用,这一点是毫无疑问的。不过,机动车保险业务活动毕竟与其他的具体险种合同行为存在差别,知道并掌握这些差别,对于正确投保机动车保险具有十分重要的意义。

(1)根据《保险法》第五十五条的规定,机动车的保险价值,可以由投保人和保险人约定并在保险合同中载明,也可以按照保险事故发生时,机动车的实际价值确定。投保机动车保险时,机动车损失险的保险金额不能超过保险价值,超过保险价值的,超过部分无效;保险金额低于保险价值,保险人按照保险金额与保险价值的比例承担赔偿责任。这就是说,机动车保险金额定得太高,超出了保险价值,多投保的那一部分,投保人也不能多得;如果保险金额定得太低,投保人的损失将得不到足额补偿。

(2)根据《保险法》第六十条的规定,如果机动车的损毁因第三者造成的保险事故引起,保险人自向被保险人赔偿保险金之日起,在赔款金额范围内代位行使被保险人对第三者请求赔偿的权利。如果被保险人已经从第三者取得损害赔偿的,保险人在赔偿保险金时,可以相应扣减被保险人从第三者已取得的赔款金额。同时,根据《保险法》第六十一条的规定,机动车的损毁是因第三者造成的事故引起,在保险人未赔偿保险金之前和赔偿保险金之后,被保险人均不能放弃对第三者的请求赔偿权利。如果放弃了这种请求赔偿权利,这种行为不仅无效,而且保险人不承担赔偿保险金责任,或者保险人可以相应扣减保险赔偿金。在机动车保险实际业务中,被保险人碍于情面,或者认为反正有保险公司的赔偿,轻率地放弃对事故责任方的索赔权,而导致保险人拒赔或引发保险纠纷的事例,不胜枚举。因此,被保险人对《保险法》的内容不可等闲视之。

三、汽车保险市场与中介机构

（一）汽车（机动车）保险市场

1.机动车保险市场概述

1）保险市场的含义

保险市场是指保险商品交换关系的总和，它既可以指固定的交易场所（狭义的定义），也可以是所有实现保险商品让渡的交换关系的总和（广义的定义）。现代保险市场已经突破了传统的有形市场的概念，保险市场核心内容的交换关系既可以通过确定的地理场所实现，也可以通过各种现代媒介，包括电话、因特网等实现。

2）保险市场的主体

保险市场的主体是指保险市场交易活动的参与者，包括保险商品的供给方、需求方和充当供需双方媒介的中介方。

（1）保险商品的供给方。保险商品的供给方是指保险市场上提供各类保险产品，承担、分散和转移风险的各类保险人，包括国有保险公司、股份有限保险公司和民营保险公司。

（2）保险产品的需求方。保险产品的需求方是指保险市场上所有现实和潜在的保险商品的购买者，包括个人投保人和团体投保人、企业投保人和独立投保人、私营企业投保人和国有企业投保人等。

（3）保险市场的中介方。保险市场的中介方主要是指活动于保险人与投保人之间充当保险供需双方媒介，把保险人和投保人联系起来并建立保险合同关系的人，主要有保险代理人和保险经纪人。保险市场的中介方还包括公证人、公估人、律师、精算师等。

3）机动车保险市场的地位

对机动车保险在保险市场中地位的认识是指导这一业务健康发展的关键，应当明确机动车保险在保险市场，特别是在财产保险市场中的重要地位，这种重要地位体现在以下几个方面。

（1）重要地位是由机动车保险被保险人的广泛性决定的，机动车保险不再是以企业和单位为主要对象的业务，而逐步发展成为以私人为主要对象的业务，机动车保险已成为与人们生活息息相关的一个险种。

（2）机动车保险，尤其是第三者责任保险在稳定社会关系和维护社会公共秩序方面的特殊作用，使其不仅仅是合同双方的经济活动，而逐步成为社会法制体系的一个重要组成部分。

（3）与其他保险不同，由于机动车保险的出险率高，保险人的理赔技术和服务成为十分突出的问题，它将直接影响保险业的健康发展。

（4）就保险市场，尤其是财产保险市场而言，机动车保险业务所占的比例已经对整个市场起到了"举足轻重"的作用，无论是从保险公司经营管理的角度，还是从监管部门对于市场的监督与管理的角度，机动车保险均具有突出的地位。

根据以上4个方面的分析，可以得出这样的结论：机动车保险不能简单地视为一种普通的经济合同关系,因为它对于人们生产和生活的影响已经超出了合同双方的范围,成为一种具有一定社会意义的经济制度,因此,也就对机动车保险的经营与监管提出了更高的要求。

2. 保险市场机制

现代意义的市场是以市场机制为主体进行经济活动的系统和体系。市场机制的具体内容包括价值规律、供求规律和竞争规律及其相互关系。

保险市场机制是指将市场机制一般运用于保险经济活动中所形成的价值规律、供求规律和竞争规律三者之间相互制约、相互作用的关系。但由于保险市场具有不同于一般市场的独有特征,市场机制在保险市场上表现出特殊的作用。

1)价值规律

价值规律在流通领域中要求等价交换,即要求价格与价值相一致。价值规律在流通领域中的运动,表现为价格的运动。价格既反映价值量,又反映供求状况,它既不能时时处处与价值相一致,又不能过久、过多地低于或高于价值,而是以价值为中心,围绕着价值上下波动。

保险商品是一种特殊商品,这种商品的价值一方面体现为保险人提供的保险经济保障(包括有形的补偿或给付和无形的心理保障)所对应的等价劳动的价值,另一方面体现为保险从业人员社会必要劳动时间的凝结。保险费率即保险商品的价格,投保人根据所缴纳的保险费是为了换取保险人的保险保障而付出的代价,无论是从个体还是总体的角度,都表现为等价交换。但是,由于保险费率的主要构成部分是依据过去的、历史的经验测算出来的未来损失的概率,所以,价值规律对于保险费率的自发调节作用只能限于凝结在费率中的附加费率部分的社会必要劳动时间,因而,对于保险商品的价值形成方面具有一定的局限性,只能通过要求保险企业提高经营水平,提高服务效率,来降低附加费率成本。

在我国的机动车保险业务的发展过程中,曾经一度出现了市场上的一些公司为了追求短期利润和局部的利益,置价值规律于不顾的现象,具体体现为:盲目降低费率、向投保人支付高比例的回扣、无限提高代理费用、随意放宽赔偿条件等。这些做法严重背离了市场经济的价值规律,最终受到了经济规律的惩罚,整个市场也为此付出了巨大的代价。

2)供求规律

供求规律是流通领域的一条重要规律。供求规律表现为供给与需求之间的关系,这种关系表现为供给总是追随着需求。但是在商品经济条件下,供给不是大于需求就是小于需求,二者很少正好相等。然而,供给不能过久、过多地大于需求或小于需求。从长期发展的趋势看,供给量与需求量是大致相等的。

供求规律通过对供需双方力量的调节达到市场均衡,从而决定市场的均衡价格,即市场供需状况决定商品的价格。因而,就一般商品市场而言,其价格的形成,直接取决于市场的供需状况。但是,在保险市场上的保险商品的价格即保险费率并不完全取决于市场供求的力量对比。保险市场上的保险费率的形成,一方面取决于风险发生的频率,另一方面取决于保险商品的供求情况。如机动车保险的市场费率,就是保险人根据预定机动车损失率、预定营业费用率和利润三个因素事先确定的,而不可依据市场供求的情况完全由市场来确定。也就是说,保险人不能根据需求情况的变化随意调整市场费率。因此,保险市场的保险费率不是完全由市场的供求情况决定,相反,保险市场的保险费率形成需要由专门的精算技术予以确立。尽管费率的确定要考虑供求情况,但是,供求状况本身并不是确立保险费率的主要因素。

3）竞争规律

竞争包括供者之间的竞争、求者之间的竞争以及供求之间的竞争。在竞争过程中,优胜劣汰。竞争的结果是供给和需求、社会生产和社会消费总是在相互脱离、又相互一致的两种状态之间运动。但是从总的趋势看,二者是趋向平衡的。

价格竞争是任何市场的重要特征。一般的商品竞争,就其手段而言,价格是最有利的竞争手段。而在保险市场上,由于交易的对象与风险直接相关联,使得保险商品费率的形成并不完全取决于供求力量的对比,相反,风险发生的频率即保额损失率才是决定费率的主要因素,因此,一般商品价格竞争机制,在保险市场受到某种程度的限制。

随着社会的进步,人们对于竞争已经有了理性的认识,市场竞争已从单纯的价格竞争转变为服务等非价格领域的竞争。我国机动车保险市场的经营者已经认识到这一点,从而引导市场竞争向质量、服务和创新方向发展。

3. 市场营销的模式

保险的市场营销是指与保险有关的活动,即保险人为了充分满足保险市场上存在的风险保障的需求和欲望而开展的总体和系统性活动。具体包括保险市场的调查和预测、保险市场营销环境分析、投保人的行为研究、新险种的开发、保险营销渠道的选择、保险商品的推销以及售后服务等一系列活动。

保险市场营销的模式是指保险公司获得业务的渠道和模式。各家保险公司可以根据本公司的具体情况和市场特点,选择市场营销模式。

1）直接业务模式

直接业务模式是指保险公司利用自己的职员进行市场营销获得业务的模式。这种模式可以通过保险公司的职员拜访客户,或者接待客户上门获得业务。

2）代理业务模式

代理业务模式是指保险公司通过其代理人,包括专业代理人,兼业代理人和个人代理人等渠道获得业务。

3）经纪人业务模式

经纪人业务模式是指保险公司通过经纪人或经纪公司的渠道获得业务。

（二）保险中介

保险中介是指专门从事保险销售、保险理赔、业务咨询、风险管理、活动安排、价值评估、损失鉴定等经营活动,并依法收取佣金或手续费的组织或个人。保险中介的主体形式是多样的,主要包括保险代理人、保险经纪人和保险公估人等三种。他们在保险业发展中发挥着重要的作用。

1. 机动车保险代理人的管理

无论在国外还是在国内,保险代理人在机动车保险业务领域均起到了举足轻重的作用,如日本大量的机动车保险业务是通过保险代理人机构开展的。在我国刚刚恢复保险业务的时期,在相当长的一段时间内是由车辆管理部门作为机动车保险的代理。随着保险市场的形成和完善,车辆管理机构已经退出了代理领域。取而代之的是以车行、汽车修理厂、车辆检测机构、金融机构为主的代理机构。

1)代理人的性质和分类

保险代理人的性质是保险人的代理人。保险代理人是根据保险人的委托,向保险人收取代理手续费,并在保险人授权的范围内办理保险业务的单位或者个人。保险代理人在保险人授权范围内进行保险代理业务的行为所产生的法律责任,由保险人承担。

保险代理人可以分为3类:专业代理人,兼业代理人和个人代理人。

(1)专业代理人是指从事保险代理业务的保险代理公司。在保险代理人中,它是唯一具有独立法人资格的保险代理人,根据《保险专业代理机构监管规定》(2015年10月19日第二次修订),保险代理机构可以以合伙企业、有限责任公司或股份有限公司形式设立。

(2)兼业代理人是指受保险人委托,在从事自身业务的同时,指定专人为保险人代办保险业务的单位。根据我国《保险兼业代理管理暂行办法》规定,保险兼业代理人从事保险代理业务应遵守国家的有关法律法规和行政规章,遵循自愿和诚实信用原则。保险兼业代理人在授权范围内代理保险业务的行为所产生的法律责任,由保险人承担。申请保险兼业代理资格应具备下列条件:具有工商行政管理机关核发的营业执照;有同经营主业直接相关的一定规模的保险代理业务来源;有固定的营业场所;具有在其经营场所直接代理保险业务的便利条件。

(3)个人代理人是指根据保险人的委托,向保险人收取代理手续费,并在保险人授权的范围内办理保险业务的个人。根据《保险代理人监管规定》(2021年1月1日起施行),我国个人代理人的业务范围包括:代理销售保险单和代理收取保险费。但是,个人代理人不得办理企业财产保险业务和团体人身保险业务,不得签发保险单,任何个人不得兼职从事个人保险代理业务。

2)代理人从业资格和执业许可的管理

根据《保险代理人监管规定》,从事保险代理业务的人员必须参加专门的资格考试,考试合格并取得有关部门颁发的资格证书才能够申请执业。

需要执业的法人或自然人在满足了资格条件之后,应向有关部门提出执业申请,经过批准核发经营保险代理业务许可证之后才能正式开展保险代理业务。

3)授权管理、保单管理和保费管理的有机结合

保险公司对代理的管理可以通过授权管理、保单管理和保费管理来实现,这三方面的管理必须有机结合。

保险公司要对其代理人的执业资格能力进行考察,更重要的是对代理人的资信进行考察,保险公司在决定与代理人建立代理关系之前,一定要慎重地评估代理人的资信,严格授权管理。

保单管理是指在对代理人开展业务过程中保单领用、签发和传递过程的管理。首先,应当在代理协议中明确授权出单的范围,防止代理人对出单权的滥用。其次,应当通过保单领

用和发放保险单的管理,严格和有效控制保单的使用与回收。

保费的管理是代理人管理的关键一环。一方面可以通过要求代理人分别设立保费和费用账户的方式进行管理;另一方面应当注意动态地监督控制保费在途时间。

2. 机动车保险经纪人管理

保险经纪人是基于投保人的利益,为投保人和保险人订立合同提供中介服务,并依法从保险人那里收取佣金的公司或个人。保险经纪人是投保人的代表。在投保人的授权范围内,经纪人的行为可以约束投保人。投保人因经纪人的过失而遭受损失,经纪人在法律上须负赔偿责任。

目前,保险经纪人一般较少涉足机动车保险业务领域,其主要原因:一是机动车保险的条款和费率没有太多的调整余地;二是机动车风险管理较为规范,作为投保人的大型运输单位具有良好的风险管理经验和技术手段,保险经纪人在机动车保险领域不具有特别的优势,所以,保险经纪人较少涉足这一领域。

3. 保险公估人

保险公估人是站在第三者的立场上,依法为保险合同当事人办理保险标的(机动车)的查勘、鉴定、估计损失及理赔清算业务并予证明的人。保险公估人的主要任务是在风险事故发生后判断损失的原因及程度,并出具公证书。公证书不具有强制力,但它是有关部门处理保险争议的权威性依据。

由于保险的公估人通常是由具有专业知识和技术的专家组成,且具有公正、公平的立场,因而权威性较高,所作出的公证书通常为保险双方当事人接受,成为建立保险关系、履行保险合同、解决保险纠纷的有力保障。

被保险人和保险人都有权委托保险公估人办理相关事宜。

四、我国汽车保险的发展与改革

(一)汽车(机动车)保险改革的主要内容

众所周知,中国保监会在成立之初就非常重视机动车保险市场的规范与发展。1999 年,在中国保监会和全国各经营机动车保险业务的保险公司,以及保险行业协会的共同努力下,通过监制机动车保险保单,统一机动车保险条款和费率,以及加强对机动车保险业务的监督与检查,有的问题(如假保单和"鸳鸯"保单等)已基本予以解决,有的问题已经得到一定程度的遏制。但仍有些问题需要在今后深化保险改革和促进保险业发展过程中予以解决。

进入 2000 年,中国保监会在规范和促进机动车保险市场的发展中采取了许多措施,做了大量工作。其中主要内容就是对机动车保险的产品进行了改进。

1. 机动车保险发展中存在的问题

在机动车保险业务发展过程中,产品中暴露出一些不容忽视的问题。

(1)机动车保险保单性质规定不明确,没有明确机动车保险合同中损失险部分属于不定值保险合同,而是"保多少,赔多少"。

（2）保险人与被保险人的权利义务在许多方面规定不明确,合同纠纷,尤其是理赔纠纷时有发生。

（3）保险操作规定,尤其是对于理赔时免赔额和扣除额不透明,很多规定由保险公司内部掌握。

（4）投保汽车保费支出与其风险状态不匹配,费率结构上存在不公平现象。

（5）费率的地区差异没有得到体现。

2. 条款和法律改革的总体思想

针对 1999 年制定的机动车保险条款和费率中存在的问题,中国保监会在认真调查研究、广泛听取各公司意见和总结实践经验教训的基础上,于 2000 年 2 月 4 日颁布并于 7 月 1 日实施了《机动车辆保险条款》(2000 年版条款),对原条款和费率进行了完善。这次条款和费率的改进,总的思想如下。

（1）突出依法经营,明确责任,合理调整保险双方当事人的关系。

（2）借鉴国际惯例,在一定程度上将机动车保险费率向多元化结构和地域差别方向发展,为下一步采用"随车加随人"费率体制进行一些有益的探索。

（3）体现保险合同的对价原则,统筹兼顾保险人偿付能力和投保人保费承受能力。

（4）便于监管和规范市场秩序与经营行为。

（5）考虑到基层公司学习和掌握新条款、新费率工作量较大,时间又很紧迫,本次修改原则上不对现行条款、费率进行结构上的变动,费率总水平基本上不上调,也就是基本上不"涨价"。

2000 年版《机动车辆保险条款》的特点主要表现在 5 个方面,即明确机动车保险保单损失险部分为不定值保单、条款逻辑更加严谨、政策透明度提高、调整后的费率进一步体现了公平原则、增强费率的灵活性。

(二)机动车保险管理制度的改革

2003 年 1 月 1 日,中国保监会对现在的"千车一险"的局面进行改革,并向机动车保险条款费率管理制度开刀。从 2003 年起凡投保车险的消费者可选择由保险公司自行制定、经保监会批准的车险条款费率,由保监会统一制定的车险条款费率停止使用。2006 年 4 月 9 日保监会发出通知,各保险公司车险产品新费率从 2006 年 7 月 1 日起开始实施。

新的车险条款费率管理制度允许保险公司按照不同消费者的需求制定条款,要求保险公司根据汽车的风险、车险市场状况、驾驶人的安全记录制定费率,条款费率必须经保监会批准,并向社会公布后执行。

条款费率管理制度的改革不是车险费率的"自由化",更不是单纯的车险降费。车险费率的确定是由保险责任大小、消费者风险状况、安全记录等因素决定。有的消费者因风险大、赔付记录不好,就要多付保险费。总之,改革的首要目标是让优质客户成为最大受益者。

另外,这次改革费率的一个特点是由各保险公司自己制定,与旧的费率比起来,不同的车所适用费率标准有升有降。

（三）机动车保险管理制度的深化改革

2012 年 2 ~ 3 月，中国保监会先后发布了《关于加强机动车辆商业保险条款费率管理的通知》（简称《通知》）和《机动车辆商业保险示范条款》（简称《示范条款》）等车险新规，推动了新一轮机动车保险管理制度的改革。

《通知》针对曾经商业车险"高保低赔""无责不赔"等热点问题进行了明确规定。《通知》明确了保险金额的确定方式，即保险公司和投保人应当按照市场公允价值协商确定被保险机动车的实际价值，保险公司应当与投保人协商约定保险金额。《通知》还规定，因第三者对被保险机动车的损害而造成保险事故的，保险公司自向被保险人赔偿保险金之日起，在赔偿金额范围内代位行使被保险人对第三者请求赔偿的权利，保险公司不得通过放弃代位求偿权的方式拒绝履行保险责任。

《通知》在进一步规范商业车险市场秩序，完善商业车险监管制度，维护社会公众利益和防止不正当竞争等方面有非常重要的意义。《通知》分为关于商业车险条款费率拟订的原则、关于商业车险条款拟订及执行的要求、关于商业车险费率拟订及执行的要求、关于商业车险条款费率的监管等四部分。

《示范条款》对现行的车险条款进行了全面梳理，重点修订了条款中不利于保护被保险人权益、表述不清和容易产生歧义的地方，尤其是对消费者广泛关注的"高保低赔""无责不赔""代位追偿"等热点问题进行了合理修订，取消了多项免除责任的"霸王条款"。《示范条款》主要有 4 个特点。

（1）调整了机动车损失险承保、理赔方式，强化了对消费者利益的保护。

（2）扩大保险责任，减少免赔事项，大幅提高了车险保障能力。删除了现行车险条款中存在一定争议的 10 条责任免除，包括"驾驶证失效或审验未合格"等，免去了原有商业车险条款中的部分绝对免赔率。

（3）强化如实告知，简化索赔资料。不再要求车损险索赔提供营运许可证或道路运输许可证复印件，不再要求盗抢险索赔提供驾驶证复印件、行驶证正副本、全套原车钥匙等。

（4）简化产品体系，优化条款条例。新规定大幅简化现有商业车险附加险条款，把部分附加险纳入了主险保障范围，即现有的 38 种附加险将被规范为 11 种，并新增了无法找到第三方的不计免赔率险。

《示范条款》的发布，旨在更好地维护保险消费者的合法权益，切实提升车险承保、理赔工作质量，突出解决理赔过程中服务不到位的问题，促进保险业的持续健康发展。《示范条款》是国内商业车险产品发展进程中的一次重要创新，对国内车险市场的持续、健康发展意义重大、影响深远。

（四）机动车保险的综合改革

为贯彻以人民为中心的发展思想，深化供给侧结构性改革，更好维护消费者权益，让市场在资源配置中起决定性作用，推动车险高质量发展，银保监会于 2020 年 9 月发布《关于实施车险综合改革的指导意见》（简称《指导意见》）。

1.《指导意见》制定的背景

机动车保险是与人民群众利益关系密切的险种,长期以来是财险领域第一大业务,社会关注度高。我国车险经过多年的改革发展,取得了积极成效,但一些长期存在的深层次矛盾和问题仍然没有得到根本解决,高定价、高手续费、经营粗放、竞争失序、数据失真等问题比较突出,人民日益增长的车险保障需要与车险供给之间的矛盾依然存在。

为了解决好车险领域的复杂问题,实现车险高质量发展,更好地维护消费者权益,银保监会在广泛征求各方意见的基础上,出台了《指导意见》。

2.《指导意见》的具体内容

1)《指导意见》的指导思想、基本原则和主要目标

(1)指导思想。

坚持以习近平新时代中国特色社会主义思想为指导,深入学习贯彻党的十九大和十九届二中、三中、四中全会精神,认真落实党中央、国务院决策部署,坚持稳中求进工作总基调,贯彻新发展理念,按照人民导向、市场导向、发展导向、渐进方式实施车险综合改革,健全市场化条款费率形成机制,激发市场活力,规范市场秩序,提升服务水平,有效强化监管,促进车险高质量发展,更好地满足人民美好生活需要。

(2)基本原则。

①市场决定,监管引导。充分发挥市场在车险资源配置中的决定性作用,更好发挥政府作用,最大限度减少监管对车险微观经济活动的直接干预。运用市场化法治化手段,改进事前事中事后监管,加大市场秩序整治力度,提高准备金等监管有效性,强化偿付能力监管刚性约束。

②健全机制,优化结构。加大车险供给侧结构性改革力度,健全以市场为导向、以风险为基础的车险条款费率形成机制。优化条款责任,理顺价格成本结构,科学厘定基准费率,引导市场费率更加合理,促进各险种各车型各区域车险价格与风险更加匹配。

③提升保障,改进服务。不断丰富车险产品,优化示范产品,支持差异化产品创新。规范险类险种,扩大保障范围和保障额度,改进车险服务,提升车险经营效率和服务能力,提高消费者满意度。

④简政放权,协调推进。深化"放管服"改革,稳步放开前端产品和服务准入,提升微观主体自主能力和创新能力,增强市场活力。把有利于消费者作为正确处理改革发展稳定关系的结合点,把握好改革的时机、节奏和力度,防止大起大落,促进市场稳定。

(3)主要目标。

以"保护消费者权益"为主要目标,具体包括:市场化条款费率形成机制建立、保障责任优化、产品服务丰富、附加费用合理、市场体系健全、市场竞争有序、经营效益提升、车险高质量发展等。短期内将"降价、增保、提质"作为阶段性目标。

2)《指导意见》中提升了交强险保障水平

(1)提高交强险责任限额。

为更好发挥交强险保障功能作用,根据《机动车交通事故责任强制保险条例》(简称《交强险条例》),银保监会会同公安部、卫生健康委、农业农村部研究提高交强险责任限额,将交

强险总责任限额从 12.2 万元提高到 20 万元,其中死亡伤残赔偿限额从 11 万元提高到 18 万元,医疗费用赔偿限额从 1 万元提高到 1.8 万元,财产损失赔偿限额维持 0.2 万元不变。无责任赔偿限额按照相同比例进行调整,其中死亡伤残赔偿限额从 1.1 万元提高到 1.8 万元,医疗费用赔偿限额从 1000 元提高到 1800 元,财产损失赔偿限额维持 100 元不变。

（2）优化交强险道路交通事故费率浮动系数。

在提高交强险责任限额的基础上,结合各地区交强险综合赔付率水平,在道路交通事故费率调整系数中引入区域浮动因子,浮动比率中的上限保持 30% 不变,下浮由原来最低的 −30% 变为 −50%,提高对未发生赔付消费者的费率优惠幅度。对于轻微交通事故,鼓励当事人采取"互碰自赔"、在线处理等方式进行快速处理,并研究不纳入费率上调浮动因素。

3）《指导意见》拓展和优化了商车险保障服务

（1）理顺商车险主险和附加险责任。

在基本不增加消费者保费支出的原则下,支持行业拓展商车险保障责任范围。引导行业将机动车示范产品的车损险主险条款在现有保险责任基础上,增加机动车全车盗抢、玻璃单独破碎、自燃、发动机涉水、不计免赔率、无法找到第三方特约等保险责任,为消费者提供更加全面完善的车险保障服务。支持行业开发车轮单独损失险、医保外用药责任险等附加险产品。

（2）优化商车险保障服务。

引导行业合理删减实践中容易引发理赔争议的免责条款,合理删减事故责任免赔率、无法找到第三方免赔率等免赔约定。

（3）提升商车险责任限额。

结合经济社会发展水平,支持行业将示范产品商业三责险责任限额从 5 万～500 万元档次提升到 10 万～1000 万元档次,更加有利于满足消费者风险保障需求,更好发挥经济补偿和化解矛盾纠纷的功能作用。

（4）丰富商车险产品。

支持行业制定新能源车险、驾乘人员意外险、机动车延长保修险示范条款,探索在新能源汽车和具备条件的传统汽车中开发机动车里程保险（UBI）等创新产品。引导行业规范增值服务,制定包括代送检、道路救援、代驾服务、安全检测等增值服务的示范条款,为消费者提供更加规范和丰富的车险保障服务。

4）《指导意见》提出健全商车险条款费率市场化形成机制

（1）完善行业纯风险保费测算机制。

支持行业根据市场实际风险情况,重新测算商车险行业纯风险保费。建立每 1～3 年调整一次的商车险行业纯风险保费测算的常态化机制。

（2）合理下调附加费用率。

引导行业将商车险产品设定附加费用率的上限由 35% 下调为 25%,预期赔付率由 65% 提高到 75%。适时支持财险公司报批报备附加费用率上限低于 25% 的网销、电销等渠道的商车险产品。

（3）逐步放开自主定价系数浮动范围。

引导行业将"自主渠道系数"和"自主核保系数"整合为"自主定价系数"。第一步将自主定价系数确定为0.65～1.35,第二步适时完全放开自主定价系数的范围。为更好地保护消费者权益,在综合改革实施初期,对新车的"自主定价系数"上限暂时实行更加严格的约束。

（4）优化无赔款优待系数。

引导行业在拟订商车险无赔款优待系数时,将考虑赔付记录的范围由前1年扩大到至少前3年,并降低对偶然赔付消费者的费率上调幅度。

（5）科学设定手续费比例上限。

引导行业根据商车险产品附加费用率上限、市场经营实际和市场主体差异,合理设定手续费比例上限,降低一些销售领域过高的手续费水平。在各地区科学设定商车险手续费比例上限时,各银保监局要积极主动发挥引导作用。

5)《指导意见》提出改革车险产品准入和管理方式

（1）发布新的统一的交强险产品。

支持行业按照修订后的交强险责任限额和道路交通事故费率浮动系数,拟订并报批新的统一的交强险条款、基础费率、与道路交通事故相联系的浮动比率。

（2）发布新的商车险示范产品。

支持行业按照修订后的保险条款、基准纯风险保费和无赔款优待系数,发布新的商车险行业示范产品。各地区目前在商车险产品中已使用的交通违法系数因子,在实施综合改革后仍可继续使用。

（3）商车险示范产品的准入方式由审批制改为备案制。

财险公司使用商车险行业示范条款费率的,应当报银保监会备案。财险公司开发商车险创新型条款费率的,应当报银保监会审批。在财险公司设定各地区商车险产品自主定价系数范围时,各银保监局要积极主动发挥引导作用。

（4）支持中小财险公司优先开发差异化的创新产品。

出台支持政策,鼓励中小财险公司优先开发差异化、专业化、特色化的商车险产品,优先开发网销、电销等渠道的商车险产品,促进中小财险公司健康发展,健全多层次财险市场体系。

6)《指导意见》提出推进了配套基础建设改革的措施

（1）全面推行车险实名缴费制度。

财险公司要加强投保人身份验证,做好保单签名、条款解释、免责说明等工作,推进实名缴费,促进信息透明,防止销售误导、垫付保费、代签名等行为,维护消费者合法权益。

（2）积极推广电子保单制度。

在保障消费者知情权和选择权的基础上,鼓励财险公司通过电子保单方式,为消费者提供更加便捷的车险承保、理赔等服务。

（3）加强新技术研究应用。

支持行业运用生物科技、图像识别、人工智能、大数据等科技手段,提升车险产品、保障、服务等的信息化、数字化、线上化水平。加强对车联网、新能源、自动驾驶等新技术新应用的研究，提升车险运行效率，夯实车险服务基础，优化车险发展环境，促进车险创新发展。

7)《指导意见》要求全面加强和改进车险监管

(1)完善费率回溯和产品纠偏机制。

运用实际经营结果加强对车险费率厘定假设的回溯分析。对于报批报备产品的利润测试与实际偏离度大，甚至以此进行不正当竞争的，银保监会及其派出机构可依法责令财险公司调整商车险费率。对于费率实际执行情况与报批报备水平偏差较大、手续费比例超过报批报备上限等行为，银保监会及其派出机构可依法责令财险公司停止使用商车险条款费率。

(2)提高准备金监管有效性。

完善车险准备金监管制度，健全保费不足准备金计提标准，及时准确体现经营损益情况，倒逼财险公司理性经营，防范非理性竞争行为。要加强准备金充足性指标监测，及时对指标异常经营行为进行干预。要严肃查处未按照规定提转责任准备金、违规调整责任准备金以操纵财务业务数据等行为。

(3)强化偿付能力监管刚性约束。

健全完善偿付能力监管制度规则，抓好实施运用，督促财险公司强化质量和效益意识，建立健全全面风险管理制度，促进依法合规和理性经营。

(4)强化中介监管。

建立健全车险领域保险机构和中介机构同查同处制度，严厉打击虚构中介业务套取手续费、虚开发票、捆绑销售等违法违规行为。推动保险机构与中介机构完善信息系统对接等建设，规范手续费结算支付，禁止销售人员垫付行为。禁止中介机构违规开展异地车险业务。

(5)防范垄断行为和不正当竞争。

鼓励和保护公平竞争，保护车险消费者和经营者的合法权益。禁止为谋取交易机会或者竞争优势进行贿赂、虚假宣传、误导消费者、编造误导性信息等扰乱车险市场秩序的行为。对车辆销售渠道、网络信息平台等滥用市场支配地位破坏公平竞争、损害车险消费者权益的行为，要会同有关部门依法严肃查处。

8)《指导意见》明确了重点任务和职责分工

(1)监管部门要发挥统筹推进作用。

银保监会及其派出机构要加强顶层设计，补齐监管制度短板，建立健全商车险条款费率备案细则、费率回溯规则、保费不足准备金制度、停止使用条款费率机制和车险经营回避制度等规则。要及时关注车险综合改革进展，持续开展动态监测，改进非现场监管，强化现场检查调查，严肃查处违法违规行为。

(2)财险公司要履行市场主体职责。

财险公司要贯彻新发展理念，走高质量发展道路，调整优化考核机制，降低保费规模、业务增速、市场份额的考核权重，提高消费者满意度、合规经营、质量效益的考核要求。要按照车险综合改革要求，及时做好产品开发和报批报备、信息系统改造等工作，加强条款费率回溯，防范保费不足等风险。要加强业务培训和队伍建设，完善承保理赔制度，做好产品销售理赔解释说明工作,提升承保理赔服务质量,使消费者真正享受改革红利。

(3)相关单位要做好配套技术支持。

中国保险行业协会要加强沟通协调,及时发布新的商车险示范条款和无赔款优待系数,加强车险行业自律,开展车险反欺诈经验交流合作。中国精算师协会要及时科学测算和发布商车险基准纯风险保费,为商车险无赔款优待系数的拟订提供科学测算依据。中国银行保险信息技术管理有限公司要及时升级车险信息平台,提供数据和系统支持,做好费率异动预警,研究增加保费不足准备金监测、手续费监测等子项目,保障车险综合改革和经营平稳有序。

9)《指导意见》提出要强化保障落实

(1)加强组织领导。

各单位、各部门要提高思想认识,结合自身实际,加强沟通协调,建立工作机制,切实履行职责,统筹推进车险综合改革任务。

(2)及时跟进督促。

各单位、各部门要关注车险综合改革动态,认真分析评估改革实施进展情况和成效,及时反映改革中遇到的问题和困难,研究出台政策措施。

(3)做好宣传引导。

各单位、各部门要结合实际,灵活采取方式,科学解读车险综合改革政策,努力营造有利于改革的良好环境。要加强舆情监测分析,及时请示报告,认真做好舆情应对工作,保障车险综合改革顺利推进。

3.《指导意见》实施后对消费者产生的影响

《指导意见》于2020年9月19日正式实施,改革实施后对于消费者可以做到"三个基本",即"价格基本上只降不升,保障基本上只增不减,服务基本上只优不差"。

思考与练习题

1. 汽车(机动车)保险的概念、基本特征与职能是什么?

2. 汽车(机动车)保险有何作用?

3. 简述汽车保险合同的概念和法律特征。

4. 汽车保险合同的主体和客体分别是什么?

5. 市场机制在保险市场的作用是什么?

6. 机动车保险综合改革的基本原则是什么?

7. 如何理解2020年车险改革过程中以人民为中心的发展思想?

模块四
交通事故责任强制保险 >>>

2006年3月，与人民群众生活密切相关的《机动车交通事故责任强制保险条例》(2019年3月修订，以下简称《交强险条例》)由国务院发布，并于2006年7月1日起正式实施。作为规范机动车交通事故责任强制保险制度的行政法规，该条例严格遵守了《中华人民共和国道路交通安全法》(2021年4月29日修订，以下简称《道路交通安全法》)有关强制保险的规定，贯彻了《道路交通安全法》"以人为本、关爱生命、关注安全、保畅交通"的理念。建立机动车交通事故责任强制保险制度，是我国经济社会发展的必然要求，体现了以人为本的人文关怀精神。

一、交通事故责任强制保险概述

(一) 交通事故责任强制保险的概念

机动车交通事故责任强制保险(简称交强险)是指由保险公司对被保险机动车发生道路交通事故造成本车人员、被保险人以外的受害人的人身伤亡、财产损失，在责任限额内予以赔偿的强制性责任保险。

交强险的保障对象是被保险机动车致害的交通事故受害人，但不包括被保险机动车本车人员、被保险人。其保障内容包括受害人的人身伤亡和财产损失。

(二)交通事故责任强制保险的意义

交强险的出台是我国保险业的一件大事,是我国政治经济生活中的一件大事。交强险体现了以人为本的立法精神,既保障了交通事故受害人能得到及时的医疗救助和经济补偿,同时也使肇事者的经济责任得到减轻。改革开放以来,随着我国经济社会快速发展,机动车、驾驶人数量以及道路交通流量大幅增加,人们已步入汽车化时代。与此同时,机动车交通事故也持续攀升。由于机动车未投保机动车交通事故第三者责任保险,导致肇事者无力赔偿、机动车肇事后逃逸等现象不断发生,特别是一些群死群伤的恶性重大交通事故引发了不少社会矛盾,有的甚至影响到社会的稳定。因此,迫切需要建立切实有效的风险管理机制和保障体系,以保护道路通行者的人身财产安全,促进道路交通安全。《交强险条例》的颁布实施,是国家以立法的形式强制机动车所有人或者管理人购买交强险,为机动车道路交通事故的受害人提供基本保障的重大举措。这是我国保险业法治建设的重大进步,也是政府执政为民的体现。

交强险的出台是我国政府借鉴其他国家管理、处理交通事故的成功经验,用市场的手段、保险的办法管理道路交通、化解社会矛盾的重大举措,体现了保险的社会管理功能,充分发挥了保险的作用。交通事故的发生可能造成极大的社会危害,要化解社会矛盾与社会风险,保障机动车所有人或者管理人与社会不特定人群的合法权益,就必须进行事先防范,让保险公司介入,强制机动车所有人或者管理人投保,以分散风险。可见,借助交强险所具有的社会管理效用,履行了政府职责,为有效保护交通事故受害人的人身安全、财产损失,维护社会公共利益提供了法律保障。交强险的意义具体表现为以下几个方面。

1. 交强险是一项全新的保险制度

交强险制度的实施不仅关系到广大保险消费者的切身利益,关系到保险行业的健康发展,也关系到社会的和谐稳定。交强险制度有利于道路交通事故受害人获得及时的经济赔付和医疗救治;有利于减轻交通事故肇事方的经济负担,化解经济赔偿纠纷;有利于促进驾驶人增强交通安全意识,促进道路交通安全;有利于充分发挥保险的保障功能,维护社会稳定。交强险在构建和谐社会中发挥着重要作用。

2. 交强险促进了保险业的发展

交强险有利于普及保险知识,增强全民保险意识,是保险业发展的重要历史机遇。保险公司要通过管理创新、经营创新、产品创新、服务创新,为社会提供全面丰富的保险保障和保险服务,树立良好的行业形象,促进保险业又好又快地发展。

3. 实施交强险制度是促进财产保险业诚信规范经营的有利契机

保险公司要根据法律法规要求,切实加强交强险的经营管理,通过转变增长方式,转换经营机制,加强内部控制管理,促进财产保险业规范管理和诚信经营。

(三)交通事故责任强制保险的特点

1. 鲜明的强制性

我国现在实行的社会主义市场经济体制,在经济生活中倡导契约自由。但是,要防止契约自由本身无法克服的弊端，在特殊领域仍然要实行国家干预，以保护公共利益。交强险最明显的亮点在于：基于社会公共利益的需要而对契约自由的合理限制，原本是由缔约双方依照自愿原则签订合同，现在强制双方都必须签订强制保护第三者的保险合同。

《交强险条例》第二条规定，在中华人民共和国境内道路上行驶的机动车的所有人或者管理人应当投保交强险。交强险的"强制性"不仅体现在强制投保上，同时也体现在强制承保上。违反强制性规定的机动车所有人、管理人或保险公司都将受到处罚。

1）未投保交强险的机动车不得上路

《交强险条例》规定，未投保交强险的机动车，不得登记，不得检验；机动车所有人、管理人未按照规定投保交强险的，由公安机关交通管理部门扣留机动车，通知机动车所有人、管理人依照规定投保，处依照规定投保最低责任限额应缴纳的保险费的 2 倍罚款；上道路行驶的机动车未放置保险标志的，公安机关交通管理部门应当扣留机动车，通知当事人提供保险标志或者补办相应手续，可以处警告或者 20 元以上 200 元以下罚款。

2）经营交强险的保险公司必须承保

具有经营交强险资格的保险公司既不能拒绝承保交强险业务，也不能随意解除交强险合同（投保人未履行如实告知义务的除外）。交强险规定，投保人在投保时可以选择具备经营交强险业务资格的保险公司，被选择的保险公司不得拒绝或者拖延承保。保险公司不得解除交强险合同，但投保人对重要事项未履行如实告知义务的除外。交强险同时规定，保险公司违反规定，有拒绝或者拖延承保交强险的行为以及违反规定解除交强险合同行为的，由国家金融监督管理总局责令改正，并处 5 万元以上 30 万元以下罚款，可以限制业务范围、责令停止接受新业务或者吊销经营保险业务许可证。

2. 体现"奖优罚劣"的原则

利用经济杠杆促使驾驶人守法合规是世界各国强制保险制度的通行做法，即安全驾驶者将享有优惠的费率，经常肇事者将负担高额保费。对有交通违法行为和发生交通事故的保险车辆提高保费，对没有交通违法行为和没有发生交通事故的保险车辆降低保费。将交通违法行为、交通事故与保费挂钩，这比单纯的行政处罚更为有效。

目前，我国道路交通安全形势依然很严峻，交强险建立"奖优罚劣"的费率浮动机制这一调节手段有多方面好处。首先，将费率和事故挂钩后，保费因人而异，遵守交通法规的车主们，不必为违法者增多造成的"大锅饭"涨价而买单。其次，运用费率经济杠杆这一调节手段，可以有效预防和减少道路交通事故发生，提高行人的出行安全。最后，政府利用市场机制进行道路交通安全管理，有利于其转变职能，提高道路交通安全畅通管理效率。

为了使交通违法行为、交通事故与保费挂钩得以落实，要逐步建立交强险与道路交通安全违法行为和道路交通事故的信息共享机制，国家金融监督管理总局和公安、交通等相关部门正在进行信息共享平台的建设工作。

《交强险条例》规定，被保险人没有发生道路交通安全违法行为和道路交通事故的，保险公司应当在下一年度降低其保险费率。在此后的年度内，被保险人仍然没有发生道路交通安全违法行为和道路交通事故的，保险公司应当继续降低其保险费率。被保险人发生道路交通安全违法行为或者道路交通事故的，保险公司应当在下一年度提高其保险费率。多次发生道路交通安全违法行为、道路交通事故,或者发生严重道路交通事故的,保险公司应当加大提高其保险费率的幅度。在道路交通事故中被保险人没有责任的,不提高其保险费率。

3. 坚持社会效益原则

我国实施交强险制度,其目的是维护社会公共利益,将保障受害人得到及时有效的赔偿作为首要目标,而不是为保险公司拓展销售渠道、谋取公司利益提供方便。为了使公众利益得到保护,保险公司得以正常经营,交强险规定:保险公司经营交强险不以营利为目的,并且交强险业务必须与其他业务分开管理单独核算。国家金融监督管理总局将定期核查保险公司经营交强险业务的盈亏情况,以保护投保人的利益。依照《保险法》第一百三十六条的规定,强制保险必须由保险监督管理机构审批保险条款和保险费率,交强险做出相应规定,国家金融监督管理总局按照交强险业务总体上"不盈利不亏损"的原则审批保险费率。"不盈利"原则是由交强险保护社会公众利益的立法宗旨所决定的,"不亏损"原则是由保险公司是市场主体的性质所决定的。确切地说,所谓"不盈利不亏损"原则,是指保险公司在厘定交强险费率时只考虑成本因素,不设定预期利润率,即费率构成中不含利润。也就是说,"不盈利不亏损"原则体现在费率制定环节,而不是简单等同于保险公司的经营结果。保险公司在实际经营过程中,可以通过加强管理、降低成本来实现微利,也可能由于新环境下赔付成本过高而出现亏损。自《道路交通安全法》实施以来,涉及交通事故赔偿的法律环境发生了较大改变。一是《道路交通安全法》第七十六条的规定使交强险的赔付范围扩大;二是最高人民法院《关于审理人身损害赔偿案件适用法律若干问题的解释》提高了人身损害赔偿标准,这两个法律文件的同时实施使保险赔付成本上升。此外,交强险规定社会救助基金的主要来源是交强险保费收入的一定比例,这些因素都将导致交强险费率水平较原商业性机动车第三者责任保险费率有所提高。

为便于人们了解交强险保费收入和使用情况,参与公共事务的管理,同时确保保费收入能够"取之于民,用之于民",使保费交得明白,用得清楚,使强制保险制度得以有效实施,交强险规定,国家金融监督管理总局应当每年对保险公司的交强险业务情况进行核查,并向社会公布。根据保险公司交强险业务的总体盈利或者亏损情况,可以要求或者允许保险公司调整保险费率。对于费率调整幅度较大的,还应当进行听证。交强险的这一规定,在一定程度上是对保险监督管理机构的制约,从一定意义上说,这对保险监督管理机构、保险公司提出了更高的要求。

4. 突出以人为本,保障及时理赔

由于设立交强险制度的目的在于保障交通事故受害人依法得到及时的医疗救助及有效的经济补偿,因此,为防止保险公司拖延赔付、无理拒赔,保护交通事故受害人的利益,交强险规定了保险公司的三项义务。

1) 及时答复义务

如被保险人或者受害人通知保险公司,保险公司应该及时答复,并告知具体的赔偿程序等有关事项。

2) 书面告知义务

保险公司自收到赔偿要求之日起1日内,向被保险人签发书面文件,说明赔偿标准,被

保险人需要向保险公司提供的与赔偿有关的证明和资料。

3）限期理赔义务

保险公司自收到被保险人提供的证明和资料之日起 5 日内，对是否属于保险责任作出核定，并将结果通知被保险人；对不属于保险责任的，书面说明理由；对属于保险责任的，在与被保险人达成赔偿保险金的协议后 10 日内，支付保险金。

与商业三者险（即第三者责任险）的理赔规定相比较，交强险的理赔规定更明确、具体、严格，更能切实保障交通事故受害人的权益，使交通事故受害人能够得到及时理赔。

5. 明确保障对象

《交强险条例》第三条规定，受害人中不包括本车人员及被保险人。作为被保险机动车发生道路交通事故时的受害人，是交强险合同双方以外的第三方。但是，出于防范道德风险、降低成本等考虑，对受害第三者的范围作了限制。

将被保险人排除在第三者范围之外，符合交强险的原理和多数国家的通行做法，也有利于防止道德风险。而将本车人员排除在第三者范围之外，其主要理由如下：

（1）受交强险的赔偿限额、投保人的实际承受能力的限制，不能不顾现实盲目扩大范围。

（2）基于乘车人与驾驶人建立了一种信任关系，对可能发生的风险有一定的预测和认识。

（3）对客运车辆出现的群死群伤事故，已通过其他制度实现了保障。2022 年 3 月第四次修订的《中华人民共和国道路运输条例》第三十五条规定，客运车辆从事客运服务必须投保承运人责任险，因此，本车人员相应的责任保障已得到实现，无须在交强险制度中重复规定。

6. 实行无过错责任原则

《交强险条例》第三条规定，机动车交通事故责任强制保险，是指由保险公司对被保险机动车发生道路交通事故造成本车人员、被保险人以外的交通事故受害人的人身伤亡、财产损失，在责任限额内予以赔偿的强制性责任保险。该规定贯彻了《道路交通安全法》第七十六条的有关规定，确立了交强险的无过错责任原则。

如果交强险规定过高的赔偿金额，则可能导致以生命换取金钱的道德风险的扩大，为此，交强险从两方面做了立法技术限制。

（1）《交强险条例》规定，道路交通事故的损失是由交通事故受害人故意造成的，保险公司不予赔偿。

（2）《交强险条例》在考虑我国的现实情况以及借鉴国外经验的基础上，规定在全国范围内实行统一的责任限额。责任限额分为死亡伤残赔偿限额、医疗费用赔偿限额、财产损失赔偿限额以及被保险人在道路交通事故中无责任的赔偿限额。

7. 实行救助基金制度

《道路交通安全法》第十七条规定国家设立道路交通事故社会救助基金制度，《交强险条例》第二十四条细化了这一具体制度。依照《交强险条例》第二十五条的规定，救助基金的来源之一，包括按照交强险的保险费的一定比例提取的资金。

道路交通事故社会救助基金是交强险的重要组成部分，担负了较大的社会职责。如果

不设立救助基金,就会严重影响到实施。救助基金可起到 2 个作用:

(1)救助基金的数额直接影响强制保险保险费的高低,如果救助基金的数额无法确定,则将导致强制保险的费率无法确定,影响强制保险的收取。

(2)救助基金,可以保证交通事故受害人得到及时、有效的赔偿。

(四)交通事故责任强制保险与第三者责任险的关系

机动车所有人、管理人按照规定投保交强险后,商业三者险是否存在取决于市场的需求。从目前情况来看,《道路交通安全法》和最高人民法院《关于审理人身损害赔偿案件适用法律若干问题的解释》的相关规定,使交强险的赔付范围扩大、赔偿标准提高,但交强险只能提供一个基本保障,保险赔偿金额较低。因此,出于对家庭和社会负责的角度考虑,机动车所有人、管理者在投保交强险的同时,可以投保商业三者险作为补充,以有效分散风险。当然,在机动车所有人、管理者投保交强险和商业三者险两类保险的情况下,当发生交通事故时,应由交强险先行赔付,不足部分再由商业三者险赔付。这为交通事故受害人设置了双重保护,更加有利于保证交通事故受害人得到及时救助,保护受害人的利益,符合交强险的宗旨和目的。

交强险与商业三者险的区别主要有以下几方面。

(1)交强险处于赔付最前沿,但凡发生交通事故,只要造成人身伤亡、财产损失,保险公司就要先行赔付。超过限额部分,再由相关人员承担。而商业三者险则是"有责赔付",只在投保人有责任时才赔付。

(2)未按规定投保交强险的车主将面临高额罚款,处罚所得的款项用于国家设立的救助基金。如果发生交通事故,先由保险公司按照交强险责任限额进行赔付,超过保险责任限额部分将由救助基金垫付。

(3)商业三者险的每次事故最高赔偿限额分几个档次:10 万元、20 万元、50 万元、100 万元,100 万元以上不超过 1000 万元由被保险人自愿选择投保。而交强险的赔偿限额最高为20 万元。

车主如果希望自己的机动车得到更好的保障,在投保交强险后,都应补充商业第三者责任险。一般大的交通事故赔付金额都在 20 万元以上,交强险只有 20 万元保额是远远不够的。由于交强险实行固定费率、固定保额,对那些高风险人群,选择 20 万元或以上的三者险是必不可少的。

二、交通事故责任强制保险条款的内容

(一)基本定义

(1)被保险人是指投保人及其允许的合法驾驶人。

(2)投保人是指与保险人订立交强险合同,并按照合同负有支付保险费义务的机动车的所有人、管理人。

(3)受害人是指因被保险机动车发生交通事故遭受人身伤亡或者财产损失的人,但不包

括被保险机动车本车车上人员、被保险人。

（4）责任限额是指被保险机动车发生交通事故，保险人对每次保险事故所有受害人的人身伤亡和财产损失所承担的最高赔偿金额。责任限额分为死亡伤残赔偿限额、医疗费用赔偿限额、财产损失赔偿限额以及被保险人在道路交通事故中无责任的赔偿限额。其中无责任的赔偿限额分为无责任死亡伤残赔偿限额、无责任医疗费用赔偿限额以及无责任财产损失赔偿限额。

（5）抢救费用是指被保险机动车发生交通事故导致受害人受伤时，医疗机构对生命体征不平稳和虽然生命体征平稳但如果不采取处理措施会产生生命危险或者导致残疾、器官功能障碍，或者导致病程明显延长的受害人，参照国务院卫生主管部门组织制定的交通事故人员创伤临床诊疗指南和国家基本医疗保险标准，采取必要的处理措施所发生的医疗费用。

（二）交强险的保险责任、责任免除和保险期间

1. 保险责任

交强险规定在中华人民共和国境内（不含港、澳、台地区），被保险人在使用被保险机动车过程中发生交通事故，致使受害人遭受人身伤亡或者财产损失，依法应当由被保险人承担的损害赔偿责任，保险人按照交强险合同的约定负责赔偿，赔偿限额如下。

（1）死亡伤残赔偿限额为180000元；医疗费用赔偿限额为18000元；财产损失赔偿限额为2000元。

（2）被保险人无责任时，无责任死亡伤残赔偿限额为18000元；无责任医疗费用赔偿限额为1800元；无责任财产损失赔偿限额为100元。

死亡伤残赔偿限额和无责任死亡伤残赔偿限额项下负责赔偿丧葬费、死亡补偿费、受害人亲属办理丧葬事宜支出的交通费用、残疾赔偿金、残疾辅助器具费、护理费、康复费、交通费、被扶养人生活费、住宿费、误工费，被保险人依照法院判决或者调解承担的精神损害抚慰金。

医疗费用赔偿限额和无责任医疗费用赔偿限额项下负责赔偿医药费、诊疗费、住院费、住院伙食补助费，必要的、合理的后续治疗费、整容费、营养费。

2. 垫付与追偿

被保险机动车在下列之一的情形下发生交通事故，造成受害人受伤需要抢救的，保险人在接到公安机关交通管理部门的书面通知和医疗机构出具的抢救费用清单后，按照国务院卫生主管部门组织制定的《道路交通事故受伤人员临床诊疗指南》和国家基本医疗保险标准进行核实。对于符合规定的抢救费用，保险人在医疗费用赔偿限额内垫付。被保险人在交通事故中无责任的，保险人在无责任医疗费用赔偿限额内垫付。对于其他损失和费用，保险人不负责垫付和赔偿。

（1）驾驶人未取得驾驶资格的。

（2）驾驶人醉酒的。

（3）被保险机动车被盗抢期间肇事的。

（4）被保险人故意制造道路交通事故的。

对于垫付的抢救费用,保险人有权向致害人追偿。

3. 责任免除

下列损失和费用,交强险不负责赔偿和垫付。

(1)因受害人故意造成的道路交通事故的损失。

(2)属被保险人所有的财产及被保险机动车上的财产遭受的损失。

(3)被保险机动车发生道路交通事故,致使受害人停业、停驶、停电、停水、停气、停产、通信或者网络中断、数据丢失、电压变化等造成的损失以及受害人财产因市场价格变动造成的贬值、修理后因价值降低造成的损失等其他各种间接损失。

(4)因交通事故产生的仲裁或者诉讼费用以及其他相关费用。

4. 保险期间

除国家法律、行政法规另有规定外,交强险合同的保险期间为一年,以保险单载明的起止时间为准。

(三)投保人、被保险人的义务

(1)投保人投保时,应当如实填写投保单,向保险人如实告知重要事项,并提供被保险机动车的行驶证和驾驶证复印件。重要事项包括机动车的种类、厂牌型号、识别代码、号牌号码、使用性质和机动车所有人或者管理人的姓名(名称)、性别、年龄、住所、身份证或者驾驶证号码(组织机构代码)、续保前该机动车发生事故的情况以及国家金融监督管理总局规定的其他事项。

(2)签订交强险合同时,投保人不得在保险条款和保险费率之外,向保险人提出附加其他条件的要求。

(3)投保人续保的,应当提供被保险机动车上一年度交强险的保险单。

(4)在保险合同有效期内,被保险机动车因改装、加装、使用性质改变等导致危险程度增加的,被保险人应当及时通知保险人,并办理批改手续。

(5)被保险机动车发生交通事故,被保险人应当及时采取合理、必要的施救和保护措施,并在事故发生后及时通知保险人。

(6)发生保险事故后,被保险人应当积极协助保险人进行现场查勘和事故调查。发生与保险赔偿有关的仲裁或者诉讼时,被保险人应当及时书面通知保险人。

(四)赔偿处理

(1)被保险机动车发生交通事故的,由被保险人向保险人申请赔偿保险金。被保险人索赔时,应当向保险人提供以下材料:

①交强险的保险单;

②被保险人出具的索赔申请书;

③被保险人和受害人的有效身份证明、被保险机动车行驶证和驾驶人的驾驶证;

④公安机关交通管理部门出具的事故证明,或者人民法院等机构出具的有关法律文书及其他证明;

⑤被保险人根据有关法律法规规定选择自行协商方式处理交通事故的,应当提供依照《道路交通事故处理程序规定》(2018年5月1日起实施)规定的记录交通事故情况的协议书;

⑥受害人财产损失程度证明、人身伤残程度证明、相关医疗证明以及有关损失清单和费用单据;

⑦其他与确认保险事故的性质、原因、损失程度等有关的证明和资料。

(2)保险事故发生后,保险人按照国家有关法律法规规定的赔偿范围、项目和标准以及交强险合同的约定,并根据国务院卫生主管部门组织制定的《道路交通事故受伤人员临床诊疗指南》和国家基本医疗保险标准,在交强险的责任限额内核定人身伤亡的赔偿金额。

(3)因保险事故造成受害人人身伤亡的,未经保险人书面同意,被保险人自行承诺或支付的赔偿金额,保险人在交强险责任限额内有权重新核定。

因保险事故损坏的受害人财产需要修理的,被保险人应当在修理前会同保险人检验,协商确定修理或者更换项目、方式和费用。否则,保险人在交强险责任限额内有权重新核定。

(4)被保险机动车发生涉及受害人受伤的交通事故,因抢救受害人需要保险人支付抢救费用的,保险人在接到公安机关交通管理部门的书面通知和医疗机构出具的抢救费用清单后,按照国务院卫生主管部门组织制定的《道路交通事故受伤人员临床诊疗指南》和国家基本医疗保险标准进行核实。对于符合规定的抢救费用,保险人在医疗费用赔偿限额内支付。被保险人在交通事故中无责任的,保险人在无责任医疗费用赔偿限额内支付。

(五)合同变更、解除与争议处理

(1)在交强险合同有效期内,被保险机动车所有权发生转移的,投保人应当及时通知保险人,并办理交强险合同变更手续。

(2)在下列3种情况下,投保人可以要求解除交强险合同:

①被保险机动车被依法注销登记的;

②被保险机动车办理停驶的;

③被保险机动车经公安机关证实丢失的。

交强险合同解除后,投保人应当及时将保险单、保险标志交还保险人或出具电子保单、电子标志,核实后作废并删除;无法交回保险标志的,应当向保险人说明情况,征得保险人同意。

(3)发生《交强险条例》所列明的投保人、保险人解除交强险合同的情况时,保险人按照日费率收取自保险责任开始之日起至合同解除之日止期间的保险费。

(4)因履行交强险合同发生争议的,由合同当事人协商解决。协商不成的,提交保险单载明的仲裁委员会仲裁。保险单未载明仲裁机构或者争议发生后未达成仲裁协议的,可以向人民法院起诉。交强险合同争议处理适用《民法典》。

三、交通事故责任强制保险的实施与管理

(一)加强基础建设,确保交强险顺利实施

(1)未经国家金融监督管理总局批准,任何单位和个人不得经营交强险业务。拟经营交

强险业务的保险公司,应向国家金融监督管理总局提出申请,获国家金融监督管理总局核准后,方可经营。

(2)保险公司按要求将交强险业务与其他保险业务分开管理、单独核算,认真执行国家金融监督管理总局对交强险财务核算的有关规定。总公司应加强对分支机构的管理,确保各级分支机构严格按有关规定核算交强险业务。

(3)保险公司按照要求评估交强险准备金,确保交强险核算科学合理,确保准备金评估数据完整、准确和合理。

(4)保险公司应加快信息系统的升级改造工作,在相关信息系统中实现交强险的单独记录和处理,并定期对财务系统与业务系统中交强险数据进行检验,保证业务系统数据与财务系统数据的一致性。

(5)保险公司应按规定管理交强险单证和标志。保险公司在签发保单时,应同时发放交强险标志,并出具单独的发票。交强险单证与商业保险单证不得混用。

(6)保险公司应根据有关规定,配合有关管理部门,切实做好道路救助基金的相关工作。

(7)保险公司应配合有关部门尽快建立保险信息与道路交通安全违法行为和道路交通事故信息的共享机制,为实施"奖优罚劣"的费率浮动机制创造条件。

(二)加强交强险管理,诚信经营

(1)保险公司不得诱导、误导投保人在责任限额内重复投保。

(2)保险公司不得在销售交强险时强制投保人订立商业保险合同以及提出附加其他条件的要求。在投保人自愿的前提下,保险公司应为投保人提供优质、便捷、高效的其他商业机动车辆保险服务。

(3)保险公司应按保险行业协会制定的交强险实务流程,结合公司经营情况,规范投保理赔各环节的管理,优化业务手续和流程,建立健全交强险业务管理制度和客户服务制度。

(4)保险公司要高度重视交强险的宣传工作,要建立宣传责任人制度。

(5)保险公司经营交强险业务应执行全国统一的条款和费率方案。严禁擅自变更保险条款;严禁擅自提高或降低保险费。

(6)保险公司应选择经保险监管部门核准的中介机构开展交强险业务。应严格区分直接业务和中介业务,交强险直接业务不得支付手续费;不得向任何未取得中介资格的单位或个人支付手续费、佣金或者类似的费用;中介业务手续费必须严格按有关规定支付;支付保险中介机构手续费必须取得"保险中介服务统一发票"。

保险中介机构在办理与交强险相关的中介服务过程中应严格执行国家金融监督管理总局的有关规定。

(三)推进行业自律,促进规范经营

(1)保险行业协会要切实发挥行业组织的引导、指导和协调作用。要逐步完善行业条款费率制定工作;指导保险公司完成交强险业务流程改造;促进信息共享平台建设。要加强交强险的宣传工作。对交强险实施过程中发现的问题,要及时沟通协调解决。

（2）保险行业协会要推动行业自律，促进各保险公司采取切实有效措施，诚信规范经营，提高服务水平，树立良好行业形象。如北京保险行业协会已制定了交强险自律公约，发挥交强险促进和谐社会发展的积极作用。

思考与练习题

1. 什么是交通事故责任强制保险？

2. 交通事故责任强制保险有何意义？

3. 交通事故责任强制保险有何特点？

4. 交强险的赔偿限额是多少？

5. 交强险的保险责任免除条款有哪些？

6. 被保险人索赔时应该向保险人提供哪些材料？

7. 在哪三种情况下投保人可以要求解除交强险合同？

模块五
汽车保险主险 >>>

学习目标

知识目标

1. 掌握机动车损失险的保险责任和责任免除；
2. 掌握第三者责任险的保险责任和责任免除；
3. 掌握车上人员责任险的保险责任和责任免除。

能力目标

1. 熟悉事故责任比例的确定方法并能够在实践中正确应用；
2. 熟悉机动车损失险保险金额的确定方法；
3. 熟知机动车保险主险的赔偿处理办法并能够运用计算公式计算理赔额。

素养目标

1. 第三者责任险和车上人员责任险对于社会和谐稳定的重大意义；
2. 在处理保险责任过程中保证公平合理。

机动车保险（汽车保险）是运输工具保险的主要险种。根据我国《保险法》对于保险条款管理的有关规定,商业保险的条款分为主要险种的基本保险条款和其他险种的保险条款。2000年7月1日我国开始执行统一的《机动车辆保险条款》,2003年1月1日各保险公司,如中国人民保险公司、太平洋保险公司、平安保险公司、华安保险公司等,都分别制定并执行各自的《机动车辆保险条款》。2006年10月以后,各保险公司又根据《道路交通安全法》和《交强险条例》的要求,对汽车保险条款进行了修订。2012年3月,中国保险行业协会正式发布《机动车辆商业保险示范条款》,2020年根据银保监会《车险综合改革指导意见》修订为《机动车商业保险示范条款》[以下简称《示范条款》(2020版)]。

机动车保险条款具有细分市场需求、细分客户群体、细分风险特性,量体裁衣,实行个性化产品、差别化费率等特点,以满足客户的多样化选择。

以《示范条款》(2020版)为例,机动车保险主险分为机动车损失险、第三者责任险和车上人员责任险三个独立的险种。车险改革后,机动车损失险的保障内容新增了8项的保障责任,包括地震及次生灾害造成的损失、自燃险、全车盗抢险、涉水险、玻璃险、不计免赔险、无法找到第三方特约险、指定修理厂险。主险三个险种的条款相互交叉在一起,包括保险责任、责任免除、免赔额、保险金额或责任限额、赔偿处理、保险期间和其他事项七个部分。

一、主险的保险责任与责任免除

机动车损失险(车身险)指被保险机动车遭受保险责任范围内的自然灾害或意外事故,造成被保险机动车本身损失,保险人依照保险合同的规定给予赔偿。

第三者责任险指被保险机动车因意外事故致使第三者遭受人身伤亡或财产的直接损失,保险人依照保险合同的规定给予赔偿。

车上人员责任险是指被保险机动车发生意外事故,致使车上人员遭受人身伤亡,保险人依照保险合同的约定负责赔偿。

以《示范条款》(2020版)为例,其总则部分规定如下。

(1)主险包括机动车损失险、第三者责任险、车上人员责任险三个独立的险种,投保人可选择投保全部险种,也可选择投保其中部分险种。保险人依照保险合同的约定,按照承保险种分别承担保险责任。

机动车保险合同由保险条款、投保单、暂保单、保险单、保险凭证、批单、书面协议和特别约定组成。凡涉及本保险合同的约定,均应采用书面形式或电子形式。

机动车保险合同是投保人与保险人之间所订立的,以被保险机动车(不包括摩托车、拖拉机和特种车)作为保险标的的保险协议。

机动车保险合同为不定值保险合同。保险人按照承保险别承担保险责任,附加险不能单独承保。不定值保险合同是指双方当事人在订立保险合同时不预先确定保险标的的保险价值,而是按照保险事故发生时保险标的的实际价值确定保险价值的保险合同。

这里规定了机动车保险合同的类别和险别。规定附加险不能单独办理,附加险应在办理同一合同项下与其相对应的基本险后才能投保或承保。保险人承担保险责任的原则是按照其承保的保险险别及该险别所约定的保险责任范围,承担相应的保险赔偿责任。

保险人对于保险事故造成的被保险机动车损失、第三者的人身伤亡或财产的直接损失、车上人员的人身伤亡承担保险赔偿责任。

(2)机动车保险合同中的被保险机动车是指在中华人民共和国境内(不含港、澳、台地区)行驶,以动力装置驱动或者牵引,上道路行驶的供人员乘用或者用于运送物品以及进行专项作业的轮式车辆(含挂车)、履带式车辆和其他运载工具,但不包括摩托车、拖拉机、特种车。这里规定了机动车保险合同承保的标的种类。

(3)机动车保险合同中的第三者是指因被保险机动车发生意外事故遭受人身伤亡或财产损失的人,即被保险机动车下的受害者。但不包括被保险机动车车上人员、被保险人和投保人。

(4)保险合同中的车上人员是指发生意外事故的瞬间,在被保险机动车车体内或车体上的人员,包括正在上下车的人员。

(5)保险合同中各方的权利和义务,由保险人、投保人遵循公平原则协商确定。保险人、投保人自愿订立本保险合同。

除保险合同另有约定外,投保人应在保险合同成立时一次交清保险费。保险费未交清前,本保险合同不生效。

总则部分既适用于主险,同时也适用于附加险。

(一) 主险的保险责任

1. 机动车损失险的保险责任

(1) 被保险人或被保险机动车驾驶人(以下简称驾驶人) 在使用被保险机动车过程中,因自然灾害、意外事故造成被保险机动车的直接损失,且不属于免除保险人责任的范围,保险人依照保险合同的约定负责赔偿。

被保险人或其允许的驾驶人,应同时具备两个条件:第一,被保险人或其允许的驾驶人是指被保险人本人以及经被保险人委派、雇佣或认可的驾驶被保险机动车的人员。第二,驾驶人必须持有效驾驶证,并且所驾机动车与驾驶证规定的准驾车型相符;驾驶出租汽车或营业性客车的驾驶人还必须具备交通运输管理部门核发的许可证书或其他必备证书,否则仍认定为不合格。

使用被保险机动车过程是指被保险机动车作为一种工具被运用的整个过程,包括行驶和停放。例如,被保险的起重机固定车轮后进行吊卸作业属于使用过程。

机动车保险条款的保险责任采用列明式,未列明的不属于保险责任。条款中列明的意外事故或自然灾害造成被保险机动车的直接损失,保险人负责赔偿。机动车损失保险条款中约定的灾害事故包括以下几类。

①碰撞、倾覆、坠落。

a. 碰撞:指被保险机动车或其符合装载规定的货物与外界固态物体之间发生的、产生撞击痕迹的意外撞击。即与外界静止的或运动中的物体的意外撞击。这里的碰撞包括两种情况:一是被保险机动车与外界物体的意外撞击造成的本车损失;二是被保险机动车按《道路交通管理条例》关于车辆装载的规定载运货物(当车辆装载货物不符合装载规定时,须报请公安交通管理部门批准,并按指定时间、路线、速度行驶),车与货即视为一体,所装货物与外界物体的意外撞击造成的本车损失。同时,碰撞应是被保险机动车与外界物体直接接触。被保险机动车的人为划痕不属本保险责任。

b. 倾覆:被保险机动车由于自然灾害或意外事故,造成本身翻倒,车体触地,使其失去正常状态和行驶能力,不经施救不能恢复行驶。

c. 坠落:指被保险机动车在行驶中发生意外事故,整车腾空(包括翻转360°以上)后下落,仍四轮着地所产生的损失。非整车腾空,仅由于颠簸造成被保险机动车损失的,不属于坠落。

②火灾、爆炸、自燃。

a. 火灾:指被保险机动车本身以外的火源引起的、在时间或空间上失去控制的燃烧(即有热、有光、有火焰的剧烈的氧化反应)所造成的灾害。这里指汽车本身以外的火源及主险的车辆损失险所列的灾害事故造成的燃烧,导致被保险机动车的损失。

不明原因的火灾:公安消防部门的《火灾原因认定书》中认定的起火原因不明的火灾。

b. 爆炸:仅指化学性爆炸,即物体在瞬息分解或燃烧时放出大量的热和气体,并以很大的压力向四周扩散,形成破坏力的现象。发动机因其内部原因发生爆炸或爆裂,轮胎爆炸等,不属本保险责任。

c.自燃:在没有外界火源的情况下,指因本车电器、线路、供油系统、供气系统等自身原因或所载货物因自身原因起火燃烧。即指没有外界火源,被保险机动车也未发生碰撞、倾覆的情况下,由于被保险机动车本车漏油或电器、线路、供油系统、载运的货物等自身发生问题引起的火灾。

③外界物体坠落、倒塌。

a.外界物体坠落:陨石或飞行器等空中掉落物体所致的被保险机动车受损,属本保险责任。起重机的吊物脱落以及吊钩或吊臂的断落等,造成被保险机动车的损失,也属本保险责任。但起重机本身在操作时由于吊钩、吊臂上下起落砸坏被保险机动车的损失,不属本保险责任。

b.外界物体倒塌:被保险机动车自身以外的物体倒下或陷下,即由物质构成并占有一定空间的个体倒下或陷下,造成被保险机动车的损失。如:地上或地下建筑物坍塌,树木倾倒致使被保险机动车受损,都属本保险责任。

④雷击、暴风、暴雨、洪水、龙卷风、冰雹、台风、热带风暴、地震。

a.雷击:由雷电造成的灾害。由于雷电直接击中被保险机动车或通过其他物体引起被保险机动车的损失,均属于本保险责任。

b.暴风:指风速在 28.5m/s(相当于 11 级大风)以上的大风。风速以气象部门公布的数据为准。只要风速达 17.2m/s(相当于 8 级风),造成被保险机动车的损失,即构成本保险责任。

c.暴雨:每小时降雨量达 16mm 以上,或连续 12h 降雨量达 30mm 以上,或连续 24h 降雨量达 50mm 以上,造成被保险机动车损失,即构成本保险责任。

d.洪水:指山洪暴发、江河泛滥、潮水上岸及倒灌,致使被保险机动车遭受泡损,淹没的损失,都属于本保险责任。但规律性的涨潮、自动灭火设施漏水、地下渗水、水管爆裂造成被保险机动车损失,不属本保险责任。

e.龙卷风:一种范围小而时间短的猛烈旋风,平均风速一般在 79～103m/s,极端最大风速一般在 100m/s 以上,造成被保险机动车损失,属于本保险责任。

f.冰雹:由于冰雹降落造成的灾害,造成被保险机动车损失,属于本保险责任。

g.台风:中心风力一般达到十二级以上,风速达到 32.7m/s 的热带气旋均可称为台风(或飓风),造成被保险机动车损失,属于本保险责任。

h.热带风暴:是热带气旋的一种,其中心附近持续风速为 17.2～24.4m/s,即烈风程度的风力,造成被保险机动车损失,属于本保险责任。

i.地震及次生灾害:地震指因地壳发生急剧的自然变异,影响地面而发生震动的现象。次生灾害是指地震造成工程结构、设施和自然环境破坏而引发的火灾、爆炸、瘟疫、有毒有害物质污染、海啸、水灾、泥石流、滑坡等灾害。无论地震及次生灾害使被保险机动车直接受损,还是地震造成外界物体倒塌所致被保险机动车的损失,保险人都不负责赔偿。

⑤地陷、崖崩、滑坡、泥石流、雪崩、冰陷、暴雪、冰凌、沙尘暴。

a.地陷:地表突然下陷造成被保险机动车的损失,属于本保险责任。

b.崖崩:石崖、土崖因自然风化、雨蚀而崩裂坍塌,或山上岩石滚落,或雨水使山上沙土透湿而崩塌,致使被保险机动车遭受的损失,属本保险责任。

c.滑坡:斜坡上不稳的岩石或土在重力作用下突然整体向下滑动,造成被保险机动车损失,属于本保险责任。

d.泥石流:山地突然爆发包含大量泥沙、石块的洪流,造成被保险机动车损失,属于本保险责任。

e.雪崩:大量积雪突然崩落的现象,造成被保险机动车损失,属于本保险责任。

f.冰陷:在公安交通管理部门允许车辆行驶的冰面上,被保险机动车在通过时,冰面突然下陷,造成被保险机动车的损失,属于本保险责任。

g.暴雪:是指24h的降雪量(融化成水)大于10mm的降雪,造成被保险机动车损失,属于本保险责任。

h.冰凌:水在0℃或低于0℃时凝结成的固体为冰,积冰为凌,造成被保险机动车损失,属于本保险责任。

i.沙尘暴:是沙暴和尘暴两者兼有的总称,是指强风把地面大量沙尘物质吹起并卷入空中,使空气特别浑浊,水平能见度小于1000m的严重风沙天气,造成被保险机动车损失,属于本保险责任。

⑥玻璃单独破碎。

玻璃单独破碎:指未发生被保险机动车其他部位的损坏,仅发生被保险机动车前后风窗玻璃和左右车窗玻璃的损坏,即不论任何原因引起的玻璃单独破碎,属于本保险责任。

⑦发动机进水后导致的发动机损坏。

被保险机动车在停放或行驶的过程中,被水淹及排气筒或进气管,驾驶人继续起动车辆或利用惯性起动车辆,以及车辆被水淹后转移至高处,或水退后未经必要的处理而起动车辆,造成的发动机损坏,属于本保险责任。

⑧受到被保险机动车所载货物、车上人员意外撞击,造成被保险机动车损失,属于本保险责任。

⑨载运被保险机动车的渡船遭受自然灾害(只限于有驾驶人随船的情形)。被保险机动车在行驶途中,因需跨过江河、湖泊、海峡才能恢复到道路行驶而过渡,驾驶人把车开上渡船,并随车照料到对岸,这期间因遭受自然灾害,致使被保险机动车本身发生损失,保险人予以赔偿。由货船、客船、客货船或滚装船等运输工具承载被保险机动车的过渡,不属于保险责任。

(2)保险期间内,被保险机动车被盗窃、抢劫、抢夺,经出险地县级以上公安刑侦部门立案证明,满60天未查明下落的全车损失,以及因被盗窃、抢劫、抢夺受到损坏造成的直接损失,且不属于免除保险人责任的范围,保险人依照本保险合同的约定负责赔偿。

直接损失包括以下几个方面。

①被保险机动车全车被盗窃、抢劫、抢夺、下落不明,以及在此期间受到的损坏,或车上零部件、附属设备丢失,需要修复的合理费用。

②被保险机动车在被抢劫、抢夺过程中，即抢劫、抢夺未遂，受到损坏需要修复的合理费用。直接损失不包括被保险人因民事、经济纠纷而导致被保险机动车被抢劫、抢夺，被保险机动车被诈骗造成的损失。

a. 立案证明：全车被盗窃、抢劫、抢夺，被保险人索赔时必须提供机动车停驶手续或当地县级以上公安刑侦部门出具的盗抢立案证明。

b. 被保险机动车全车被盗窃、抢劫、抢夺期间指被保险机动车被盗窃、抢劫、抢夺行为发生之时起至公安部门将该车收缴之日止。

c. 附属设备：指购买新车时，随车装备的基本设备。随车工具，新增设备等不属于附属设备。

（3）发生保险事故时，被保险人或其驾驶人为防止或者减少被保险机动车的损失所支付的必要的、合理的施救费用，由保险人承担，施救费用数额在被保险机动车损失赔偿金额以外另行计算，最高不超过保险金额的数额。

被保险机动车在遭受保险责任范围内的自然灾害或意外事故时，为了减少车辆损失，采取施救、保护措施所支出的合理费用，保险人负责赔偿。此项费用不包括车辆的修复费用。最高赔偿金额以保险金额为限。

施救措施是指发生保险责任范围内的灾害或事故时，为减少和避免被保险机动车的损失所实施的抢救行为。

保护措施是指保险责任范围内的自然灾害或意外事故发生以后，为防止被保险机动车损失扩大和加重的行为。例如，被保险机动车受损后不能行驶，雇人在事故现场看守的合理费用（不得超过3天，每天3人，参照劳动力平均收入计算），由当地有关部门出具证明的可以赔偿。

合理费用是指保护、施救行为支出的费用是直接的、必要的，并符合国家有关的政策规定。

保险人在处理以上费用时有一些具体的规定。在具体运用时要注意以下9条原则。

①被保险机动车发生火灾时，被保险人或其允许的驾驶人使用他人非专业消防单位的消防设备，施救被保险机动车所消耗的合理费用及设备损失应赔偿。

②被保险机动车出险后，失去正常的行驶能力，被保险人雇用起重机或其他车辆进行抢救的费用，以及将出险车辆拖运到最近修理厂的运输费用，按有关行政管理部门核准的收费标准或该车修理费用的20%（以低者为准），保险人应予负责。

③在抢救过程中，因抢救而损坏他人的财产，如果应由被保险人承担赔偿，保险人可酌情予以赔偿。但在抢救时，抢救人员个人物品的损失和丢失，不予赔偿。

④抢救车辆在拖运受损被保险机动车途中发生意外事故，造成被保险机动车损失扩大部分和费用支出增加部分，如果该抢救车辆是被保险人自己或他人义务派来抢救的，予以赔偿；如果该抢救车辆是受雇的，则不予赔偿。

⑤被保险机动车出险后，被保险人或其代表奔赴肇事现场处理所支出的费用，不予负责。

⑥保险人只对被保险机动车的施救，保护费用负责。例如，被保险机动车发生保险事故

后,受损被保险机动车与其所装载货物(或其拖带的未保险挂车)同时被施救,其救货(或救护未保险挂车)的费用应予剔除。如果它们之间的施救费分不清楚,则应按被保险机动车与货物(或未保险挂车)的实际价值进行比例分摊赔偿。

⑦被保险机动车为进口车,发生保险责任范围内事故后,经确认出险地最近修理厂或当地修理厂确无能力修复时,在取得保险人同意后,该肇事车被移送到其他修理厂或去外地修理的移送费,保险人予以负责。但护送被保险机动车人员的工资和差旅费,保险人不予负责。

⑧施救保护费用(含起重机和拖运车费用)与修理费用应分别计算。当被保险机动车全损无施救价值时,一般不给施救费。残余部分如果有一定价值,可适当给予一定的施救费,但不得超过残值的10%。在施救前,如果施救保护费用与修理费用相加,估计已达到或超过保险金额时,则可推定全损予以赔偿,但保险人不接受权益转让。

⑨被保险机动车发生保险责任范围内事故后,对其停车费、保管费、扣车费以及各种罚款,保险人不予负责。

2. 第三者责任险的保险责任

(1)被保险人或其允许的驾驶人在使用被保险机动车过程中发生意外事故,致使第三者遭受人身伤亡或财产直接损毁,依法应当对第三者承担的损害赔偿责任,且不属于免除保险人责任的范围,保险人依照本保险合同的约定,对于超过机动车交通事故责任强制保险各分项赔偿限额的部分负责赔偿。

保险人可依照《道路交通事故处理程序规定》和保险合同的约定负责赔偿。但因事故产生的善后工作,保险人不负责处理。

①被保险人允许的驾驶人,这里有两层含义:一是被保险人允许的驾驶人,指持有驾驶证的被保险人本人、配偶及他们的直系亲属或被保险人的雇员,或驾驶人使用被保险机动车在执行被保险人委派的工作期间,或被保险人与使用被保险机动车的驾驶人具有营业性的租赁关系。二是合格,指上述驾驶人必须持有有效驾驶证,并且所驾机动车与驾驶证规定的准驾车型相符。只有"允许"和"合格"两个条件同时具备的驾驶人在使用被保险机动车发生保险事故造成损失时,保险人才予以赔偿。被保险机动车被人私自开走,或未经车主、被保险机动车所属单位主管负责人同意,驾驶人私自许诺的人开车,均不能视为"被保险人允许的驾驶人"开车,此类情况发生肇事,保险人不负责赔偿。

②意外事故指不是行为人出于故意,而是行为人不可预见的以及不可抗拒的并造成人员伤亡或财产损失的突发事件。车辆使用中发生的意外事故分为以下两种。

a. 道路交通事故:凡在道路上发生的交通事故属于道路交通事故,即被保险机动车在公路、城市街道、胡同(里巷)、公共广场、公共停车场发生的意外事故。道路即《中华人民共和国道路交通管理条例》所规定的:"公路、城市街道和胡同(里巷),以及公共广场、公共停车场等供车辆、行人通行的地方"。

b. 非道路事故:被保险机动车在铁路道口、渡口、机关大院、农村场院、乡间小道等处发生的意外事故。

在我国,道路交通事故一般由公安交通管理部门处理。但对被保险机动车在非道路地点发生的非道路事故,公安交通管理部门一般不予受理。这时可请出险当地政府有关部门根据道路交通事故处理规定研究处理,但应参照《道路交通事故处理程序规定》的赔偿范围、项目和标准以及保险合同的规定计算保险赔款金额。事故双方或保险双方当事人对公安交通管理部门或出险当地政府有关部门的处理意见有严重分歧的案件,可提交法院处理解决。

③第三者。在保险合同中,保险人是第一方,也叫第一者;被保险人或使用被保险机动车的致害人是第二方,也叫第二者;除保险人与被保险人之外的,因被保险机动车的意外事故致使被保险机动车下的人员遭受人身伤亡或财产损失,在车下的受害人是第三方,也叫第三者。同一被保险人的车辆之间发生意外事故,相对方均不构成第三者。

④人身伤亡指人的身体受伤害或人的生命终止。

⑤财产的直接损毁指被保险机动车发生意外事故,直接造成事故现场他人现有财产的实际损毁。

⑥依法应当由被保险人承担的经济赔偿责任是指按《道路交通事故处理程序规定》和有关法律、法规,被保险人或驾驶人承担的事故责任所应当支付的赔偿金额。

⑦保险人负责赔偿指保险人按照《道路交通事故处理程序规定》及保险合同的约定给予补偿。保险合同的约定指主险条款、附加险条款、特别约定、保险单、保险批单等所载的有关规定,第三者责任险按规定的范围、项目、标准进行赔偿。另外,保险人并不是无条件地完全承担被保险人依法应当支付的赔偿金额,而是依照《道路交通事故处理程序规定》及保险合同的约定给予赔偿,无论是道路交通事故还是非道路事故,第三者责任险的赔偿均依照《道路交通事故处理程序规定》规定的赔偿范围、项目、标准作为计算保险赔款的基础,在此基础上,根据保险合同所载的有关规定计算保险赔款,在理赔时还应剔除合同中规定的免赔部分。

⑧善后工作是指民事赔偿责任以外对事故进行妥善处理的有关事项。如被保险机动车对他人造成伤害所涉及的抢救、医疗、调解、诉讼等具体事宜。

(2)保险人依据被保险机动车一方在事故中所负的事故责任比例,承担相应的赔偿责任。

被保险人或被保险机动车一方根据有关法律法规规定选择自行协商或由公安机关交通管理部门处理事故未确定事故责任比例的,按照下列规定确定事故责任比例:

①被保险机动车一方负主要事故责任的,事故责任比例为70%;

②被保险机动车一方负同等事故责任的,事故责任比例为50%;

③被保险机动车一方负次要事故责任的,事故责任比例为30%。

涉及司法或仲裁程序的,以法院或仲裁机构最终生效的法律文书为准。

【例5-1】 甲厂和乙厂的车在行驶中相撞,甲厂车辆损失5000元,车上货物损失10000元;乙厂车辆损失4000元,车上货物损失5000元。公安交通管理部门裁定甲厂车负主要责任,承担经济损失70%,为16800元;乙厂车负次要责任,承担经济损失30%,为7200元。免赔率为15%。试计算双方应获得的赔款。

解

甲厂应承担的经济损失 = (甲厂车损 + 乙厂车损 + 甲厂车上货损 + 乙厂车上货损) × 70%
$$= (5000 + 4000 + 10000 + 5000) × 70\% = 16800(元)$$

乙厂应承担的经济损失 = (甲厂车损 + 乙厂车损 + 甲厂车上货损 + 乙厂车上货损) × 30%

$$= (5000 + 4000 + 10000 + 5000) \times 30\% = 7200(元)$$

甲、乙厂的车都投保了车辆损失险(按新车购置价确定保险金额)和第三者责任险,由于第三者责任险不负责本车上货物的损失,所以,保险人的赔款计算与公安交通管理部门的赔款计算不一样,其赔款计算应如下:

$$甲厂自负车损 = 甲厂车损 5000 元 \times 70\% = 3500 元$$

$$甲厂应赔乙厂 = (乙厂车损 4000 元 + 乙厂车上货损 5000 元) \times 70\% = 6300 元$$

$$\begin{matrix} 保险人负责甲厂车损和 \\ 第三者责任赔款 \end{matrix} = \begin{pmatrix} 甲厂自负车损 3500 元 + \\ 甲厂应赔乙厂 6300 元 \end{pmatrix} \times (1 - 免赔率 15\%) = 8330 元$$

$$乙厂自负车损 = 乙厂车损 4000 元 \times 30\% = 1200 元$$

$$乙厂应赔甲厂 = (甲厂车损 5000 元 + 甲厂车上货损 10000 元) \times 30\% = 4500 元$$

$$\begin{matrix} 保险人负责乙厂车损和 \\ 第三者责任赔款 \end{matrix} = \begin{pmatrix} 乙厂自负车损 1200 元 + \\ 乙厂应赔甲厂 4500 元 \end{pmatrix} \times (1 - 免赔率 5\%) = 5145 元$$

结果,此案甲厂应承担经济损失 16800 元,得到保险人赔款 8330 元;乙厂应承担经济损失 7200 元,得到保险人赔款 5145 元。这里的差额部分即保险合同规定不赔的部分。

(3)经保险人事先书面同意,被保险人给第三者造成损害而被提起仲裁或者诉讼的,对应由被保险人支付的仲裁或者诉讼费用以及其他费用,保险人负责赔偿。赔偿的数额在保险单载明的责任限额以外另行计算,最高不超过责任限额的 30%。

3. 车上人员责任保险的保险责任

保险期间内,被保险人或其允许的驾驶人在使用被保险机动车过程中发生意外事故,致使车上人员遭受人身伤亡,且不属于免除保险人责任的范围,依法应当对车上人员承担的损害赔偿责任,保险人依照本保险合同的约定负责赔偿。

事故责任比例的确定同第三者责任险。

(二)主险的责任免除

1. 机动车损失险、第三者责任险和车上人员责任险的共同责任免除

下列情况下,不论任何原因造成的被保险机动车损失和对第三者、车上人员的损害赔偿责任,保险人均不负责赔偿。

(1)事故发生后,被保险人或其允许的驾驶人故意破坏、伪造现场、毁灭证据。

(2)驾驶人有下列情形之一者。

①交通肇事逃逸。被保险机动车肇事逃逸是指被保险机动车肇事后,为了逃避法律法规制裁,逃离肇事现场的行为。事故发生后,在未依法采取措施的情况下驾驶被保险机动车或者遗弃被保险机动车离开事故现场。

②饮酒、吸食或注射毒品、服用国家管制的精神药品或者麻醉药品。

a. 驾驶人饮酒:指驾驶人饮用含有酒精的饮料,驾驶机动车时血液中的酒精含量大于等于 20mg/100mL 的。驾驶人饮酒后开车,可根据下列之一来判定:公安交通管理部门处理交通事故时做出的酒后驾车结论;有饮酒后驾车的证据。

b. 吸毒:指驾驶人吸食或注射鸦片、海洛因、大麻、可卡因以及国家规定管制的其他能够

使人形成瘾癖的麻醉药品和精神药品。

c.被药物麻醉:指驾驶人吸食或注射有麻醉成分的药品,在整个身体或身体的某一部分暂时失去控制的情况下驾驶车辆。

③无驾驶证,驾驶证被依法扣留、暂扣、吊销、注销期间。

④驾驶与驾驶证载明的准驾车型不相符合的机动车。

公安交通管理部门规定的其他属于无有效驾驶证的情况下驾车,有以下几种情况:

a.持军队或武警部队驾驶证驾驶地方车辆;持地方驾驶证驾驶军队或武警部队车辆;

b.持学习驾驶证及实习期在高速公路上驾车;

c.驾驶人持审验不合格的驾驶证,或未经公安交通管理部门同意,持未审验的驾驶证驾车;

d.公安交通管理部门规定的其他属于无效驾驶证的情况;

e.使用各种专用机械车的人员无国家有关部门核发的有效操作证;驾驶营业性客车的驾驶人无国家有关部门核发的有效资格证书;

f.依照法律法规或公安机关交通管理部门有关规定不允许驾驶被保险机动车的其他情况下驾车。

⑤实习期内驾驶公共汽车、营运客车或者执行任务的警车、载有危险物品的机动车或牵引挂车的机动车。

⑥驾驶出租机动车或营业性机动车无交通运输管理部门核发的许可证书或其他必备证书。

⑦学习驾驶时无合法教练员随车指导。

(3)被保险机动车有下列情形之一者。

①发生保险事故时被保险机动车行驶证、号牌被注销的,或未按规定检验或检验不合格。

发生保险事故时,被保险机动车必须具备两个条件:被保险机动车须有公安交通管理部门核发的行驶证或号牌;被保险机动车达到《机动车运行安全技术条件》(GB 7258—2017)的要求,并在规定期间内经公安交通管理部门的检验合格。

但保险合同另有书面约定的情况下,保险人应承担保险责任。其中,"另有书面约定"是指保险合同中所做出明示的,与该条文内容相反的约定。例如,保险合同中特别约定承保的,在特定区域内行驶的,没有公安交通管理部门核发的正式号牌的车辆(矿山机械车、机场内专用车等);或政府部门规定需先保险后检验核发号牌的新入户车辆等。

②被扣留、收缴、没收期间。

a.扣留:指采用强制手段扣留被保险机动车。

b.没收:指司法或行政机关没收违法者的被保险机动车,作为处罚。

③在竞赛、测试期间,在营业性场所维修、保养、改装期间。

a.竞赛:指被保险机动车作为赛车直接参加车辆比赛活动。

b.测试:指对被保险机动车的性能和技术参数进行测量或试验。

c.在营业性场所维修、保养期间:指被保险机动车进入维修厂(站、店)维护、修理期间,由于自然灾害或意外事故所造成的被保险机动车或他人的损失。

其中营业性修理场所是指被保险机动车进入以盈利为目的的修理厂(站、店);修理期间是指被保险机动车从进入维修厂(站、店)开始到维护、修理结束并验收合格提车时止,包括维护修理过程中的测试。

④战争、军事冲突、恐怖活动、暴乱、污染(含放射性污染)、核反应、核辐射。

a. 战争:国家与国家、民族与民族、政治集团与政治集团之间为了一定的政治、经济目的而进行的武装斗争。

b. 军事冲突:国家或民族之间在一定范围内的武装对抗。

c. 暴乱:破坏社会秩序的武装骚动。

战争、军事冲突和暴乱以政府宣布为准。

d. 污染:因污染引起的任何补偿和赔偿,指不论是否发生保险事故,被保险机动车本身及被保险机动车所载货物泄漏造成的对外界任何污染而引起的补偿和赔偿,保险人都不负责赔偿。

污染包括被保险机动车在正常使用过程中,由于车辆油料或所载货物的泄漏造成的污染,以及被保险机动车辆发生事故导致本车或第三者车辆的油料或所载货物的泄漏造成的污染。

车辆所载货物泄漏:指被保险机动车装载液体、气体因流泻、渗漏而对外界物体造成腐蚀、污染、人畜中毒、植物枯萎以及其他财物的损失。例如,被保险机动车漏油造成路面的损害。

⑤被保险机动车被转让、改装、加装或改变使用性质等,导致被保险机动车危险程度显著增加,且被保险人、受让人未及时通知保险人,因危险程度显著增加而发生保险事故的;被保险机动车转让他人,被保险人、受让人未履行保险合同规定的通知义务,且因转让导致被保险机动车危险程度显著增加而发生保险事故。

⑥投保人、被保险人或其允许的驾驶人知道保险事故发生后,故意或者因重大过失未及时通知,致使保险事故的性质、原因、损失程度等难以确定的,保险人对无法确定的部分,不承担赔偿责任,但保险人通过其他途径已经及时知道或者应当及时知道保险事故发生的除外。

2. 机动车损失险的责任免除

下列情况下,不论任何原因造成被保险机动车的任何损失和费用,保险人均不负责赔偿。

(1)被保险人或其允许的驾驶人故意或重大过失,导致被保险机动车被利用从事犯罪行为。利用被保险机动车从事违法活动。被保险人及其允许的驾驶人利用被保险机动车从事法律、法规和有关规定所不允许的活动和经营。

(2)违反安全装载规定。被保险机动车所载货物坠落、倒塌、撞击、泄漏造成的损失。受本车所载货物撞击的损失是指被保险机动车行驶时,车上货物与本车相互撞击,造成本车的损失。

(3)投保人、被保险人或驾驶人故意制造保险事故。指投保人、被保险人或其允许的驾驶人的故意行为。如人工直接供油、高温烘烤等。

①人工直接供油：不经过车辆正常供油系统的供油。

②高温烘烤：无论是否使用明火，凡违反车辆安全操作规则的加热、烘烤升温的行为。

遭受保险责任范围内的损失后，未经必要修理并检验合格继续使用，致使损失扩大的部分。指被保险机动车因发生保险事故遭受损失后，没有及时进行必要的修理，或修理后车辆未达到正常使用标准而继续使用，造成被保险机动车损失扩大的部分。

（4）因市场价格变动造成的贬值、修理后因价值降低引起的损失。

（5）自然磨损、朽蚀、腐蚀、故障、本身质量缺陷。

①自然磨损：指车辆由于使用造成的机件损耗。

②朽蚀：指机件与有害气体、液体相接触，被腐蚀损坏。

③腐蚀：指物质与环境相互作用而失去它原有性质的变化。

④故障：由于车辆某个部件或系统性能发生问题，影响车辆的正常工作。

（6）因保险事故损坏的被保险机动车，修理前被保险人未与保险人检验，协商确定维修机构、修理项目、方式和费用，导致无法确定的损失。

（7）车轮单独损失，无明显碰撞痕迹的车身划痕，以及新增设备的损失。

①车轮单独损失：指未发生被保险机动车其他部位的损坏，仅发生轮胎、轮辋、轮毂罩的分别单独损坏，或上述三者之中任意二者的共同损坏，或三者的共同损坏。即被保险机动车辆使用过程中，不论何种原因造成车轮的单独破损。但由于自然磨损、朽蚀、故障、轮胎损坏而引起的保险事故（如碰撞、倾覆等），造成被保险机动车其他部位的损失，保险人应予以赔偿。

②车身划痕损失：仅发生被保险机动车车身表面油漆的损坏，且无明显碰撞痕迹。

③新增设备：指被保险机动车出厂时原有设备以外的，另外加装的设备和设施。即标准配置以外新增设备的损失。

（8）非全车遭盗窃，仅车上零部件或附属设备被盗窃或损坏。

3. 第三者责任险的责任免除

下列情况下，不论任何原因造成第三者的人身伤亡、财产损失和费用，保险人均不负责赔偿：

（1）非被保险人允许的驾驶人。

这是指被保险人或其允许的驾驶人以外的其他人员使用被保险机动车。

（2）全车被盗窃、被抢劫、被抢夺、下落不明期间。

指被保险机动车全车被盗窃、抢劫、抢夺、下落不明期间发生交通事故，造成第三者的人身伤亡或财产损失，保险人不负赔偿责任。

（3）第三者、被保险人或其允许的驾驶人的故意制造保险事故、犯罪行为，第三者与被保险人或其他致害人恶意串通的行为。

（4）被保险机动车发生意外事故，致使任何单位或个人停业、停驶、停电、停水、停气、停产、通信或网络中断、电压变化、数据丢失造成的损失以及其他各种间接损失。

被保险机动车发生保险事故受损后，丧失行驶能力，从受损到修复这一期间，被保险人停止营业或不能继续运输等造成的损失，保险人均不负责赔偿。

被保险机动车发生意外事故致使第三者营业停止、车辆停驶、生产或通信中断和不能正常供电、供水、供气的损失以及由此而引起的其他人员、财产或利益的损失,不论在法律上是否应当由被保险人负责,保险人都不负责赔偿。

(5)第三者财产因市场价格变动造成的贬值,修理后因价值降低引起的损失。

(6)被保险人及其家庭成员、被保险人允许的驾驶人及其家庭成员所有、承租、使用、管理、运输或代管的财产的损失,以及本车上财产的损失,家庭成员指配偶、子女、父母。

归被保险人或其允许的驾驶人所有或代管的财产指的是包括被保险人或其允许的驾驶人自有的财产,或与他人共有财产的自有部分,或代替他人保管的财产。

对于有些规模较大的投保单位,"自有的财产"可以掌握在其所属各自独立核算单位的财产范围内。例如,某运输公司下属甲、乙两个车队各自独立核算,由运输公司统一投保第三者责任险后,甲队车辆撞坏甲队的财产,保险人不予负责,甲队车辆撞坏乙队的财产,保险人应予以负责。

第三者责任险在财产损失赔偿上掌握的原则是保险人付给受害方的赔款最终不能落到被保险人手中,但碰撞标的均投保了车辆损失险的可酌情处理。

如,甲、乙两车被保险人都是同一个单位,而且在财务核算上也是同一核算单位。两车均单独投保第三者责任险,甲、乙两车相撞造成两车不同程度损坏,保险人不予赔偿。

又如,甲、乙两车被保险人都是同一个单位,而且在财务核算上也是同一核算单位。甲车投保了车辆损失险及第三者责任险,乙车投保了第三者责任险。两车碰撞,甲车损失10000元、乙车损失5000元,甲车负主要责任(承担70%的责任)、乙车负次要责任(承担30%的责任)。赔偿方式是:保险人赔偿甲车的车辆损失险7000元,乙车的一切损失及应承担甲车的30%的经济责任一概不予赔偿。

(7)被保险人、被保险人允许的驾驶人、本车车上人员的人身伤亡。

被保险机动车驾驶人及其家庭成员的人身伤亡、所有或代管的财产的损失。私有车辆、个人承包车辆的被保险人或其允许的驾驶人及其家庭成员,以及他们所有或代管的财产。具体有以下4种情况。

①私有、个人承包车辆的被保险人家庭成员,可根据独立经济的户口划分区别。

例如,父母、兄弟多人,各自另立户口分居,家庭成员指每户中的成员,而不能单纯按是否是直系亲属来划分。夫妻分居两地,虽有两个户口,因两者经济上并不独立,实际上是合一的,所以只能视为一个户口。

本条应遵循一个原则,即肇事者本身不能获得赔偿,保险人付给受害方的赔款,最终不能落到被保险人手中。

②私有、个人承包车辆的被保险人及其家庭成员所有或代管的财产。指被保险人或其允许的驾驶人及其家庭成员自有的财产,或与他人共有财产的自有部分,或他们代替他人保管的财产。

③私有车辆:车辆所有权属于私人的车辆。如个人和私营企业等的车辆。

④个人承包车辆:以个人名义承包单位、他人的车辆。

被保险机动车上的一切人员和财产是指意外事故发生的瞬间,在被保险机动车上的一切人员和财产,包括此时在车上的驾驶人。这里包括车辆行驶中或车辆未停稳时非正常下车的人员,以及起重机正在吊装的财产。

(8)停车费、保管费、扣车费、罚款、罚金或惩罚性赔款。

(9)超出《道路交通事故受伤人员临床诊疗指南》和国家基本医疗保险同类医疗费用标准的费用部分。

(10)律师费,未经保险人事先书面同意的诉讼费、仲裁费。

(11)因保险事故损坏的第三者财产,修理前被保险人应当会同保险人检验,协商确定维修机构、修理项目、方式和费用。被保险人违反约定,导致无法确定的损失。

(12)精神损害抚慰金。

精神损害赔偿是指因保险事故引起的、无论是否依法应由被保险人承担的任何有关精神损害的赔偿。

(13)应当由机动车交通事故责任强制保险赔偿的损失和费用。

保险事故发生时,被保险机动车未投保机动车交通事故责任强制保险或机动车交通事故责任强制保险合同已经失效的,对于机动车交通事故责任强制保险责任限额以内的损失和费用,保险人不负责赔偿。

4. 车上人员责任险的责任免除

下列情况下,不论任何原因造成车上人员的人身伤亡,保险人均不负责赔偿。

(1)非被保险人允许的驾驶人。

(2)全车被盗窃、被抢劫、被抢夺、下落不明期间。

(3)被保险人或驾驶人故意制造的保险事故。

被保险人或其允许的驾驶人的故意行为是指明知自己可能造成损害的结果,而仍希望或放任这种结果的发生。

(4)被保险人及驾驶人以外的其他车上人员的故意行为造成的自身伤亡。

(5)车上人员因疾病、分娩、自残、斗殴、自杀、犯罪行为造成的自身伤亡。

(6)罚款、罚金或惩罚性赔款。

(7)超出《道路交通事故受伤人员临床诊疗指南》和国家基本医疗保险同类医疗费用标准的费用部分。

(8)律师费,未经保险人事先书面同意的诉讼费、仲裁费。

(9)精神损害抚慰金。

(10)应当由机动车交通事故责任强制保险赔付的损失和费用。

二、主险保险金额、责任限额与保险期间的确定

(一)机动车损失险保险金额的确定

1. 机动车损失险条款的规定

保险金额按投保时被保险机动车的实际价值确定。投保时被保险机动车的实际价值由投保人与保险人根据投保时的新车购置价减去折旧金额后的价格协商确定或其他市场公允

价值协商确定。

市场公允价值指熟悉市场情况的买卖双方在公平交易的条件下和自愿的情况下所确定的价格，或无关联的双方在公平交易的条件下一项资产可以被买卖或者一项负债可以被清偿的成交价格。折旧金额可根据本保险合同列明的参考折旧系数表确定。

2.机动车损失险保险金额的确定方式

机动车损失险的保险金额由投保人和保险人从下列3种方式中选择确定，保险人根据确定保险金额的不同方式承担相应的赔偿责任。这3种方式是机动车损失险保险金额的确定及相应的保险赔偿处理的依据。

(1)按投保时被保险机动车的新车购置价确定。保险合同中的新车购置价是指保险合同签定时，在保险合同签订地购置与被保险机动车同类型新车(含车辆购置税、附加费)的价格，无同类型新车市场销售价格的，由投保人与保险人协商确定。

(2)按投保时被保险机动车的实际价值确定。保险合同中的实际价值是指同类型车辆市场新车购置价减去该车已使用年限折旧金额后的价格。参考折旧系数见表5-1。

参考折旧系数表(单位:%)　　　　　　　　　　　　　表5-1

车辆种类	月折旧系数			
	家庭自用	非营业	营业	
			出租	其他
9座以下客车	0.6	0.6	1.1	0.9
10座以上客车	0.9	0.9	1.1	0.9
微型载货汽车	—	0.9	1.1	1.1
带拖挂的载货汽车		0.9	1.1	1.1
低速货车和三轮汽车	—	1.1	1.4	1.4
其他车辆	—	0.9	1.1	0.9

折旧按每满一年扣除一年计算，不足一年的部分，折旧按月计算，不足一个月的部分，不计折旧。折旧率按国家有关规定执行，但最高折旧金额不超过投保时被保险机动车新车购置价的80%。

折旧金额 = 新车购置价 × 被保险机动车已使用月数 × 月折旧系数

(3)在投保时被保险机动车的新车购置价内，由投保人与保险人协商确定。这种方式的保险金额不得超过同类型新车购置价，超过部分无效。

以上规定了机动车损失险保险金额的确定方式及相应的保险赔偿处理依据。投保人和保险人可根据实际情况，选择新车购置价、实际价值、协商价值3种方式之一确定保险金额。原则上新车按新车购置价承保，旧车可以在3种方式中由投保人和保险人双方自愿协商确定，但保险金额的不同确定方式直接影响和决定了发生保险事故时，保险赔偿的计算原则。

被保险机动车标准配置以外的新增设备，应在保险合同中列明设备名称与价格清单，并按设备的实际价值相应增加保险金额。新增设备随被保险机动车一并折旧。

（二）第三者责任险责任限额的确定

1. 第三者责任险条款的规定

第三者责任险每次事故的责任限额，由投保人和保险人在签订保险合同时协商确定。

主车和挂车连接使用时视为一体，发生保险事故时，由主车保险人和挂车保险人按照保险单上载明的机动车第三者责任保险责任限额的比例，在各自的责任限额内承担赔偿责任，但赔偿金额总和以主车的责任限额为限。

2. 第三者责任险责任限额的确定方式

第三者责任险每次事故的最高赔偿限额是保险人计算保险费的依据，同时也是保险人承担第三者责任险每次事故赔偿金额的最高限额。

（1）每次事故的责任限额，由投保人和保险人在签订保险合同时按10万元、20万元、50万元、100万元和100万元以上不超过1000万元的档次协商确定。第三者责任险的每次事故的最高赔偿限额应根据不同车辆种类选择确定。确定方式如下：

机动车第三者责任险的最高赔偿限额分为五个档次：10万元、20万元、50万元、100万元和100万元以上，且最高不超过1000万元。例如，六座以下客车分为10万元、20万元、50万元、100万元及100万元以上不超过1000万元等档次，供投保人和保险人在投保时自行协商选择确定。

（2）主车与挂车连接时发生保险事故，保险人在主车的责任限额内承担赔偿责任。发生保险事故时，挂车引起的赔偿责任视同主车引起的赔偿责任。保险人对挂车赔偿责任与主车赔偿责任所负赔偿金额之和，以主车赔偿限额为限。

注意：挂车投保后与主车视为一体，是指主车和挂车都必须投保了第三者责任险，而且是主车拖带挂车。无论赔偿责任是否是由挂车引起的，均视同是由主车引起的，保险人第三者责任险的总赔偿责任以主车赔偿限额为限。主车、挂车在不同保险公司投保的，发生保险事故后，被保险人应向承保主车的保险公司索赔，还应提供主车、挂车各自的保险单。两家保险公司按照所收取的保险单上载明的第三者责任险保险费比例分摊赔偿。

（三）车上人员责任险责任限额的确定

车上人员责任保险驾驶人每次事故责任限额和乘客每次事故每人责任限额由投保人和保险人在投保时协商确定。投保乘客座位数按照被保险机动车的核定载客数（驾驶人座位除外）确定。

（四）主险的保险期间

除另有约定外，机动车保险合同主险的保险期间为一年，以保险单载明的起讫时间为准。

除法律另有规定外，投保时保险期间不足一年的按短期月费率计收保险费。保险期间不足一个月的按一个月计算。以上规定了机动车保险合同期间与保险费率的关系。

对于保险合同期间和短期月费率的对应关系,应以各险别的保险期间来确定。

三、保险人、投保人、被保险人的义务

(一)保险人的义务

(1)保险人在承保时,应向投保人说明投保险险种的保险责任、责任免除、保险期限、保险费及支付办法、投保人和被保险人义务等内容。

(2)保险人应及时受理被保险人的事故报案,并尽快进行查勘。

保险人接到报案后48h内未进行查勘且未给予受理意见,造成财产损失无法确定的,以被保险人提供的财产损毁照片、损失清单、事故证明和修理发票作为赔付理算依据。

(3)保险人收到被保险人的索赔请求后,应当及时做出核定。

①保险人应根据事故性质、损失情况,及时向被保险人提供索赔须知;审核索赔材料后认为有关的证明和资料不完整的,应当及时一次性通知被保险人补充提供有关的证明和资料。

②在被保险人提供了各种必要单证后,保险人应当迅速审查核定,并将核定结果及时通知被保险人。

③对属于保险责任的,保险人应在与被保险人达成赔偿协议后10日内支付赔款。

④对不属于保险责任的,保险人应自作出核定之日起3日内向被保险人发出拒绝赔偿通知书,并说明理由。

⑤保险人自收到索赔请求和有关证明、资料之日起60日内,对其赔偿金额不能确定的,应当根据已有证明和资料可以确定的数额先予支付;保险人最终确定赔偿金额后,应当支付相应的差额。

保险人赔偿期限的规定:被保险人根据有关规定,向保险人提供的各种必要单证齐全后,保险人应当迅速审查,核实赔款,履行理赔审批手续。审批后的赔款金额经被保险人认定后,保险人应在10日内一次赔偿结案。

(4)保险人对在办理保险业务中知道的投保人、被保险人的业务和财产情况及个人隐私,负有保密的义务。

(二)投保人、被保险人的义务

(1)投保人应如实填写投保单并回答保险人提出的询问,履行如实告知义务。在保险期间内,被保险机动车改装、加装或非营业用车辆从事营业运输等,导致被保险机动车危险程度增加的,应当及时书面通知保险人。否则,因被保险机动车危险程度增加而发生的保险事故,保险人不承担赔偿责任。

投保人应履行告知义务,在投保机动车保险时,应按投保单和保险人的要求如实申报被保险机动车的情况。在保险合同有效期内,被保险机动车改变使用性质或改变车型,被保险人应事先通知保险人,并申请批改车辆使用性质或车型。被保险人将以非营业性质投保的车辆出租的,视为该车辆已变更用途。

危险程度增加：指订立合同时由于未曾预见或未予估计可能增加的危险程度，直接影响到保险人在承保当时决定是否加收保险费和接受承保。在保险合同有效期内，被保险机动车危险程度增加，被保险人应事先通知保险人，并申请办理改批，按规定补交保险费。

（2）除另有约定外，投保人应当在保险合同成立时交清保险费。保险费交清前发生的保险事故，保险人不承担赔偿责任。

（3）发生保险事故时，被保险人应当及时采取合理的、必要的施救和保护措施，防止或者减少损失，并在保险事故发生后48h内通知保险人。否则，造成损失无法确定或扩大的部分，保险人不承担赔偿责任。

被保险人应履行施救和报案的义务。被保险机动车发生交通事故后，被保险人应当积极采取合理的保护、施救措施，以防止损失的扩大，并立即向出险地的公安交通管理部门报告，同时在48h内通知保险人。

（4）发生保险事故后，被保险人应当积极协助保险人进行现场查勘。被保险人在索赔时应当提供有关证明和资料。发生与保险赔偿有关的仲裁或者诉讼时，被保险人应当及时书面通知保险人。

被保险人必须遵守诚实信用的原则，在向保险人索赔时提供的情况和各种证明、资料必须真实可靠，对被保险人提供涂改、伪造的单证或制造假案等图谋骗取赔款的，保险人应拒绝赔偿或追回已支付的保险赔款。

四、主险的赔偿处理和保险费调整

（一）主险赔偿处理的要求

（1）发生保险事故时，被保险人或其允许的驾驶人应当及时采取合理的、必要的施救和保护措施，防止或者减少损失，并在保险事故发生后48小时内通知保险人。被保险人或其允许的驾驶人根据有关法律法规规定选择自行协商方式处理交通事故的，应当立即通知保险人。

（2）被保险人或其允许的驾驶人根据有关法律法规规定选择自行协商方式处理交通事故的，应当协助保险人勘验事故各方车辆、核实事故责任，并依照《道路交通事故处理程序规定》签订记录交通事故情况的协议书。

（3）被保险人索赔时，应当向保险人提供与确认保险事故的性质、原因、损失程度等有关的证明和资料。

被保险人应当提供保险单、损失清单、有关费用单据、被保险机动车行驶证和发生事故时驾驶人的驾驶证。

属于道路交通事故的，被保险人应当提供公安机关交通管理部门或法院等机构出具的事故证明、有关的法律文书（判决书、调解书、裁定书、裁决书等）和通过机动车交通事故责任强制保险获得赔偿金额的证明材料。被保险人或其允许的驾驶人根据有关法律法规规定选择自行协商方式处理交通事故的，被保险人应当提供依照《道路交通事故处理程序规定》签订记录交通事故情况的协议书和通过机动车交通事故责任强制保险获得赔偿金额的证明材料。

属于非道路交通事故的,应提供相关的事故证明。

保险人依据保险合同的规定,认为有关证明和资料不完整的,应当及时通知被保险人补充。

(4)保险人受理报案、现场查勘、核定损失、参与诉讼、进行抗辩、要求被保险人提供证明和资料、向被保险人提供专业建议等行为,均不构成保险人对赔偿责任的承诺。

(5)因保险事故损坏的被保险机动车和第三者财产,应当尽量修复。修理前被保险人应当会同保险人检验,协商确定修理项目、方式和费用。否则,保险人有权重新核定或拒绝赔偿。

被保险机动车和第三者财产损坏的检验修复原则:被保险机动车因发生保险事故遭受损失或致使第三者的财产损坏,若估计修复费用不会达到或接近被保险机动车或第三者财产的实际价值,应根据"交通事故财产损失以修为主"的原则尽量修复。修复是指对于交通事故损坏的财物,应尽量使其恢复到损坏以前的状态和使用性能。修理前,被保险人要会同保险人检验受损被保险机动车或第三者财产,明确修理项目、修理方式和修理费用。对不经过保险人定损而被保险人自行修理的,保险人有权重新核定修理费用或拒绝赔偿。在保险人重新核定修理费用时,被保险人应当如实向保险人提供受损情况、修理情况及有关的证明材料,如果发现其存在隐瞒事实,不如实申报,或严重影响保险人正常取证和确定事故原因、损失程度等行为,保险人可部分或全部拒绝赔偿。

(6)保险人依据被保险机动车驾驶人在事故中所负的责任比例,承担相应的赔偿责任。

按照我国《道路交通事故处理程序规定》规定的交通事故"以责论处"的原则,被保险人应按照在交通事故中所负的责任比例承担己方损失和对他方的赔偿责任,保险人则按照保险合同的规定对被保险人在事故中应负责任比例下承担的己方损失和对他方赔偿责任范围内承担保险赔偿责任。对于任何与所负交通事故责任不相适应而加重被保险人损害赔偿责任的,保险人对加重部分的赔偿不予负责。

(7)被保险机动车重复保险的,本保险人按照本保险合同的保险金额(责任限额)与各保险合同保险金额(责任限额)的总和的比例承担赔偿责任。其他保险人应承担的赔偿金额,本保险人不负责垫付。

(8)保险事故发生时,被保险人对被保险机动车不具有保险利益的,不得向保险人请求赔偿。

(二) 机动车损失险的赔偿处理

1. 机动车损失险赔偿处理的要求

(1)因保险事故损坏的被保险机动车,应当尽量修复。修理前被保险人应当会同保险人检验,协商确定修理项目、方式和费用。对未协商确定的,保险人可以重新核定。

(2)被保险机动车遭受损失后的残余部分由保险人、被保险人协商处理。如折归被保险人的,由双方协商确定其价值并在赔款中扣除。

(3)因第三方对被保险机动车的损害而造成保险事故,被保险人向第三方索赔的,保险人应积极协助；被保险人也可以直接向本保险人索赔，保险人在保险金额内先行赔付被保险人，并在赔偿金额内代位行使被保险人对第三方请求赔偿的权利。

被保险人已经从第三方取得损害赔偿的，保险人进行赔偿时，相应扣减被保险人从第三方已取得的赔偿金额。

保险人未赔偿之前，被保险人放弃对第三方请求赔偿的权利的，保险人不承担赔偿责任。

被保险人故意或者因重大过失致使保险人不能行使代位请求赔偿的权利的，保险人可以扣减或者要求返还相应的赔款。

保险人向被保险人先行赔付的，保险人向第三方行使代位请求赔偿的权利时，被保险人应当向保险人提供必要的文件和所知道的有关情况。

（4）被保险机动车发生保险事故，导致全部损失，或一次赔款金额与免赔金额之和（不含施救费）达到保险金额，保险人按本保险合同约定支付赔款后，本保险责任终止，保险人不退还机动车损失保险及其附加险的保险费。

2. 机动车损失赔款的计算方法

（1）全部损失

赔款 =（保险金额 – 被保险人已从第三方获得的赔偿金额）×（1 – 事故责任免赔率）×（1 – 绝对免赔率之和）– 绝对免赔额

全部损失指被保险机动车发生事故后灭失，或者受到严重损坏完全失去原有形体、效用，或者不能再归被保险人所拥有的，为实际全损；或被保险机动车发生事故后，认为实际全损已经不可避免，或者为避免发生实际全损所需支付的费用超过实际价值的，为推定全损。

（2）部分损失

被保险机动车发生部分损失，保险人按实际修复费用在保险金额内计算赔偿。

赔款 =（实际修复费用 – 被保险人已从第三方获得的赔偿金额）×（1 – 事故责任免赔率）×（1 – 绝对免赔率之和）– 绝对免赔额

（3）施救费

施救的财产中，含有本保险合同未保险的财产，应按本保险合同保险财产的实际价值占总施救财产的实际价值比例分摊施救费用。

3. 免赔率与免赔额的规定

保险人在依据本保险合同约定计算赔款的基础上，按照下列方式免赔。

（1）被保险机动车一方负次要事故责任的，实行5%的事故责任免赔率；负同等事故责任的，实行10%的事故责任免赔率；负主要事故责任的，实行15%的事故责任免赔率；负全部事故责任或单方肇事事故的，实行20%的事故责任免赔率。

单方肇事事故指不涉及与第三者有关的损害赔偿的事故，但不包括自然灾害引起的事故。

（2）被保险机动车的损失应当由第三方负责赔偿，无法找到第三方的，实行30%的绝对免赔率。

（3）违反安全装载规定、但不是事故发生的直接原因的，增加10%的绝对免赔率。

（4）对于投保人与保险人在投保时协商确定绝对免赔额的，本保险在实行免赔率的基础上增加每次事故绝对免赔额。

4. 车辆残值的处理

被保险机动车遭受损失后的残余部分由保险人、被保险人协商处理。

保险事故机动车残值的处理办法，被保险机动车遭受损失后尚有价值的剩余部分，应由保险人同被保险人协商作价折归被保险人，并在计算赔款时直接扣除。第三者财产遭受损失后的残值也按此处理。

5. 事故车辆的修理

保险事故发生后，被保险人经与保险人协商确定被保险机动车的修理项目、方式和费用，可以自行选择修理厂修理，也可以选择保险人推荐的修理厂修理。

保险人所推荐的修理厂的资质应不低于二级。被保险机动车修复后，保险人可根据被保险人的委托直接与修理厂结算修理费用，但应当由被保险人自己负担的部分除外。

6. 代位追偿权利

因第三方对被保险机动车的损害而造成保险事故的，保险人自向被保险人赔偿保险金之日起，在赔偿金额范围内代位行使被保险人对第三方请求赔偿的权利，但被保险人必须协助保险人向第三方追偿。

保险事故发生后，保险人未赔偿之前，被保险人放弃对第三者请求赔偿的权利的，保险人不承担赔偿责任。被保险人故意或者因重大过失致使保险人不能行使代位请求赔偿的权利的，保险人可以扣减或者要求返还相应的赔款。

（三）第三者责任险的赔偿处理

1. 第三者责任险赔偿处理的要求

（1）保险人对被保险人给第三者造成的损害，可以直接向该第三者赔偿。

被保险人给第三者造成损害，被保险人对第三者应负的赔偿责任确定的，根据被保险人的请求，保险人应当直接向该第三者赔偿。被保险人怠于请求的，第三者有权就其应获赔偿部分直接向保险人请求赔偿。

被保险人给第三者造成损害，被保险人未向该第三者赔偿的，保险人不得向被保险人赔偿。

（2）因保险事故损坏的第三者财产，应当尽量修复。修理前被保险人应当会同保险人检验，协商确定修理项目、方式和费用。对未协商确定的，保险人可以重新核定。

（3）保险人按照《道路交通事故受伤人员临床诊疗指南》和国家基本医疗保险的同类医疗费用标准核定医疗费用的赔偿金额。

未经保险人书面同意，被保险人自行承诺或支付的赔偿金额，保险人有权重新核定。不属于保险人赔偿范围或超出保险人应赔偿金额的，保险人不承担赔偿责任。

（4）赔偿处理应遵循一次性赔偿原则。赔款金额经保险人与被保险人协商确定并支付赔款后，对被保险人追加的索赔请求，保险人不承担赔偿责任。机动车第三者责任险和车上人员责任险应遵循一次性赔偿结案的原则，保险人对保险事故赔偿结案后，对被保险人追加受害人的任何赔偿费用不再负责。

（5）第三者责任险和车上人员责任险的被保险人获得赔偿后，保险合同继续有效，直至保险期间届满。第三者责任险和车上人员责任险的保险责任为连续责任，被保险机动车发生该类保险事故，保险人赔偿后，无论每次事故是否达到保险责任限额，在保险期间内，其保险责任仍然有效，直至保险期间届满。

2. 第三者责任险的赔款计算

（1）当（依合同约定核定的第三者损失金额 − 机动车交通事故责任强制保险的分项赔偿限额）×事故责任比例≥每次事故赔偿限额时：

$$赔款 = 每次事故赔偿限额×（1−事故责任免赔率）×（1−绝对免赔率之和）$$

（2）当（依合同约定核定的第三者损失金额 − 机动车交通事故责任强制保险的分项赔偿限额）×事故责任比例 < 每次事故赔偿限额时：

$$赔款 =（依合同约定核定的第三者损失金额 − 机动车交通事故责任强制保险的$$
$$分项赔偿限额）×事故责任比例×（1−事故责任免赔率）×$$
$$（1−绝对免赔率之和）$$

3. 免赔率的规定

保险人在依据本保险合同约定计算赔款的基础上，在保险单载明的责任限额内，按照下列方式免赔。

（1）被保险机动车一方负次要事故责任的，实行5%的事故责任免赔率；负同等事故责任的，实行10%的事故责任免赔率；负主要事故责任的，实行15%的事故责任免赔率；负全部事故责任的，实行20%的事故责任免赔率。

（2）违反安全装载规定的，实行10%的绝对免赔率。

（四）车上人员责任险的赔偿处理

1. 车上人员责任险赔偿处理的要求

（1）保险人按照《道路交通事故受伤人员临床诊疗指南》和国家基本医疗保险的同类医疗费用标准核定医疗费用的赔偿金额。

（2）未经保险人书面同意，被保险人自行承诺或支付的赔偿金额，保险人有权重新核定。因被保险人原因导致损失金额无法确定的，保险人有权拒绝赔偿。

2. 车上人员责任险的赔款计算

（1）对每座的受害人，当（依合同约定核定的每座车上人员人身伤亡损失金额 − 应由机动车交通事故责任强制保险赔偿的金额）×事故责任比例≥每次事故每座赔偿限额时：

$$赔款 = 每次事故每座赔偿限额×（1−事故责任免赔率）$$

（2）对每座的受害人，当（依合同约定核定的每座车上人员人身伤亡损失金额 − 应由机动车交通事故责任强制保险赔偿的金额）×事故责任比例 < 每次事故每座赔偿限额时：

$$赔款 =（依合同约定核定的每座车上人员人身伤亡损失金额 −$$
$$应由机动车交通事故责任强制保险赔偿的金额）×事故责任比例×$$
$$（1−事故责任免赔率）$$

3.免赔率的规定

保险人在依据本保险合同约定计算赔款的基础上,在保险单载明的责任限额内,按照下列方式免赔。

被保险机动车一方负次要事故责任的,实行5%的事故责任免赔率;负同等事故责任的,实行10%的事故责任免赔率;负主要事故责任的,实行15%的事故责任免赔率;负全部事故责任或单方肇事事故的,实行20%的事故责任免赔率。

(五) 主险保险费的调整

保险费调整的比例和方式以保险监管部门批准的机动车保险费率方案的规定为准。主险及其附加险根据上一保险期间发生保险赔偿的次数,在续保时实行保险费浮动。

上一保险年度未发生本保险及其附加险赔款的被保险机动车续保,且保险期限均为一年时,按下列条件和方式享受保险费优待。

(1)上一保险年度未享受无赔款保险费优待的,续保时优待比例为10%;连续2个保险年度没有发生赔款的,续保时优待比例为20%;连续3个保险年度没有发生赔款的,续保时优待比例为30%,保险费优待比例最高不超过30%。

为了鼓励被保险人及其驾驶人严格遵守交通规则,安全行车,保险人规定了对无赔款被保险机动车实行"无赔款优待"办法。上一年保险期限内无赔款,续保时可享受无赔款减收保险费优待。

优待条件:

①保险期限必须满一年;

②保险期限内无赔款;

③保险期满前办理续保。

(2)新车投保或上年发生赔款次数在3次以下,保险费不打折也不上浮。

(3)上年发生赔款3次,保费上浮10%;发生4次赔款,保费上浮20%;发生5次及以上赔款,保费上浮30%。

具体确定无赔款优待应注意以下几点。

①被保险机动车发生保险事故,续保时案件未决,被保险人不能享受无赔款优待。但事故处理后,保险人应退还无赔款优待应减收的保险费。

②在一年保险期限内,发生所有权转移的被保险机动车,续保时不享受无赔款优待。

③无赔款优待仅限于续保险种,即上年度投保而本年度未续保的险种和本年度新投保的险种,均不享受无赔款优待。

(4)同一投保人投保机动车不止一辆的,保险费调整按辆分别计算。

(5)保险费调整以续保年度应交保险费为计算基础。

保险合同中的应交保险费是指按照保险监管部门批准的费率规章计算出的保险费。

【例5-2】 某新购机动车车损险保20万元,保险费3000元,第三者责任险20万元,保费1800元,附加新增加设备损失险500元,合计保费5300元。在保险期间内未发生保险事故,试求第二年续保时应交纳的保险费(投保险种与上年相同)。

解

优待比例为10%

$$应交保费 = 5300 \times (1 - 10\%) = 5300 - 530 = 4770(元)$$

【例5-3】 某日,甲、乙两车相撞,经交通管理部门裁定:甲车车损10万元,医疗费8万元,货物损失12万元;乙车车损22万元,医疗费4万元,货物损失14万元。甲车负主要责任,承担经济损失的70%;乙车负次要责任,承担经济损失的30%。该两辆车均投保了机动车损失险和第三者责任险,甲车在A保险公司投保了保险金额为16万元的机动车损失险、赔偿限额为50万元的第三者责任险;乙车在B保险公司投保了保险金额为20万元的机动车损失险、赔偿限额为20万元的第三者责任险。

问:在不考虑免赔额的条件下,分别计算A、B保险公司对甲、乙两车的被保险人各应承担多少赔偿金额?

解

$$甲车自负车损 = 甲车车损10万元 \times 70\% = 7万元$$

$$甲车应赔乙车 = (乙车车损22万元 + 乙车车上货损14万元 +$$
$$乙车人员医疗费用4万元) \times 70\% = 28万元$$

$$保险人负责甲车车损和第三者责任赔款 = 甲车自付车损7万元 + 甲车应赔乙车28万元$$
$$= 35万元$$

$$乙车自付车损 = 乙车车损22万元 \times 30\% = 6.6万元$$

$$乙车应赔甲车 = (甲车车损10万元 + 甲车车上货损12万元 + 甲车人员医疗费用8万元) \times$$
$$30\% = 9万元$$

$$保险人负责乙车车损和第三者责任赔款 = 乙车自付车损6.6万元 + 乙车应赔甲车9万元$$
$$= 15.6万元$$

【例5-4】 赵某某年8月8日购买一辆汽车,购买价格24万元,同月16日,赵某向×保险公司购买了保险金额24万元的机动车损失保险和责任限额10万元的第三者责任保险,保险期限为1年,并于当日交清了保险费。第二年2月8日,赵某将该汽车以23万元的价格卖给刘某,赵某并没有经×保险公司办理批单手续,也没有告知该保险公司。2023年3月18日,具有合格驾驶证的车主刘某合法驾驶,不料发生车祸,车辆全损,未造成第三者人员伤亡和财产损失。问:

(1)若赵某向×保险公司索赔,保险公司是否赔偿? 为什么?

(2)若刘某向×保险公司索赔,保险公司是否赔偿? 为什么?

解

(1)保险公司可以拒赔,因为:一是被保险人违反了最大诚信原则,车辆转让时没有向保险公司告知,没办理批单手续,保险合同失效;二是被保险人赵某对该车辆已经不存在保险利益,则保险合同自车辆转让时起无效。

(2)保险公司可以拒赔。因为刘某同×保险公司没有保险关系,不是被保险人。

【例5-5】 某车主将其所有的车辆向A保险公司投保机动车损失险,保险金额12万元;向B保险公司投保第三者责任险,赔偿限额20万元。保险期间内发生交通事故,导致对方车辆、财产损失 12 万元和人身伤害所支付的医疗费 6 万元;本车全损,车辆损失 15 万元和人身伤害所支付的医疗费 2 万元。经公安交通管理部门裁定,车主负全部责任。则:

(1)A 保险公司应赔偿多少? 为什么?

(2)B 保险公司应赔偿多少? 为什么?

解

(1)A 保险公司应赔偿 $12 \times (1 - 15\%) = 10.2$(万元)

因为 A 保险公司承保机动车损失险,只负责赔偿本车辆的损失;虽然在本次事故中,本车辆实际价值为 15 万元,由于保险金额是 12 万元,故保险公司应按 12 万元赔偿,免赔率为15%。

(2)B 保险公司应赔偿 $18 \times (1 - 20\%) = 14.4$(万元)

因为 B 保险公司承保第三者责任险,赔偿限额为 20 万元,由于车主责任造成对方车辆、财产损失 12 万元和人身伤害 6 万元,共计 18 万元,未达到 20 万元的赔偿限额。故按 18 万元赔偿,免赔率为 20%。

【例5-6】 某年 1 月 9 日,车主李某将自己的一辆黄河牌货车向保险公司投保了机动车损失险、第三者责任险和车上人员责任险,保险金额为 9.68 万元。当某年 3 月 2 日,车主聘请的驾驶人王某驾车运煤,空车返回时车辆翻于公路右侧 23m 的山坡下。王某跳车后幸免于难,但多处软组织受伤,治疗用去医疗费 500 元。

事故发生后,保险公司会同当地交警部门进行了查勘和事故调查,3 月 5 日,交警部门向车主李某送达了交通事故责任认定书,认定驾驶人王某负全部责任。此次事故造成车辆损失 74740 元,加上医疗费 500 元,共计 75240 元。李某向保险公司索赔,问:保险人是否应承担赔偿责任? 应赔偿的金额是多少? 免赔率为 20%。

解

保险人应承担赔偿责任。

$$赔偿金额为 75240 \times (1 - 20\%) = 60192(元)$$

五、主险保险合同的变更、解除和争议处理

(一)保险合同的变更和解除

机动车保险合同解除时,除法律、法规和保险合同另有规定外,应按照《机动车保险费率规章》的有关规定计收已确定了责任部分的保险费,并退还未到期责任部分的保险费。

(1)保险合同的内容如需变更,须经保险人与投保人书面协商一致,并履行一定的手续。在保险合同有效期内,被保险人要求调整保险金额或赔偿限额,应向保险人书面申请办理批改。申请变更的内容在保险人签发批单后生效。

(2)在保险期间内,被保险机动车转卖、转让、赠予他人,被保险人应书面通知保险人并办理批改手续。在向公安交通管理部门办理异动手续后,应向保险人申请办理批改被保险人称谓。未办理批改手续的,保险人不承担赔偿责任。

(3)保险合同的解除:被保险人要求退保的处理方法。

在保险责任开始前,投保人要求解除保险合同的,应当向保险人支付应交保险费的3%作为退保手续费,保险人应当退还保险费。

保险责任开始后,投保人要求解除保险合同的,自通知保险人之日起,保险合同解除。保险人按日收取自保险责任开始之日起至合同解除之日止期间的保险费,并退还剩余部分保险费。

【例5-7】 汽车保险未过户,出了事故自己兜。

夏某遇到了一件比较烦心的事,明明是一辆投过保的汽车,可出了车祸却没法向保险公司索赔。

某年11月,夏某买了一辆二手汽车,并到车管所办妥了过户手续。当时随车过来的还有一张保险期限至第二年7月的汽车保险单据,是由前任车主为该车投保的第三者责任险。

第二年6月2日,夏某不慎撞伤了人,估计得赔几千元医疗费。交警部门提醒他可以到保险公司索赔。保险公司的服务人员却告诉他,由于他没有在汽车过户后及时到保险公司办理这份保单的过户手续,目前这份第三者责任险的被保险人依然是前任车主,因此保险公司没有义务为夏某支付赔偿费用。

根据机动车保险条款中的相应规定,第三者责任险的解释是,如果被保险人或其允许的驾驶人在使用被保险机动车的过程中,发生了意外事故,致使第三者遭受人身伤亡或财产直接损毁,依法应当由被保险人承担的经济赔偿责任,保险公司依照《道路交通事故处理程序规定》和保险合同的规定给予赔偿。从这项条款来看,该车在6月2日发生事故时,汽车已经归夏某所有,要承担事故赔偿的也是他。此时,由于夏某没有及时办理保单的过户手续,该保单的被保险人仍是原车主。而原车主并不需要为这起事故承担任何责任。那么保险公司依法支付本应由原车主承担的赔偿费用也就无从谈起了。

夏某说,当初也看到保险单上提到新任车主有义务把保单过户,但不清楚不过户有什么严重后果,所以没当一回事。看来,在二手车保单过户的问题上,部分车主还是不够重视。在二手车买卖后,一定要及时书面通知保险人并办理批改手续。

(二)保险合同的终止

下列情况下,保险人支付赔款后,保险责任终止,保险人不退还机动车损失保险及其附加险的保险费。

(1)被保险机动车发生全部损失。

(2)按投保时被保险机动车的实际价值确定保险金额的,一次赔款金额与免赔金额之和(不含施救费)达到保险事故发生时被保险机动车的实际价值。

(3)保险金额低于投保时被保险机动车的实际价值的,一次赔款金额与免赔金额之和(不含施救费)达到保险金额。

(三)保险合同的争议处理

(1)因履行保险合同发生争议的,由当事人协商解决。协商不成的,提交保险单载明的仲裁机构仲裁。保险单未载明仲裁机构或者争议发生后未达成仲裁协议的,可向人民法院起诉。

（2）保险合同争议处理适用中华人民共和国法律。

（四）其他应说明的问题

（1）保险人按照保险监管部门批准的机动车保险费率规章计算保险费。

（2）在投保机动车损失保险、第三者责任保险和车上人员责任险等主险的基础上，投保人可分别投保相对应的附加险。

附加险条款与主险保险条款相抵触的，以附加险条款为准；附加险条款未尽事宜，以主险保险条款为准。

思考与练习题

1. 机动车保险的三个主险条款都包含哪几个部分？

2. 机动车保险合同可由哪些部分构成，有哪几种形式？

3. 简述机动车损失险的保险责任。

4. 简述第三者责任险的保险责任。

5. 简述机动车损失险、第三者责任险和车上人员责任险的共同免除责任。

6. 简述机动车事故责任比例划分标准。

7. 简述机动车损失险保险金额的确定方式。

8. 简述第三者责任险、车上人员责任险责任限额确定的方式。

9. 保险人的义务是什么？

10. 投保人和被保险人的义务分别是什么？

11. 某家自用车，车损险保额 20 万元，车龄 4～5 年，现交车损险保费 2166 元，第三者责任险 10 万元，保费 1200 元，附加新增加设备损失险 500 元，在保险期间内，未发生保险事故，试求第二年续保时应交纳的保险费（投保的险种与上一年相同）。

模块六
汽车保险附加险 >>>

学习目标

知识目标

1. 掌握《示范条款》2020 版规定的附加险的种类；
2. 掌握机动车损失险的附加险的保险责任。

能力目标

1. 熟悉附加险保险金额的确定和赔偿处理方法；
2. 理解绝对免赔率特约条款的含义并能够在实践中正确应用。

素养目标

1. 通过精神损害抚慰金责任险理解以人民为中心的思想；
2. 通过车身划痕损失险理解良好素质养成的重要性。

2003 年机动车保险条款和费率放开后，各保险公司为了满足机动车保险客户的需求，扩大市场份额，提高市场占有率和服务质量，纷纷推出新的附加险品种，使机动车保险附加险由原来的 9 种增加到 2007 年的 30 余种。2012 年保险行业协会出台的《示范条款》将现有的 30 多种附加险规范为 11 种，《示范条款》2020 版附加险仍为 11 种，各保险公司在此基础上可进行调整。

在投保了机动车主险的基础上方可投保附加险。附加险条款、条款解释与主险条款、条款解释相抵触之处，以附加险条款、条款解释为准。未尽之处，以主险条款、条款解释为准。

附加险部分规定了机动车保险附加险的险别和投保方式。下面以《示范条款》2020 版为例，介绍常见的 11 种附加险。

一、机动车损失险的附加险

机动车损失险的附加险包括：车轮单独损失险、新增加设备损失险、车身划痕损失险、修理期间费用补偿险、发动机进水损坏除外特约条款、机动车增值服务特约条款等 6 种。未投保机动车损失险的，不得投保相应的附加险。所投保的附加险必须在保单上列明。

机动车损失险的保险责任终止时，相应的附加险的保险责任同时终止。

(一)车轮单独损失险

1. 保险责任

保险期间内,被保险人或被保险机动车驾驶人在使用被保险机动车过程中,因自然灾害、意外事故,导致被保险机动车未发生其他部位的损失,仅有车轮(含轮胎、轮毂、轮毂罩)单独的直接损失,且不属于免除保险人责任的范围,保险人依照本附加险合同的约定负责赔偿。

2. 责任免除

(1)车轮(含轮胎、轮毂、轮毂罩)的自然磨损、朽蚀、腐蚀、故障、本身质量缺陷。

(2)未发生全车盗抢,仅车轮单独丢失。

3. 保险金额

保险金额由投保人和保险人在投保时协商确定。

4. 赔偿处理

(1)发生保险事故后,保险人依据本条款约定在保险责任范围内承担赔偿责任。赔偿方式由保险人与被保险人协商确定。

(2)赔款 = 实际修复费用 - 被保险人已从第三方获得的赔偿金额。

(3)在保险期间内,累计赔款金额达到保险金额,本附加险保险责任终止。

(二)新增加设备损失险

1. 保险责任

投保了本附加险的机动车在使用过程中,发生机动车损失险责任范围内的事故,造成车上新增加设备的直接损毁,保险人在保险单该项目所载明的保险金额内,按实际损失计算赔偿。

2. 保险金额

保险金额以新增加设备投保时的实际价值确定。新增加设备的实际价值是指新增加设备的购置价减去折旧金额后的金额,新增加设备的折旧率以对应的主险条款规定为准。

3. 赔偿处理

发生保险事故后,保险人依据本条款约定在保险责任范围内承担赔偿责任。赔偿方式由保险人与被保险人协商确定。

$$赔款 = 实际修复费用 - 被保险人已从第三方获得的赔偿金额$$

4. 其他事项

本保险所指的新增加设备,是指被投保机动车出厂时原有各项设备以外,被保险人另外加装的设备及设施。办理本保险时,应列明车上新增加设备明细表及价格。

新增加设备损失险可从以下几方面来理解。

(1)本保险所指的新增加设备是指除被投保机动车出厂时原有各项附属设备以外,被保险人另外加装或改装的设备与设施。如在被投保机动车上加装制冷、加氧设备、清洁燃料设备、CD 及电视录像设备、检测设备、真皮或电动座椅、电动升降器、防盗设备、GPS 等。

(2)未发生保险事故,而新增加设备单独损毁,如被盗窃、丢失、故障、老化、被破坏等,保险人不负赔偿责任。

（3）实际价值指在投保时新增加设备的市场价格，保险金额在实际价值内由保险人和被保险人协商确定。

（4）发生部分损失，按照实际修复费用赔偿。

（5）办理本保险时，应列明被投保机动车新增加设备明细表及价格。未列明的新增加设备，保险人不负责赔偿。

（三）车身划痕损失险

车身划痕损失险是指由于他人恶意行为造成车身划痕损坏，保险人将按实际损失进行赔偿。

1. 保险责任

保险期间内，投保了本附加险的机动车在被保险人或其允许的驾驶人使用过程中，发生无明显碰撞痕迹的车身划痕损失，保险人按照保险合同约定负责赔偿。

机动车停放过程中，由他人恶意行为造成的划痕，保险人负责赔偿。比如汽车停在小区，被人用锐器将车身油漆划坏，投保了该险种就能得到理赔。

2. 责任免除

（1）被保险人及其家庭成员、驾驶人及其家庭成员的故意行为造成的损失。

（2）因投保人、被保险人与他人的民事、经济纠纷导致的任何损失。即他人与投保人、被保险人或其家庭成员发生民事、经济纠纷造成被保险机动车的任何损失。

（3）车身表面自然老化、损坏、腐蚀造成的任何损失。

（4）其他不属于保险责任范围内的损失和费用。

3. 保险金额

保险金额为2000元、5000元、10000元或20000元，由投保人和保险人在投保时协商确定。

4. 赔偿处理

（1）发生保险事故后，保险人依据本条款约定在保险责任范围内承担赔偿责任，赔偿方式由保险人与被保险人协商确定。

赔款 = 实际修复费用 − 被保险人已从第三方获得的赔偿金额

（2）在保险期间内，累计赔款金额达到保险金额，本附加险保险责任终止。

（四）修理期间费用补偿险

只有在投保了机动车损失保险的基础上方可投保本附加险，机动车损失保险责任终止时，本保险责任同时终止。

1. 保险责任

保险期间内，投保了本条款的机动车在使用过程中，发生机动车损失保险责任范围内的事故，造成车身损毁，致使被保险机动车停驶，保险人按保险合同约定，在保险金额内向被保险人补偿修理期间费用,作为代步车费用或弥补停驶损失。

2.责任免除

下列情况下,保险人不承担修理期间费用补偿。

(1)因机动车损失保险责任范围以外的事故而致被保险机动车的损毁或修理。

(2)非在保险人认可的修理厂修理时,因车辆修理质量不合要求造成返修。

(3)被保险人或驾驶人拖延车辆送修期间。

3.保险金额

本附加险保险金额 = 补偿天数 × 日补偿金额。补偿天数及日补偿金额由投保人与保险人协商确定并在保险合同中载明,保险期间内约定的补偿天数最高不超过90天。

4.赔偿处理

全车损失,按保险单载明的保险金额计算赔偿;部分损失,在保险金额内按约定的日赔偿金额乘以从送修之日起至修复之日止的实际天数计算赔偿,实际天数超过双方约定修理天数的,以双方约定的修理天数为准。

保险期间内,累计赔款金额达到保险单载明的保险金额,本附加险保险责任终止。

(五)发动机进水损坏除外特约条款

投保了机动车损失险的机动车,可投保本附加险。

保险期间内,投保了本附加险的被保险机动车在使用过程中,因发动机进水后导致的发动机的直接损毁,保险人不负责赔偿。

发动机进水除外特约是一种免责条约,这个险种免除了保险公司应该承担的部分责任,所以保费相应也更加便宜。

1.适用范围

如果经常在沙漠地区使用,或者是在雨水比较少的地区使用可以考虑购买这个保险,其他地区不推荐。

2.保障服务

2020年9月车险改革之后,涉水险的保障服务并入到了车损险当中,只要购买了车损险,发动机进水也能获得赔偿。

(六)机动车增值服务特约条款

投保了机动车损失险后,可投保本特约条款。本特约条款包括道路救援服务特约条款、车辆安全检测特约条款、代为驾驶服务特约条款、代为送检服务特约条款共4个独立的特约条款,投保人可以选择投保全部特约条款,也可以选择投保其中部分特约条款。保险人依照保险合同的约定,按照承保特约条款分别提供增值服务。

1.道路救援服务特约条款

1)服务范围

保险期间内,被保险机动车在使用过程中发生故障而丧失行驶能力时,保险人或其受托人根据被保险人请求,向被保险人提供如下道路救援服务。

(1)单程50km以内拖车。

(2)送油、送水、送防冻液、搭电。

(3)轮胎充气、更换轮胎。

(4)车辆脱离困境所需的拖拽、起重机。

2)责任免除

(1)根据所在地法律法规、行政管理部门的规定,无法开展相关服务项目的情形。

(2)送油、更换轮胎等服务过程中产生的油料、防冻液、配件、辅料等材料费用。

(3)被保险人或驾驶人的故意行为。

3)责任限额

保险期间内,保险人提供2次免费服务,超出2次的,由投保人和保险人在签订保险合同时协商确定,分为5次、10次、15次、20次四档。

2.车辆安全检测特约条款

1)服务范围

保险期间内,为保障车辆安全运行,保险人或其受托人根据被保险人请求,为被保险机动车提供车辆安全检测服务,车辆安全检测项目包括以下内容。

(1)发动机检测(机油、空滤、燃油、冷却液等)。

(2)变速器检测。

(3)转向系统检测(含车轮定位测试、轮胎动平衡测试)。

(4)底盘检测。

(5)轮胎检测。

(6)汽车玻璃检测。

(7)汽车电子系统检测(全车电控电器系统检测)。

(8)车内环境检测。

(9)蓄电池检测。

(10)车辆综合安全检测。

2)责任免除

(1)检测中发现的问题部件的更换、维修费用。

(2)洗车、打蜡等常规保养费用。

(3)车辆运输费用。

3)责任限额

保险期间内,本特约条款的检测项目及服务次数上限由投保人和保险人在签订保险合同时协商确定。

3.代为驾驶服务特约条款

1)服务范围

保险期间内,保险人或其受托人根据被保险人请求,在被保险人或其允许的驾驶人因饮酒、服用药物等原因无法驾驶或存在重大安全驾驶隐患时提供单程30km以内的短途代驾服务。

2）责任免除

根据所在地法律法规、行政管理部门的要求，无法开展相关服务项目的情形。

3）责任限额

保险期间内，本特约条款的服务次数上限由投保人和保险人在签订保险合同时协商确定。

4. 代为送检服务特约条款

1）服务范围

保险期间内，按照《道路交通安全法实施条例》，被保险机动车须由机动车安全技术检验机构实施安全技术检验时，根据被保险人请求，由保险人或其受托人代替车辆所有人进行车辆送检。

2）责任免除

（1）根据所在地法律法规、行政管理部门的要求，无法开展相关服务项目的情形。

（2）车辆检验费用及罚款。

（3）维修费用。

3）责任限额

保险期间内，本特约条款的服务次数上限由投保人和保险人在签订保险合同时协商确定。

二、其他附加险

其他附加险主要有：车上货物责任险、精神损害抚慰金责任险、法定节假日限额翻倍险、医保外医疗费用责任险、绝对免赔率特约条款等。

（一）车上货物责任险

投保了机动车第三者责任险的营业货车（含挂车），可投保本附加险。

1. 保险责任

保险期间内，发生意外事故致使被保险机动车所载货物遭受直接损毁，依法应由被保险人承担的损害赔偿责任，保险人负责赔偿。

2. 责任免除

（1）偷盗、哄抢、自然损耗、本身缺陷、短少、死亡、腐烂、变质、串味、生锈，动物走失、飞失、货物自身起火燃烧或爆炸造成的货物损失。

（2）违法、违章载运造成的损失。

（3）因包装、紧固不善，装载、遮盖不当导致的任何损失。

（4）车上人员携带的私人物品的损失。

（5）保险事故导致的货物减值、运输延迟、营业损失及其他各种间接损失。

（6）法律、行政法规禁止运输的货物的损失。

3. 责任限额

责任限额由投保人和保险人在投保时协商确定。

4. 赔偿处理

（1）被保险人索赔时，应提供运单、起运地货物价格证明等相关单据。保险人在责任限额内按起运地价格计算赔偿。

（2）发生保险事故后，保险人依据本条款约定在保险责任范围内承担赔偿责任，赔偿方式由保险人与被保险人协商确定。

（二）精神损害抚慰金责任险

在投保了第三者责任险或车上人员责任险的基础上，方可投保本附加险。

在投保人仅投保机动车第三者责任保险的基础上附加本附加险时，保险人只负责赔偿第三者的精神损害抚慰金；在投保人仅投保机动车车上人员责任保险的基础上附加本附加险时，保险人只负责赔偿车上人员的精神损害抚慰金。

1. 保险责任

保险期间内，被保险机动车在被保险人或其允许的驾驶人使用过程中发生投保的主险约定的保险责任内的事故，致使第三者或本车上人员的人身伤亡，受害人据此提出的精神损害赔偿请求，保险人依照法院判决及保险合同约定，对应由被保险人或被保险机动车驾驶人支付的精神损害抚慰金，保险人在扣除机动车交通事故强制责任保险应当支付的赔款后，在本保险赔偿限额内负责赔偿。

2. 责任免除

发生以下情形或损失之一者，保险人不承担精神损害赔偿责任。

（1）根据被保险人与他人的合同协议，应由他人承担的精神损害抚慰金。

（2）被保险机动车未发生交通事故，仅因第三者或本车上人员的惊恐而引起的损害。

（3）怀孕妇女的流产发生在交通事故发生之日起 30 天以外的。

3. 责任限额

本保险每次事故赔偿限额由保险人和投保人在投保时协商确定。

每次事故责任限额和每次事故每人责任限额由投保人和保险人在签订保险合同时协商确定，其中每次事故每人责任限额不超过 5 万元。

4. 赔偿处理

本附加险赔偿金额依据生效法律文书（人民法院的判决）或当事人达成且经保险人认可的赔付协议，在保险单所载明的赔偿限额内计算赔偿。

协商、调解结果中所确定的被保险人的精神损害赔偿责任，经保险人书面同意后，保险人负责赔偿。

（三）法定节假日限额翻倍险

投保了机动车第三者责任保险的家庭自用汽车，可投保本附加险。

保险期间内，被保险人或其允许的驾驶人在法定节假日期间使用被保险机动车发生机动车第三者责任保险范围内的事故，并经公安部门或保险人查勘确认的，被保险机动车第三者责任保险所适用的责任限额在保险单载明的基础上增加一倍。

(四)附加医保外医疗费用责任险

投保了机动车第三者责任保险或机动车车上人员责任保险的机动车,可投保本附加险。

1. 保险责任

保险期间内,被保险人或其允许的驾驶人在使用被保险机动车的过程中,发生主险保险事故,对于被保险人依照中华人民共和国法律(不含港澳台地区法律)应对第三者或车上人员承担的医疗费用,保险人对超出《道路交通事故受伤人员临床诊疗指南》和国家基本医疗保险同类医疗费用标准的部分负责赔偿。

2. 责任免除

下列损失、费用,保险人不负责赔偿。
(1)在相同保障的其他保险项下可获得赔偿的部分。
(2)所诊治伤情与主险保险事故无关联的医疗、医药费用。
(3)特需医疗类费用。

3. 赔偿限额

赔偿限额由投保人和保险人在投保时协商确定,并在保险单中载明。

4. 赔偿处理

被保险人索赔时,应提供由具备医疗机构执业许可的医院或药品经营许可的药店出具的、足以证明各项费用赔偿金额的相关单据。保险人根据被保险人实际承担的责任,在保险单载明的责任限额内计算赔偿。

(五)绝对免赔率特约条款

绝对免赔率为5%、10%、15%、20%,由投保人和保险人在投保时协商确定,具体以保险单载明为准。

被保险机动车发生主险约定的保险事故,保险人按照主险的约定计算赔款后,扣减本特约条款约定的免赔。即:

$$主险实际赔款 = 按主险约定计算的赔款 × (1 - 绝对免赔率)$$

思考与练习题

1. 机动车损失险的附加险包含哪些?
2. 简述车轮单独损失险的赔偿处理方法。
3. 简述修理期间费用补偿险的免责范围。
4. 简述车身划痕损失险的免责范围。
5. 常用的其他附加险有哪几种?
6. 简述精神损害抚慰金责任险的责任免除。
7. 简述绝对免赔率特约条款的主要内容。

模块七
新能源汽车保险 >>>

学习目标

知识目标

1. 掌握新能源汽车保险和机动车保险两个《示范条款》的不同点；
2. 掌握新能源汽车的概念。

能力目标

1. 熟悉新能源汽车损失险与机动车损失险的不同之处并能正确应用；
2. 熟知新能源汽车保险的附加险种类并能够在实践中应用。

素养目标

1. 新能源在经济社会发展中的重要意义；
2. 理解新能源使用与可持续发展的关系。

一、新能源汽车概述

(一)新能源汽车的概念

新能源汽车可参考国家《新能源汽车生产企业及产品准入管理规则》(2017年1月6日,工业和信息化部令第39号公布;2020年7月24日,工业和信息化部令第54号修订)的规定来定义:新能源汽车是指采用新型动力系统,完全或主要依靠新型能源驱动的汽车,包括插电式混合动力(含增程式)汽车、纯电动汽车和燃料电池汽车等。

(二)新能源汽车的优缺点

1.纯电动汽车的优缺点

1)优点

(1)零排放。纯电动汽车使用电能,在行驶中无废气排出,不污染环境。

(2)能源利用率高。有研究表明,同样的原油经过粗炼,送至电厂发电,充入电池,再由电池驱动汽车,其能量利用效率比经过精炼变为汽油,再经汽油机驱动汽车的要高。

（3）结构简单。因使用单一的电能源,省去了油箱、发动机、变速器和排气系统,相比传统汽车的内燃机动力系统,其结构大为简化。

（4）噪声小。在行驶过程中振动及噪声小,车厢内外十分安静。

（5）原料广。使用的电力可以从多种一次能源获得,如煤、核能、水力等,解除了人们对石油资源日见枯竭的担心。

（6）移峰填谷。对于发电企业和电力公司来说,电动汽车的动力蓄电池可在夜间利用电网的廉价"谷电"进行充电,可以平抑电网的峰谷差,使发电设备日夜都能充分利用,从而大大提高经济效益。

2）缺点

（1）成本高。动力蓄电池及电机控制器价格昂贵是成本高的主要原因。

（2）充电时间长。一次充电完成需要几小时,虽然有快速充电设备,采用大电流充电,一般也需要 $10 \sim 20 min$,可允到电量的70%左右,但快速充电有损动力蓄电池的使用寿命。

（3）维护费用较高。

（4）动力蓄电池寿命短。目前蓄电池技术有待革新,动力蓄电池的寿命短于整车的寿命。

2. 混合动力汽车的优缺点

1）优点

（1）采用混合动力后可按平均需用的功率来确定内燃机的最大功率,此时处于油耗低、污染少的最优工况下工作。需要大功率内燃机功率不足时,由动力蓄电池来补充;负荷小时,富余的功率可发电给电池充电,由于内燃机可持续工作,动力蓄电池又可以不断得到充电,故其无里程焦虑。

（2）因为有了动力蓄电池,可以十分方便地回收制动时、下坡时、怠速时的能量。

（3）在繁华市区,可关停内燃机,由动力蓄电池单独驱动,实现零排放。

（4）有了内燃机可以十分方便地解决耗能大的空调、取暖、除霜等纯电动汽车遇到的难题。

（5）可以利用现有的加油站加油。

（6）可让动力蓄电池保持在良好的工作状态,不发生过充、过放,延长其使用寿命,降低成本。

2）缺点

（1）车辆的结构比较复杂,成本也较高。

（2）大部分行驶时间使用小容量的动力蓄电池驱动,动力蓄电池损耗较大,影响其寿命。

3. 燃料电池汽车的优缺点

1）优点

（1）零排放或近似零排放。燃料电池通过电化学的方法,将氢和氧结合,直接产生电和热,排出水,而不污染环境。

（2）燃料的多样化。

（3）燃油电池的转化效率高(60%左右),整车燃油经济性良好。

2）缺点

燃料电池成本高,同时使用成本(氢)也很高。

二、新能源汽车保险概述

(一)新能源汽车保险的相关概念

(1)使用被保险新能源汽车过程:指被保险新能源汽车作为一种工具被使用的整个过程,包括行驶、停放、充电及作业,但不包括在营业场所被维修养护期间、被营业单位拖带或被吊装等施救期间。

(2)参考折旧系数表:新能源汽车参考折旧系数见表7-1～表7-3。

新能源汽车参考折旧系数表　　表 7-1

车辆种类	月折旧系数			
	家庭自用	非营业	营业	
			出租	其他
9 座以下客车	见表 7-2、表 7-3	见表 7-2、表 7-3	1.10%	0.90%
10 座以上客车	0.90%	0.90%	1.10%	0.90%
微型载货汽车	—	0.90%	1.10%	1.10%
带拖挂的载货汽车	—	0.90%	1.10%	1.10%
低速货车和三轮汽车	—	1.10%	1.40%	1.40%
其他车辆	—	0.90%	1.10%	0.90%

9 座以下客车家庭自用和非营业纯电动新能源汽车折旧系数　　表 7-2

新车购置价格区间(万元)	纯电动汽车折旧系数(每月)	新车购置价格区间(万元)	纯电动汽车折旧系数(每月)
0～10	0.82%	20～30	0.72%
10～20	0.77%	30 以上	0.68%

9 座以下客车家庭自用和非营业插电式混合动力与燃料电池新能源汽车折旧系数　表 7-3

新车购置价格区间	插电式混合动力与燃料电池汽车折旧系数(每月)
所有价格区间	0.63%

折旧按月计算,不足一个月的部分,不计折旧。最高折旧金额不超过投保时被保险新能源汽车新车购置价的 80%。

$$折旧金额 = 新车购置价 \times 被保险新能源汽车已使用月数 \times 月折旧系数$$

凡涉及新车购置价区间分段的陈述都按照"含起点不含终点"的原则来解释。

(3)外部电网故障:外部电网无法提供正常服务或降低服务质量的状态。

(4)动力蓄电池衰减:动力蓄电池不能满足特定的容量、能量或功率性能标准。

（二）新能源汽车保险的特点

2021 年 12 月 14 日,中国保险行业协会发布了《新能源汽车商业保险示范条款(试行)》的通知,要求新能源汽车统一适用新能源汽车专属条款承保。新能源汽车专属车险条款的保障力度更强,更好地满足新能源车车主的保险需求。

（1）新能源汽车车损险出险概率较高。新能源汽车构造和传统燃油车差异明显,风险爆发点不同,"三电"(动力蓄电池、电机、电控)系统容易出现故障,车损险保险责任明确包含车身、动力蓄电池及储能系统、电机及驱动系统、其他控制系统以及其他所有出厂时的设备,由此导致保险公司的赔付案例增多。

（2）新能源汽车的保险责任增大。新能源汽车日常使用涉及车辆辅助设备和充电设施,新能源汽车保险将动力蓄电池、电机、电控系统等部件损失纳入保障范围,解决了"三电"系统的保险问题,和传统燃油车相比,主险和附加险的保险责任都相对增大,保险公司的赔付金额增加。

（3）新能源汽车的使用环境比较复杂。新能源汽车除正常使用环境外,由于其充电时间较长,在充电时也可能发生保险事故,新能源汽车保险的保障范围扩大至车辆特定的使用场景,包括行驶、停放、充电及作业期间。

（4）新增与充电有关的附加险。新能源汽车保险的附加险方面,新增了 3 个比较实用的险种:外部电网故障损失险、自用电桩损失险、自用充电桩责任险。将保障范围扩大到充电环节,尤其是将充电桩等一些车外设备也纳入附加险承保范围,满足被保险人(车主)的额外保障诉求。如自用充电桩失窃,或充电桩损坏产生的维修费用,被保险人投保了附加险中的自用电桩损失险,保险公司应承担赔付责任。

（5）新能源汽车保险的保费相对较高。由于新能源汽车保险的保险责任扩大,又新增了附加险险种,加之发生保险事故的概率较大,修车费用相对较高,保险公司赔付风险大。被保险人要增加新能源车的各种保障,就要承担更高的保险费用。

三、新能源汽车保险条款

2021 年 12 月 14 日,中国保险行业协会正式发布了《新能源汽车商业保险示范条款(试行)》并于 12 月 27 日上线使用,中国精算师协会也发布了《新能源汽车商业保险基准纯风险保费表(试行)》。

（一）新能源汽车保险与机动车保险的比较

1. 保险险种的比较

新能源汽车的构造与机动车有所不同,保险行业协会在设计新能源汽车保险条款时充分考虑到两者的区别,新能源车保险条款在保险责任上进一步扩大,不仅考虑到新能源车存在的自燃风险,还考虑到外部电网、充电桩的损坏风险。新能源汽车保险共有 3 项主险,13 项附加项,其中,比较重要的是外部电网故障损失险、自用充电桩损失险以及自用充电桩责任险。新能源汽车保险并非强制性,投保人既可以继续投保常规的汽车保险,也可以选择保障范围更广、保费更贵的新能源专属险。新能源汽车保险和机动车保险种类也略有区别，具体见表7-4。

新能源汽车保险和机动车保险的险种   表7-4

险种	《机动车商业保险示范条款（2020年版）》	《新能源汽车商业保险示范条款（试行）》
主险	机动车损失险	新能源汽车损失险
	机动车第三者责任险	新能源汽车第三者责任险
	机动车车上人员责任险	新能源汽车车上人员责任险
附加险	绝对免赔率特约条款	绝对免赔率特约条款
	车轮单独损失险	车轮单独损失险
	新增加设备损失险	新增加设备损失险
	车身划痕损失险	车身划痕损失险
	修理期间费用补偿险	修理期间费用补偿险
	发动机进水损坏除外特约条款	—
	车上货物责任险	车上货物责任险
	精神损害抚慰金责任险	精神损害抚慰金责任险
	法定节假日限额翻倍险	法定节假日限额翻倍险
	医保外医疗费用责任险	医保外医疗费用责任险
	机动车增值服务特约条款	新能源汽车增值服务特约条款
	—	外部电网故障损失险
	—	自用电桩损失险
	—	自用充电桩责任险

2. 保险条款内容的比较

我国保险行业协会2021年发布的《新能源汽车商业保险示范条款（试行）》与2020年发布的《机动车商业保险示范条款》的主要内容基本相同，这里只介绍两个条款的不同点。

1）车损险保险责任的不同

（1）新能源汽车车损险的保险责任。保险期间内，被保险人或被保险新能源汽车驾驶人（以下简称"驾驶人"）在使用被保险新能源汽车过程中，因自然灾害、意外事故（含起火燃烧）造成被保险新能源汽车下列设备的直接损失，且不属于免除保险人责任的范围，保险人依照本保险合同的约定负责赔偿。

①车身；

②动力蓄电池及储能系统、电机及驱动系统、其他控制系统；

③其他所有出厂时的设备。

使用包括行驶、停放、充电及作业。

（2）机动车车损险的保险责任。保险期间内，被保险人或被保险机动车驾驶人（以下简称"驾驶人"）在使用被保险机动车过程中，因自然灾害、意外事故造成被保险机动车直接损失,且不属于免除保险人责任的范围,保险人依照本保险合同的约定负责赔偿。

2)车损险责任免除的不同

(1)新能源汽车车损险的责任免除。被保险新能源汽车的下列损失和费用,保险人不负责赔偿:

①自然磨损、动力蓄电池衰减、朽蚀、腐蚀、故障、本身质量缺陷;

②充电期间因外部电网故障导致被保险新能源汽车的损失。

(2)机动车车损险的责任免除不包括动力蓄电池衰减和第②条。

3)第三者责任保险保险责任的不同

(1)新能源汽车第三者责任保险的保险责任。保险期间内,被保险人或其允许的驾驶人在使用被保险新能源汽车过程中发生意外事故(含起火燃烧),致使第三者遭受人身伤亡或财产直接损毁,依法应当对第三者承担的损害赔偿责任,且不属于免除保险人责任的范围,保险人依照本保险合同的约定,对于超过机动车交通事故责任强制保险各分项赔偿限额的部分负责赔偿。使用包括行驶、停放、充电及作业。

(2)机动车第三者责任保险的保险责任。保险期间内,被保险人或其允许的驾驶人在使用被保险机动车过程中发生意外事故,致使第三者遭受人身伤亡或财产直接损毁,依法应当对第三者承担的损害赔偿责任,且不属于免除保险人责任的范围,保险人依照本保险合同的约定,对于超过机动车交通事故责任强制保险各分项赔偿限额的部分负责赔偿。

4)车上人员责任保险保险责任的不同

(1)新能源汽车车上人员责任保险的保险责任。保险期间内,被保险人或其允许的驾驶人在使用被保险新能源汽车过程中发生意外事故(含起火燃烧),致使车上人员遭受人身伤亡,且不属于免除保险人责任的范围,依法应当对车上人员承担的损害赔偿责任,保险人依照本保险合同的约定负责赔偿。使用包括行驶、停放、充电及作业。

(2)机动车车上人员责任保险的保险责任。保险期间内,被保险人或其允许的驾驶人在使用被保险机动车过程中发生意外事故,致使车上人员遭受人身伤亡,且不属于免除保险人责任的范围,依法应当对车上人员承担的损害赔偿责任,保险人依照本保险合同的约定负责赔偿。

(二)新能源汽车保险的附加险

《新能源汽车商业保险示范条款》有13个附加险,与《机动车商业保险示范条款》相比较,增加了外部电网故障损失险、自用电桩损失险、自用充电桩责任险3个附加险,其余10个与《机动车商业保险示范条款》的相应附加险基本相同,见表7-4。

1.附加外部电网故障损失险

投保了新能源汽车损失险的新能源汽车,可投保本附加险。

1)保险责任

保险期间内,投保了本附加险的被保险新能源汽车在充电期间,因外部电网故障,导致被保险新能源汽车的直接损失,且不属于免除保险人责任的范围,保险人依照本保险合同的约定负责赔偿。发生保险事故时,被保险人为防止或者减少被保险新能源汽车的损失所支付的必要的、合理的施救费用,由保险人承担;施救费用数额在被保险新能源汽车损失赔偿金额以外另行计算,最高不超过主险保险金额。

2）责任免除

投保人、被保险人或驾驶人故意制造事故。

3）保险金额

保险金额由投保人和保险人在投保时协商确定。

2. 附加自用充电桩损失保险

投保了新能源汽车损失保险的新能源汽车,可投保本附加险。

1）保险责任

保险期间内,保险单载明地址的,被保险人的符合充电设备技术条件、安装标准的自用充电桩,因自然灾害、意外事故、被盗窃或遭他人损坏导致的充电桩自身损失,保险人在保险单载明的本附加险的保险金额内,按照实际损失计算赔偿。

2）责任免除

投保人、被保险人或驾驶人故意制造保险事故。

3）保险金额

由投保人和保险人在投保时协商确定。

4）赔偿处理

（1）发生保险事故后,保险人依据本条款约定在保险责任范围内承担赔偿责任,赔偿方式由保险人与被保险人协商确定。

$$赔款 = 实际修复费用 - 被保险人已从第三方获得的赔偿金额$$

（2）在保险期间内,累计赔款金额达到保险金额,本附加险保险责任终止。

3. 附加自用充电桩责任保险

投保了新能源汽车第三者责任保险的新能源汽车,可投保本附加险。

1）保险责任

保险期间内,保险单载明地址的,被保险人的符合充电设备技术条件、安装标准的自用充电桩造成第三者人身伤亡或财产损失,依法应由被保险人承担的损害赔偿责任,保险人负责赔偿。

2）责任免除

因被保险人的故意行为导致。

3）保险金额

保险金额由投保人和保险人在投保时协商确定。

🧠 思考与练习题

1. 什么是新能源汽车?

2.《新能源汽车商业保险示范条款（试行）》与《机动车商业保险示范条款（2020年版）》的主要区别有哪些?

3. 简述附加自用充电桩损失保险的保险责任和责任免除。

4. 新能源汽车保险增加和减少了哪几种附加险?

模块八
汽车保险费率 >>>

学习目标

知识目标
1. 掌握保险理论价格的概念;
2. 掌握保险费率确定的基本原则;
3. 掌握机动车保险费率确定的主要模式。

能力目标
1. 能运用保费计算方法熟练计算机动车保险的保费;
2. 能够进行批改保费和退保费的计算。

素养目标
1. 通过保费计算养成精益求精的工作作风;
2. 通过保险理论价格的学习认识到在工作中坚持原则的重要性。

一、保险价格理论

(一) 保险商品的理论价格

在市场经济条件下确立了保险的商业属性,保险企业在经营作为商品的保险过程中必须遵循市场经济的价值规律。

保险商品的理论价格是指以保险商品价格的内在因素为基础而形成的价格,决定保险商品内在价格的因素是保险商品的价值,保险商品的价值也是保险商品理论的基础。

保险商品的理论价格由纯费率和附加费率两部分构成。

(1)纯费率(亦称技术费率)的确定,通常是在以往一定期限内的平均保险金额损失率的基础上再加上一定数量的风险附加率。

(2)附加费率是各个保险公司根据其自身的经营水平、税负和预期利润水平决定的。所以,保险商品狭义的理论价格是由纯费率决定的。

(二) 保险精算

保险精算的主要目的之一就是要确定保险的纯费率,即通过对一定期限内的平均保险金额损失率的统计分析以实现科学地确定保险价格的目的。在非寿险领域,由于风险的不均衡特征,导致其在确定保险价格的理论和技术方面均存在一定的障碍。所以,传统意义上的精算大都是针对寿险业务的。但是,在非寿险领域,就机动车保险而言则存在例外的情况,机动车保险业务具有满足保险精算的一些基本特征,即风险单位的差异较小,风险单位具有一定的数量集合,较为符合保险精算的理论基础。这也是机动车保险成为逐步崛起的非寿险精算领域的原因所在。

由此可见,在机动车保险的经营过程中必须重视对于以往一定期限内的平均保险金额损失率的统计和分析,因为,科学地确定机动车保险的纯费率是经营的基础和关键一环。

$$机动车保险平均保险金额损失率 = \frac{一定时期保险赔款总和}{一定时期保险金额总和}$$

以上的分析是针对机动车保险业务在一定时期总体和宏观的情况,即是针对承保的各类风险的综合,也是针对各类被保险人的综合,目的是实现险种范围内的保费负担的合理性。

但是,从机动车保险科学和合理定价的角度出发,需要对损失情况做进一步的细化分析,亦即对于特定类型的风险事故的损失率进行分析,如具体分析盗抢或者碰撞风险的损失率;对于特定类型的保险人进行分析,如私人和单位、运输公司和非运输公司的损失率;对于特定的保险标的进行分析,如轿车和货车、国产车和进口车的损失率。进行这种细化分析的目的是使保险费率与具体风险形成合理的对价关系,即使费率或者保险费与风险因素形成科学的函数关系。

同时,保险人通过对于损失的情况进行统计和细化分析,对于其在经营的过程中具有直接的现实意义。一方面能够有针对性地向被保险人提出改善风险状况的建议,提高产品和服务的内涵;一方面能够有针对性地对经营的风险进行选择,以确保经营的稳定和利润的最大化。

二、保险费率确定的基本原则

根据保险价格理论,厘定保险费率的科学方法是依据不同保险对象的客观环境和主观条件形成的危险度,采用非寿险精算的方法进行确定。但是,非寿险精算是一个纯技术的范畴,在实际经营过程中,非寿险精算仅仅是提供一个确定费率的基本依据和方法,而保险人确定费率还应当遵循一些基本的原则。

(一) 公平合理原则

公平合理原则的核心是确保实现每一个被保险人的保费负担基本上是依据或者反映了保险标的的危险程度。这种公平合理的原则应在两个层面加以体现。

（1）在保险人和被保险人之间。在保险人和被保险人之间体现公平合理的原则，是指保险人的总体收费应当符合保险价格确定的基本原理，尤其是在附加费率部分，不应让被保险人负担保险人不合理的经营成本和利润。

（2）在不同的被保险人之间。在被保险人之间体现公平合理是指不同被保险人的保险标的的危险程度可能存在较大的差异，保险人对不同的被保险人收取的保险费应当反映这种差异。

由于保险商品存在一定的特殊性，要实现绝对的公平合理是不可能的，所以，公平合理只能是相对的，只是要求保险人在确定费率的过程中注意体现一种公平合理的倾向，力求实现费率确定的相对公平合理。

（二）保证偿付原则

保证偿付原则的核心是确保保险人具有充分的偿付能力。保险费是保险标的的损失偿付的基本资金，所以，厘定的保险费率应保证保险公司具有相应的偿付能力，这是保险的基本职能决定的。保险费率过低，势必削弱保险公司的偿付能力，从而影响对被保险人的实际保障。在市场经济条件下，经常出现一些保险公司在市场竞争中为了争取市场份额，盲目地降低保险费率，结果是严重影响其自身的偿付能力，损害了被保险人的利益，甚至对整个保险业和社会产生巨大的负面影响。为了防止这种现象的发生，各国对于保险费率的厘定，大都实行由同业公会制定统一费率的方式，有的国家在一定的历史时期甚至采用由国家保险监督管理部门颁布统一费率，并要求强制执行的方式。

保证偿付能力是保险费率确定原则的关键，原因是保险公司是否具有足够的偿付能力，这不仅仅影响到保险业的经营秩序和稳定，同时，也可能对广大的被保险人，乃至整个社会产生直接的影响。

（三）相对稳定原则

相对稳定原则是指保险费率厘定之后，应当在相当长的一段时间内保持稳定，不要轻易地变动。由于机动车保险业务存在保费总量大，单量多的特点，经常的费率变动势必增加保险公司的业务工作量，导致经营成本上升。同时也会给被保险人需要不断适应新的费率带来不便。要实现保险费率确定相对稳定的原则，在确定保险费率时就应充分考虑各种可能影响费率的因素，建立科学的费率体系，更重要的是应对未来的趋势做出科学的预测，确保费率的适度超前，从而实现费率的相对稳定。

费率的确定具有一定的稳定性是相对的，一旦经营的外部环境发生了较大的变化，保险费率就必须进行相应的调整，以符合公平合理的原则。

（四）促进防损原则

防灾防损是保险的一个重要职能，其内涵是保险公司在经营过程中应协调某一风险群体的利益，积极推动和参与针对这一风险群体的预防灾害和损失活动，减少或者避免不必要的灾害事故的发生。这样不仅可以减少保险公司的赔付金额和减少被保险人的损失，更重要的是可以保障社会财富,稳定企业的经营,安定人民的生活,促进社会经济的发展。为此,保险人在厘定保险费率的过程中应将防灾防损的费用列入成本,并将这部分费用用于防灾防损工作。在机动车保险业务中防灾防损职能显得尤为重要。一方面保险公司将积极参与汽车制造商对于汽车安全性能的改进工作,如每年均有一些大的保险公司均资助汽车制造商进行测试汽车安全性能的碰撞试验。另一方面保险公司对于被保险人加强安全生产,进行防灾防损的工作也会予以一定的支持,目的是调动被保险人主动加强风险管理和防灾防损工作的积极性。

三、汽车保险费率的模式

(一)保险费率的概念

保险费率:依照保险金额计算保险费的比例,通常以百分率(%)来表示。

保险金额:简称保额,保险合同双方当事人约定的保险人于保险事故发生后应赔偿(给付)保险金的限额,它是保险人据以计算保险费的基础。

保险费:简称保费,是投保人参加保险时所交付给保险人的费用。

在市场经济条件下,价值规律的核心是使价格真实地反映价值,从而体现在交易过程中公平和对价的原则。但是,如何才能够实现这一目标,从被动的角度出发,可以通过市场适度和有序的竞争实现这一目标,但这往往需要付出一定的代价。从主动和积极的角度出发,保险人希望能够在市场上生存和发展,就必须探索出确定价格的科学和合理的模式。

就机动车保险而言,保险人同样希望保费设计得更精确、更合理。在不断的统计和分析研究中,人们发现影响机动车保险索赔频率和索赔幅度的危险因子很多,而且影响的程度也各不相同。每一辆机动车的风险程度是由其自身风险因子综合影响的结果,所以,科学的方法是通过全面综合地考虑这些风险因子后确定费率。

通常保险人在经营机动车保险的过程中将风险因子分为两类。

(1)与汽车相关的风险因子,主要包括汽车的种类、使用的情况和行驶的区域等。

(2)与驾驶人相关的风险因子,主要包括驾驶人的性格、年龄、婚姻状况、职业等。

由此各国机动车保险的费率模式基本上可以划分为两大类,即从车费率模式和从人费率模式。从车费率模式是以被保险机动车的风险因子为主作为确定保险费率主要因素的费率确定模式。从人费率模式是以驾驶被保险机动车人员的风险因子为主作为确定保险费率主要因素的费率确定模式。

(二)保险费率的确定模式

1. 从车费率模式

从车费率模式是指在确定保险费率的过程中主要以被保险机动车的风险因子作为影响费率确定因素的模式。目前,我国采用的机动车保险的费率模式就属于从车费率模式,影响费率的主要因素是被保险机动车有关的风险因子。

现行的机动车保险费率体系中影响费率的主要变量为车辆的使用性质、车辆生产地和车辆的种类。

(1)根据车辆的使用性质划分:营业性车辆与非营业性车辆。

(2)根据车辆的生产地划分:进口车辆与国产车辆。

(3)根据车辆的种类划分:车辆类型与吨位。

除了上述的 3 个主要的从车因素外,现行的机动车保险费率还将被保险机动车行驶的区域作为机动车保险的风险因子,即按照被保险机动车使用的不同地区,适用不同的费率,如在特殊地区采用专门的费率。

从车费率模式具有体系简单,易于操作的特点,同时,由于我国在一定的历史时期被保险机动车绝大多数是"公车",驾驶人与车辆不存在必然的联系,也就不具备采用从人费率模式的条件。随着经济的发展和人民生活水平的提高,汽车已经进入家庭,2003 年各保险公司制定并执行的机动车保险条款,就开始采用从人费率模式。

从车费率模式的缺陷是显而易见的,因为在机动车的使用过程中对于风险的影响起到决定因素的是与车辆驾驶人有关的风险因子。尤其是将机动车保险特有的无赔偿优待与被保险机动车联系,而不是与驾驶人联系,显然不利于调动驾驶人的主观能动性,其本身也与设立无赔偿优待制度的初衷相违背。

2. 从人费率模式

从人费率模式是指在确定保险费率的过程中主要以被保险机动车驾驶人的风险因子作为影响费率确定因素的模式。目前,大多数国家采用的机动车保险的费率模式均属于从人费率模式,影响费率的主要因素是与被保险机动车驾驶人有关的风险因子。

各国采用的从人费率模式考虑的风险因子也不尽相同,主要有驾驶人的年龄、性别、驾驶年限和安全行驶记录等。

(1)根据驾驶人的年龄划分:通常将驾驶人按年龄划分为三组,第一组是初学驾驶,性格不稳定,缺乏责任感的年轻人;第二组是具有一定驾驶经验,生理和心理条件均较为成熟,有家庭和社会责任感的中年人;第三组是与第二组情况基本相同,但年龄较大,所以,反应较为迟钝的老年人。通常认为第一组驾驶人为高风险人群,第三组驾驶人为次高风险人群,第二组驾驶人为低风险人群。至于三组人群的年龄段划分是根据各国的不同情况确定的。

(2)根据驾驶人的性别划分:男性与女性。研究表明女性群体的驾驶倾向较为谨慎,为此,相对于男性她们为低风险人群。

(3)根据驾驶人的驾龄划分:驾龄的长短可以从一个侧面反映驾驶人的驾驶经验,通常认为初次领证后的 1~3 年为事故多发期。

(4)根据安全记录划分:安全记录可以反映驾驶人的驾驶心理素质和对待风险的态度,经常发生交通事故的驾驶人可能存在某一方面的缺陷。

从以上对比和分析可以看出从人费率相对于从车费率具有更科学和合理的特征,所以,我国正在积极探索,逐步将从车费率的模式过渡到从人费率的模式。

四、汽车保险保费的计算

(一) 交强险保费的计算方法

新车交强险第一年投保的费用固定为基础保费，保费多少取决于车辆的座位数。而后期的续保费用则需根据出险情况来计算。

交强险的费用主要有两部分，分别是基础保费和浮动费率，交强险最终保险费计算方法为：

交强险最终保险费 = 交强险基础保险费 × (1 + 与道路交通事故相联系的浮动比率 X)，X 取 ABCDE 方案其中之一对应的值，具体见表 8-2 ～ 表 8-6。

对于非营运车辆，基础保费取决于汽车的座位数，见表 8-1。

非营运车辆交强险基础保费　　　　　　　　　　　　表 8-1

车型	第一年费用(元)	车型	第一年费用(元)
6 座以下	950	6 座以上(含 6 座)	1100

浮动费率根据上一年的交通事故情况决定，不同地区的浮动费率方案并不相同，具体方案见表 8-2 ～ 表 8-6。

内蒙古自治区、海南省、青海省、西藏自治区费率调整方案 A　　　　表 8-2

方案	浮动因素		浮动比例
与道路交通事故相联系的浮动方案 A	A1	上一个年度未发生有责任道路交通事故	− 30%
	A2	上两个年度未发生有责任道路交通事故	− 40%
	A3	上三个及以上年度未发生有责任道路交通事故	− 50%
	A4	上一个年度发生一次有责任不涉及死亡的道路交通事故	0%
	A5	上一个年度发生两次及两次以上有责任道路交通事故	10%
	A6	上一个年度发生有责任道路交通死亡事故	30%

陕西省、云南省、广西壮族自治区费率调整方案 B　　　　表 8-3

方案	浮动因素		浮动比例
与道路交通事故相联系的浮动方案 B	B1	上一个年度未发生有责任道路交通事故	− 25%
	B2	上两个年度未发生有责任道路交通事故	− 35%
	B3	上三个及以上年度未发生有责任道路交通事故	− 45%
	B4	上一个年度发生一次有责任不涉及死亡的道路交通事故	0%
	B5	上一个年度发生两次及两次以上有责任道路交通事故	10%
	B6	上一个年度发生有责任道路交通死亡事故	30%

甘肃省、吉林省、山西省、黑龙江省、新疆维吾尔自治区费率调整方案 C   表 8-4

方案	浮动因素		浮动比例
与道路交通事故相联系的浮动方案 C	C1	上一个年度未发生有责任道路交通事故	−20%
	C2	上两个年度未发生有责任道路交通事故	−30%
	C3	上三个及以上年度未发生有责任道路交通事故	−40%
	C4	上一个年度发生一次有责任不涉及死亡的道路交通事故	0%
	C5	上一个年度发生两次及两次以上有责任道路交通事故	10%
	C6	上一个年度发生有责任道路交通死亡事故	30%

北京市、天津市、河北省、宁夏回族自治区费率调整方案 D   表 8-5

方案	浮动因素		浮动比例
与道路交通事故相联系的浮动方案 D	D1	上一个年度未发生有责任道路交通事故	−15%
	D2	上两个年度未发生有责任道路交通事故	−25%
	D3	上三个及以上年度未发生有责任道路交通事故	−35%
	D4	上一个年度发生一次有责任不涉及死亡的道路交通事故	0%
	D5	上一个年度发生两次及两次以上有责任道路交通事故	10%
	D6	上一个年度发生有责任道路交通死亡事故	30%

其他地区费率调整方案 E   表 8-6

方案	浮动因素		浮动比例
与道路交通事故相联系的浮动方案 E	E1	上一个年度未发生有责任道路交通事故	−10%
	E2	上两个年度未发生有责任道路交通事故	−20%
	E3	上三个及以上年度未发生有责任道路交通事故	−30%
	E4	上一个年度发生一次有责任不涉及死亡的道路交通事故	0%
	E5	上一个年度发生两次及两次以上有责任道路交通事故	10%
	E6	上一个年度发生有责任道路交通死亡事故	30%

其他地区包括江苏、浙江、安徽、上海、湖南、湖北、江西、辽宁、河南、福建、重庆、山东、广东、四川、贵州等。

【例 8-1】 江苏省张某交强险投保第一年缴纳了 1100 元,保险期间内,张某出了两次负全责的交通事故,但未造成人员伤亡。不久,张某因为累积记分达到 12 分,被交警依法扣留了驾驶证。但是在驾驶证扣留期间,张某仍然驾驶机动车上路,最终又被交警处罚。计算第二年张某交强险续保时应缴纳的保险费。

解

$$交强险续保时应缴纳的保险费 = 1100 \times (1 + 10\%) = 1210 \ 元$$

【例 8-2】 广东省黄某在投保交强险时,第一年缴纳了 1100 元,但在这一年里发生了交通事故,并且导致对方身亡,计算第二年黄某该缴纳的交强险费用。

解

$$缴纳的交强险费用 = 1100 \times (1 + 30\%) = 1430 \ 元$$

（二）主险和附加险保费的计算方法

1. 主险保费的计算

1）机动车损失险的保费计算

现行的车损险有三种保险形式：一是按照新车购置价承保；二是按照车辆的实际价值承保；三是按照双方协商的价格承保。

（1）按照新车购置价承保时，机动车车损险计算公式如下：

$$机动车车损险保费 = （基础保费 + 车辆购置价 × 费率）× 优惠系数$$

$$车辆购置价 = 裸车价 + 购置税$$

由于不同保险公司、渠道所购买的车损险价格是不同的，同时各家保险公司的优惠和费率也在一定范围内浮动，但基本都大同小异，车损险保费一般也会在一定价格区间内，下面给出车损险基本保费对照表8-7，仅供参考。

车损险基本保费对照表 　　　　　　　　　　　　　　　　　　　　表8-7

车型	1年以下		1~2年		3~6年		6年以上	
	基础保费（元）	费率（%）	基础保费（元）	费率（%）	基础保费（元）	费率（%）	基础保费（元）	费率（%）
6座以下	630	1.50	272	0.90	269	0.89	277	0.92
6~10座	342	0.90	326	0.86	323	0.85	333	0.87
11~20座	342	0.95	326	0.90	323	0.89	333	0.92
20座以上	357	0.95	340	0.90	336	0.89	346	0.92

车辆购置价越高，车损险保费越高。费率可根据赔款等情况进行调整。

【例8-3】 某新家庭自用车，5座，新车购置价为15万元，没有优惠折扣，计算应收的机动车损失险保险费。

解

在表8-7上找到对应的费率为1.50%。

$$车损险保费 = 630 + 150000 × 1.50\% = 2880 元$$

（2）按照投保时车辆的实际价值承保时，只能获得新车价格扣除折旧部分的剩余价值的赔偿。

$$被保险机动车实际价值 = 新车购置价 - （新车购置价 × 被保险机动车已使用月数 × 月折旧系数）$$

机动车车损险保费计算方式如下：

$$机动车车损险费用 = 基础保费 + （投保时新车购置价 - 折旧金额）× 费率$$

$$折旧金额 = 新车购置价 × 被保险机动车已使用月数 × 月折旧系数$$

（3）按照双方协商的价格承保时，即由投保人和保险公司协商确定，特殊车辆才会采取这种做法。

（4）挂车保险费按同吨位货车对应档次保险费的50%计收。

2）第三者责任险的保费计算

$$第三者责任险的保费 = \frac{基准纯风险保费}{1 - 附加费用率} × 优惠系数$$

优惠系数＝无赔款优待系数×自主核保系数×自主渠道系数

实践中可使用简单计算方法：

$$第三者责任险的保费＝固定保费$$

其中基准纯风险保费跟机动车车辆使用性质、车辆种类和责任限额相关，以某保险公司为例第三者责任保险保费见表8-8。

某保险公司机动车第三者责任保险保费（元）　　　　　　表8-8

车型	投保额度						
	5万元	10万元	15万元	20万元	30万元	50万元	100万元
6座以下	710	1026	1169	1270	1434	1721	1905
6～10座	612	862	974	1050	1177	1401	1824
11～20座	730	1028	1163	1253	1404	1671	2176
20座以上	938	1321	1494	1611	1804	2148	2797

责任限额为100万元以上时，限额必须是50万元的倍数，且不得超过1000万元。

第三者责任险属于商业险，各保险公司可能不一样，具体所要赔付的内容及具体价格由各保险公司提供。可选择不同的赔偿限额档次，收取保险费。

3）车上人员责任险的保费计算

车上人员责任险保费＝车上人员责任险赔偿限额×费率＝车上人员每人保额×人员数×费率

或车上人员责任险保费＝单座责任限额×投保座位数×费率

车上人员责任险的费率不同地区存在差别，如北京地区的费率为0.41%，每个座位保额按1万～5万元确定。

【例8-4】 某5座车，驾驶人和乘客保额均为20000元，驾驶人费率为0.41%，乘客费率为0.26%，计算车上人员责任险的保费。

解

$$驾驶人保费＝20000×0.41\%×1＝82 元$$

$$乘客保费＝20000×0.26\%×4＝208 元$$

$$车上人员责任险保费＝82＋208＝290 元$$

2. 附加险的保费计算

1）车上货物责任险的保费计算

$$车上货物责任险的保费＝保险金额×费率$$

保险金额由投保人和保险人在投保时协商确定，各保险公司的费率可能有所不同。营业性车辆费率约2.2%、非营业性车辆费率约1.0%。

2）绝对免赔率特约条款的保费计算

保费＝适用本条款的所有险种应收保费之和(不含无赔款优待以及风险修正)×15%

3）新增加设备损失险的保费计算

$$新增加设备损失险保费＝新增加设备保额×费率$$

4）车身划痕损失险的保费计算

车身划痕损失险的保费费率一般是新车购置价的0.05%～1.0%。

（三）批改保费计算

投保人申请办理保单批改，如被保险机动车改装车型、变更使用性质及申请增加、降低保险金额或赔偿限额时，以未了责任天数、按日费率计算批改保费，计算公式为：

$$批改保费 = \frac{（批改后年保费 - 批改前年保费）× 未了责任天数}{365}$$

如果因批改造成浮动比例的变动，应按新的浮动比例计算批改后年保费。如主险的变动同时引起相关附加险保费的变化，也应计算在批改后年保费中。

当计算结果为正时，代表批增保费，需向投保人加收一定金额的保险费；当计算结果为负时，其绝对值代表批减保费，需向投保人退还一定金额的保险费。

（四）退保费计算

1. 个单业务退保

个单业务退保时对每个险种单独计算退保金额。

（1）对于机动车损失险及其附加险和特约条款，除费率另有规定或合同另有特别约定外，有下列几种情况。

①保单有效期内已发生赔款的险种，被保险人获取部分保险赔款后一个月内提出解除合同的，计算与保险金额扣除赔款和免赔金额后的未了责任部分相对应的剩余保险费，按日费率予以退还：

$$退保金额 = ［基本保费 + （原保额 - 赔款 - 免赔金额）× 原费率］×$$
$$\frac{（1 + 原保费浮动比例）× 未了责任天数}{365}$$

若出险险种系按固定保费收费，则：

$$退保金额 = \frac{该险种保单保费 × 未了责任天数}{365}$$

②因保险赔偿致使保险合同终止时，保险人不退还出险险种的保险费。

③如未发生赔款，保险人按年费率的 1/365 计算日费率：

$$退保金额 = \frac{该险种保单保费 × 未了责任天数}{365}$$

（2）对于第三者责任险及其附加险险种和特约条款，不论是否发生赔款，保险人按年费率的 1/365 计算日费率，并退还未了保险责任部分的保险费：

$$退保金额 = \frac{该险种保单保费 × 未了责任天数}{365}$$

（3）分别计算各险种或特约条款的退保金额，加总得到总退保金额。如果退保时投保人尚未交足保单保费，应从总退保金额中扣除欠交的保费。

2. 团单业务退保

团单业务退保依照个单退保方法执行，但是如果退保造成一次被保险机动车辆数浮动比例或大额保费一次全额付款金额浮动比例的变动，应将这部分浮动差额扣除。如果退金额不足以弥补这部分浮动差额,仍可办理退保手续,但保险人不支付任何退保费。

$$团单退保金额 = 退保车辆个单退保金额之和 - 投保时总保单保费 \times$$

$$\left(\frac{未了责任天数}{365}\right) \times |\, 退保前后被保险机动车辆数浮动比例差额 +$$

$$退保前后大额保费一次全额付款金额浮动比例差额 \,|$$

这里"| |"表示绝对值。

(五)短期保险费的计算

机动车保险的费率表是年费率表。投保时,保险期限不足一年的,按短期月费率收取保险费(不足一个月的按一个月计算)。短期月费率见表8-9。每份保单设最低保费100元,保单保费不足100元时按100元计收,合同生效后退保时实收保费不足100元时按100元计收。

短期月费率　　　　　　　　　　　　　表8-9

保险期限(月)	1	2	3	4	5	6	7	8	9	10	11	12
短期月费率(%)	10	20	30	40	50	60	70	80	85	90	95	100

短期保险费的计算公式为:

$$短期保险费 = 年保险费 \times 短期月费率$$

🧠 思考与练习题

1. 纯费率和附加费率有什么区别?

2. 保险费率确定的原则有哪些?

3. 从车费率模式和从人费率模式有什么区别?

4. 交强险保费如何计算?

5. 车辆实际价值如何计算?

6. 机动车损失险、第三者责任险、车上人员责任险保费如何计算?

7. 个单业务退保保费如何计算?

8. 某被保险机动车的车龄4～5年,新车购置价为30万元,则其所属的新车购置价档次为20万～30万元;查表基础费为2166元,费率为1.038%。求:(1)保费是多少?(2)若选择不足额投保,假设投保19万元,保费为多少?

9. 某家庭自用车投保车损险,车龄1～2年,6座以下,投保30万元档次,查表基础费为1080元,费率为0.759%。保费是多少?

10. 某被保险机动车的车龄4～5年,新车购置价为30万元,单座责任限额为6万元,投保座位为5座,查表基费率为0.440%。车上人员责任险保费为多少?

11. 某被保险机动车的车龄4～5年,新车购置价为10万元,货车运送一批货物,货物的责任限额为15万元,基础保费170元,费率0.85%。车上货物责任险保费为多少?

模块九
汽车保险实务 >>>

学习目标

知识目标

1. 掌握汽车保险方案制定的原则;
2. 掌握核保工作的重要意义;
3. 掌握理赔工作的基本原则。

能力目标

1. 理解投保人在投保过程中应注意的问题;
2. 熟悉机动车保险理赔工作的主要环节。

素养目标

1. 核保工作对于防范保险欺诈等道德风险的重要作用;
2. 通过索赔养成深入调查研究的工作作风。

一、汽车保险的投保与承保

保险公司汽车保险业务的流程大体相近,大致经历投保人投保,包括投保人填写投保单,缴纳保费;保险公司承保、签订保险合同,包括核保、出具保单、出具保费的发票或收据;保险标的发生损失,投保人向保险公司提出索赔;保险公司查勘,属于保险责任,保险公司支付赔偿金;不属于保险责任,保险公司拒绝赔偿;续保等环节。本节重点介绍机动车保险业务的投保、承保的基本业务环节。

(一)保险投保

1.投保人投保过程中应注意的问题

由于各家保险公司推出的机动车保险条款有所区别,价格也不同,因此投保人在购买机动车保险时应注意如下事项。

1)合理选择保险公司

投保人应选择具有合法资格的保险公司营业机构购买机动车保险。机动车保险的售后服务与产品本身一样重要,投保人在选择保险公司时,要了解各公司提供服务的内容及信誉度,以充分保障自己的利益。

2)合理选择代理人

投保人也可以通过代理人购买机动车保险。选择代理人时,应选择具有《保险代理从业人员资格证书》《保险代理从业人员展业证书》及与保险公司签有正式代理合同的代理人;应当了解机动车保险条款中涉及保险责任和责任免除等部分的内容,防止个别代理人片面夸大产品保障功能,回避责任免除条款内容。

3)了解机动车保险内容

投保人应当询问所购买的机动车保险条款是否经过银保监会批准,认真了解条款内容,重点条款的保险责任、责任免除和特别约定,被保险人权利和义务,免赔额或免赔率的计算,申请赔偿的手续、退保和折旧等规定。此外还应当注意机动车保险的费率是否与银保监会批准的费率一致,了解保险公司的费率优惠规定和无赔款优待的规定。通常保险责任比较全面的产品,保险费比较高;保险责任少的产品,保险费较低。

4)根据实际需要购买

投保人选择机动车保险时,应了解自身的风险和特征,根据实际情况选择个人所需的风险保障。对于机动车保险市场现有产品应进行充分了解,以便购买适合自身需要的机动车保险。

5)购买机动车保险的其他注意事项

(1)保险重要单证的使用和保管。投保人在购买机动车保险时,应如实填写投保单上规定的各项内容,取得保险单后应核对其内容是否与投保单上的有关内容完全一致。对所有的保险单、保险卡、批单、保费发票等有关重要凭证应妥善保管,以便在出险时能及时提供理赔依据。

(2)如实告知义务。投保人在购买机动车保险时应履行如实告知义务,对与保险风险有直接关系的情况应当如实告知保险公司。

(3)购买机动车保险后,应及时缴纳保险费,并按照条款规定,履行被保险人义务。

(4)合同纠纷的解决方式。对于保险合同产生的纠纷,投保人应当依据在购买机动车保险时与保险公司的约定,以仲裁或诉讼方式解决。

(5)投诉。投保人在购买机动车保险过程中,如发现保险公司或中介机构有误导或销售未经批准的机动车保险等行为,可向国家金融监督管理总局投诉。

2. 保险公司或代理人应提供合理的保险方案

在开展机动车保险业务的过程中,保险公司或代理人应从加大产品的内涵、提高保险公司的服务水平入手,在开展业务的过程中为投保人或被保险人提供完善的保险方案。

1)保险方案制订的基本原则

(1)充分保障的原则。充分保障原则是指保险方案的制订应建立在对于投保人的风险进行充分和专业评估的基础上,根据对于风险的了解和认识制订相应的保险保障方案,目的是通过保险的途径最大限度地分散投保人的风险。

(2)公平合理的原则。公平合理原则是指保险人或代理人在制订保险方案的过程中应贯彻公平合理的精神。所谓合理性就是要确保提供的保障是适用和必要的，防止提供不必要的保障。所谓公平主要应体现在价格方面，包括与价格有关的赔偿标准和免赔额的确定，既要合法，又要符合价值规律。

（3）充分披露的原则。充分披露原则是指保险人在制订保险方案的过程中应根据保险最大诚信原则的告知义务的有关要求，将保险合同的有关规定，尤其是可能对于投保人不利影响的规定，要向投保人进行详细的解释。以往机动车保险业务出现纠纷的重要原因之一就是保险公司或代理人出于各种目的的考虑，在订立合同时没有对投保人进行充分的告知。

2）制订保险方案前的调查工作

在制订保险方案之前应对投保人或潜在被保险人的情况进行充分的调查，根据调查结果进行分析是制订保险方案的必要前提。对于企业集体投保人调查的主要内容有以下几个方面。

（1）了解投保人的基本情况，包括投保企业的性质、规模、经营范围和经营情况。

（2）了解投保人拥有汽车的数量、车型和用途，了解车况、驾驶人素质情况、运输对象、车辆管理部门等。

（3）了解投保人汽车管理的情况，包括安全管理的目标，对于安全管理的投入、安全管理的实际情况、以往发生事故的情况等。

（4）了解投保人以往的投保情况，包括承保公司、投保险种、投保的金额、保险期限和赔付率等。

（5）了解投保人投保的动机，防止逆向投保和道德风险。

3）保险方案的主要内容

保险方案是在对投保人进行风险评估的基础上提出的保险建议书。第一，应当从专业的角度对投保人可能面临的风险进行识别和评估。第二，在风险评估的基础上提出保险的总体建议。第三，应当对条款的适用性进行说明，介绍有关的险种并对条款进行必要的解释。第四，对保险人及其提供的服务进行介绍。其具体内容有以下几个方面。

（1）保险人情况。

（2）投保标的风险评估。

（3）保险方案的总体建议。

（4）保险条款以及解释。

（5）保险金额以及赔偿限额的确定。

（6）免赔额以及适用情况。

（7）赔偿处理程序以及要求。

（8）服务体系以及承诺。

（9）相关附件。

（二）保险承保

1.填写投保单

投保人购买保险，首先要提出投保申请，即填写投保单，交给保险人。投保单是投保人向保险人申请订立保险合同的依据,也是保险人签发保单的依据。投保单的基本内容有:投保人的名称、厂牌型号、车辆种类、车牌号码、发动机号码及车架号、使用性质、吨位或座位、行驶证、初次登记年月、保险价值、机动车损失险保险金额的确定方式、第三者责任险赔偿限额、附加险的保险金额或保险限额、车辆总数、保险期限、联系方式、特别约定、投保人签章。

2. 核保

核保是保险公司在业务经营过程中的一个重要环节。核保是指保险公司的专业技术人员对投保人的申请进行风险评估,决定是否接受这一风险,并在决定接受风险的情况下,决定承保的条件,包括使用的条款、附加条款、确定费率和免赔额等。

1)核保的意义

(1)防止逆选择,排除经营中的道德风险。在保险公司的经营过程中始终存在一个信息问题,即信息的不完整、不精确和不对称。尽管最大诚信原则要求投保人在投保时应履行充分告知的义务。但是,事实上始终存在信息的不完整和不精确的问题。保险市场信息问题,可能导致投保人或被保险人的道德风险和逆选择,给保险公司经营带来巨大的潜在的风险。保险公司建立核保制度,由资深人员运用专业技术和经验对投保标的进行风险评估,通过风险评估可以最大限度地解决信息不对称的问题,排除道德风险,防止逆选择。

(2)确保业务质量,实现经营稳定。保险公司是经营风险的特殊行业,其经营状况关系到社会的稳定。保险公司要实现经营的稳定,关键一个环节就是控制承保业务的质量。但是,随着国内保险市场供应主体的增多,保险市场竞争日趋激烈,保险公司在不断扩大业务的同时,经营风险也在不断增大。其主要表现为:一是为了拓展业务而急剧扩充业务人员,这些新的工作人员业务素质有限,无法认识和控制承保的质量;二是保险公司为了扩大保险市场的占有率,稳定与保户的业务关系,放松了拓展业务方面的管理;三是保险公司为了拓展新的业务领域,开发了一些不成熟的新险种,签署了一些未经过详细论证的保险协议,增加了风险因素。保险公司通过建立核保制度,将展业与承保相对分离,实行专业化管理,严格把好承保关。

(3)扩大保险业务规模,与国际惯例接轨。目前,国外的保险中介机构已经进入我国保险市场;同时,我国保险的中介力量也在不断壮大,现已成为推动保险业务的重要力量。在看到保险中介组织对于扩大业务的积极作用的同时,也应注意到其可能带来的负面影响。由于保险中介组织经营目的和价值取向的差异以及人员的良莠不齐,保险公司在充分利用保险中介机构进行业务开展的同时,也应对保险中介组织的业务加强管理,核保制度是对中介业务质量控制的重要手段,是建立和完善保险中介市场的必要前提条件。

(4)实现经营目标,确保持续发展。在市场经济条件下,企业发展的重要条件是对市场进行分析,并在此基础上确定企业的经营方针和策略,包括对企业的市场定位和选择特定的业务和客户群。同样在我国保险市场的发展过程中,保险公司要争取在市场上赢得主动,就必须确定自己的市场营销方针和政策,包括选择特定的业务和客户作为自己发展的主要对象,确定对各类风险承保的态度,制订承保业务的原则、条款和费率等。而这些市场营销方针和政策实现的主要手段是核保制度,通过核保制度对风险选择和控制的功能,保险公司能够有效地实现其既定的目标,并保持业务的持续发展。

2）核保的主要内容

（1）投保人资格。对于投保人资格进行审核的核心是认定投保人对保险标的的拥有保险利益。在机动车保险业务中主要是通过核对行驶证来完成的。

（2）投保人或被保险人的基本情况。投保人或被保险人的基本情况主要是针对运输企业业务的，通过了解企业的性质、是否设有安保部门、经营方式、运行主要线路等，分析投保人或被保险人对车辆管理的技术管理状况，保险公司可以及时发现其可能存在的经营风险，采取必要的措施降低和控制风险。

（3）投保人或被保险人的信誉。投保人与被保险人的信誉是核保工作的重点之一。对于投保人和被保险人的信誉调查和评估逐步成为机动车核保工作的重要内容。评估投保人与被保险人信誉的一个重要手段是对其以往损失和赔付情况进行了解，那些没有合理原因，却经常"跳槽"的被保险人往往存在道德风险。

（4）保险标的的验证。对被保险机动车应尽可能采用"验车承保"的方式，即对被保险机动车进行实际的检验，包括了解被保险机动车的使用和管理情况，复印行驶证、购置车辆的完税费凭证、拓印发动机与车架号码，对于一些高档车辆还应当建立车辆档案。

（5）保险金额的确定。保险金额的确定涉及保险公司及被保险人的利益，往往是双方争议的焦点，因此保险金额的确定是机动车保险核保中的一个重要内容。在具体的核保工作中应当根据公司制订的机动车市场指导价格确定保险金额。对投保人要求按照低于这一价格投保的，应当尽量劝说并将理赔时可能出现的问题进行说明和解释。对于投保人坚持己见的，应当向投保人说明后果并要求其对于自己的要求进行确认，同时在保险单的批注栏上明确说明。

（6）保险费的审核。核保人员对于保险费的审核主要分为费率适用的审核和计算的审核。

（7）附加条款。主险和保险条款提供的是适应机动车风险共性的保障，但是作为风险的个体是有其特性的。一个完善的保险方案不仅解决共性的问题，更重要的是解决个性问题，附加条款适用于风险的个性问题。特殊性往往意味着高风险，所以，在对附加条款的适用问题上更应当注意对风险的特别评估和分析，谨慎接受和制订条款。

3. 接受业务

保险人按照规定的业务范围和承保的权限，在审核检验之后，有权做出承保或拒保的决定。

4. 缮制单证

缮制单证是在接受业务后填制保险单或保险凭证等手续的程序。保险单或保险凭证是载明保险合同双方当事人权利和义务的书面凭证，是被保险人向保险人索赔的主要依据。因此，保险单质量的好坏，往往直接影响机动车保险合同的顺利履行。填写保险单的要求有：单证相符、保险合同要素明确、数字准确、复核签章、手续齐备。

二、汽车保险的索赔

投保机动车险就是为了在出险时获得保险公司的赔偿，被保险人如果了解保险公司的索赔手续,就可以更快地取得赔款。还要了解保险公司的拒赔规定,就能在被保险机动车使用或索赔时避免不当行为,减少被拒赔的可能性。如果被保险机动车万一发生不测,遭受意外事故或自然灾害,被保险人及驾驶人应积极采取措施进行施救并保护好现场,同时向保险公司报案并通知有关部门,然后提出索赔申请。索赔的基本程序如下。

(一) 报案、定损和修理

1. 通知出险和提出索赔要求

保险事故发生后,被保险人首先要立即报案,通知公安交通管理部门和保险公司,然后提出索赔请求。被保险人或受益人应当将保险事故发生的时间、地点、原因及造成的损失情况以最快的方式通知保险人,便于保险人及时调查核实,确认责任。同时,被保险人或受益人也应当把保险单证号码、保险标的、保险险种险别、保险期限等事项一并告之保险人。如果保险标的在异地出险受损,被保险人应向原保险人及其在出险当地的分支机构或其代理人报案。这就是通知出险。报案的基本要求如下。

(1)如果是在本地出险,被保险人或驾驶人应电话通知,向所投保的保险公司报案,并登录该保险公司网站报案,应在网上出示电子保单,填写《机动车出险登记表》《机动车保险出险通知书》和《机动车保险索赔须知》,被保险人要根据事实详细填写有关内容并签章。

(2)如果是在外地出险,被保险人或驾驶人应及时向当地相应的保险公司报案(根据各保险公司的规定,在全国范围内任何一家保险公司的分支机构均有为其他公司代办理赔业务的责任),并在48h内通知承保的保险公司,在当地公司根据实际情况查勘定损完毕后,被保险人即可向承保公司办理索赔。

(3)被保险机动车被盗抢,应在24h内向出险地公安刑侦部门报案;必须48h内通知保险公司,并携带保险单和机动车保险证向保险公司索取出险通知单,由被保险人按表内各栏规定如实填写,字体要端正清楚,如属单位车辆的要盖公章,私人车辆的要签名。

根据被保险人填具的《机动车出险登记表》,保险公司工作人员将使用计算机查抄保险单和批单。填写出险通知书,也就是索赔申请书。对于上门报案的,由保险公司的接待人员指导报案人当场填写。对于其他方式报案的,在事故查勘、核定损失时,由保险公司的专业人员现场指导填写,若被保险人是单位的,还需加盖单位公章。

报案时须注意以下几个问题。

①报案期限:保险事故发生后48h内通知保险公司;

②报案方式:到保险公司报案,电话(传真)报案,网上在线报案,业务员转达报案;

③报案内容:被保险人名称、保单号、保险期限、保险险别、出险时间、地点、原因、出险车辆牌号、厂牌车型、人员伤亡情况、伤者姓名、送医时间、医院名址、事故损失及施救情况、被保险机动车停放地点、驾驶人、报案人姓名、与被保险人的关系以及联系电话。

2. 合理施救,保护事故现场

合理施救是被保险人承担的一项义务,对于发生的保险事故,被保险人负有及时施救以减少损失和保护现场原状的责任,以避免损失扩大和便于保险公司派员查勘现场,否则,将给索赔带来困难。被保险人应当采取必要的合理的抢救措施,进行抢救,例如,灭火、抢救遇险财产等,并对受损的保险标的进行必要的整理。

保险事故发生后,未经保险人查勘、核损或同意前,被保险人或受益人应当保护好事故现场,不要先行清理事故现场,也不要自行拆修、处理受损财产。否则,会给以后的理赔工作造成困难,增加定损、赔付的麻烦。

3. 接受保险人的检验

保险人有权进行现场查勘,而被保险人负有接受检验的义务。因此,被保险人应根据保险人的要求,提出检验申请,接受保险人或其委托的其他人员(如保险代理人、检验机关)的检验,并为其进行的检验提供方便条件,用以保证保险人及时、准确地查明事故原因,确认损害程度和损失数额等。

4. 查勘与定损

保险公司接到客户的报案后,会及时派出专业人员赶赴出事现场,对保险责任范围内的事故,保险公司工作人员将对其进行查勘、定损,协助处理和分析事故原因,了解事故损失,告知理赔注意事项。被保险人及驾驶人应积极配合保险公司的查勘人员调查取证,如实回答查勘人员提出的问题。主动与保险公司的定损人员一道确定事故车辆的损失情况并在评估单上签字后,将车辆送到修理厂修理。

因保险事故受损或造成第三者财产损坏,应当尽量修复。修理前被保险人须会同保险公司核定损失,确定修理项目、修理方式和费用。

5. 事故车辆的修理

受损的被保险机动车需进厂修理的,一律要经保险公司查勘估价,经核损认可,出具估价单。定损后由被保险人自行选择修理厂修车或到推荐的修理厂维修。若客户未经保险公司认可自行修理,修理费用保险公司有权重新核定甚至拒绝赔偿。对在外地出事故并已委托代查勘定损的车辆,其估价单须经保险公司核定认可后,方可维修。

(二) 索赔时应提供的单证

索赔时要带全所需的必要单证。被保险人或受益人在提出索赔时,应当根据有关法律和保险合同的规定,被保险人应在公安交通管理部门对交通事故处理结案之日起 10 日内,向保险人提供事故的相应的索赔单证,如事故证明、裁决书、赔偿调解书等,保险人才会接受其索赔。

被保险人应妥善保管各种必要单证,如修理被保险机动车、赔偿第三者受损财产时开具的发票以及抢救治疗受伤人员时医院开具的票据等,以便在索赔时提供给保险公司。积极配合有关部门办理理赔手续,并根据保险公司的需要提供这些资料,以便保险公司确定保险赔偿责任。

一般情况下,被保险人应提供的单证如下。

1. 基本单证

1) 证明保险标的或当事人身份的原始文件

(1) 保险单或保险凭证的正本,已交纳保险费的凭证,如账册、收据、发票、装箱单等;车辆行驶证。

(2)当事人的证件,如身份证、工作证、户口簿、驾驶证复印件等。

2)证明保险事故的有关文件

(1)出险通知书、保险事故调查检验报告。

(2)因交通事故造成的损失应提供公安交通管理部门的事故责任认定书、事故调解书或其他证明材料。

(3)因火灾造成的损失应提供公安消防部门的火灾证明。

(4)因全车盗抢造成的损失由出险地县级以上公安刑侦部门出具的盗抢案件证明。

(5)因气象原因造成损失的应由气象部门提供证明。

2. 被保险机动车施救、修理单证

(1)现场及车损照片、各种费用(如施救、保护费用)清单、修理估价单等。

(2)汽车维修业专用发票。

(3)定损单、结算清单、修理材料清单。

3. 第三者赔偿费用的有关单证

(1)对第三者的赔偿费用清单、第三者财产损失赔款收据、赔款委托书等。

(2)现场照片、财产损失清单、损害鉴定证明。

(3)修车发票。

(4)误工费、护理费、赡、抚养费等证明。

(5)医药费凭证、治疗诊断书。

(6)伤残鉴定书。

(7)事故中死亡者的死亡证明书。

(8)其他证明材料。

被保险人应提供的交通事故的必要单证见表9-1。

交通事故的必要单证   表9-1

单证名称	单方肇事事故	双方车损事故	人员受伤事故	人员死亡事故	获取渠道
责任认定书	√	√	√	√	交警部门
调解书或判决书	—	√	√	√	交警、法院
行驶证、驾驶证	√	√	√	√	自备
住院、出院证明	—	—	√	√	治疗医院
医疗费用收据	—	—	√	√	治疗医院
伤残鉴定证明	—	—	√	—	治疗医院
伤残补助说明	—	—	√	—	公安机关
死亡、销户证明	—	—	—	√	公安机关
修车发票	√	√	—	—	修理厂
赔偿对方的凭证	—	√	√	√	接受赔偿方

(三) 索赔时应注意的问题

(1) 被保险机动车发生的损失是第三方造成的,应由其负责赔偿时,被保险人首先应向第三方索赔。如遇第三方不予支付的情况,应向人民法院提起诉讼,然后携带人民法院的受理证明,请求保险公司先行赔付。

(2) 如果被保险机动车的事故属单方性质,在及时报案并经承保公司现场查勘后,在办理索赔时被保险人可不必提供事故证明。

(3) 如果被保险机动车被盗,被保险人应办理被盗车辆的封档手续。查找 60 日无下落,向承保公司索赔。封档手续如下:被保险人持案发地派出所证明到车管所领取封档表,持表到派出所、所属分局刑警队、公安局主管处室分别盖章,然后送车管所封档签章。

(4) 保险索赔必须在索赔时效内提出,超过时效,被保险人或受益人不向保险人提出索赔,不提供必要单证和不领取保险金,视为放弃权利,被保险机动车被盗抢事故的必备单证及获取途径见表9-2。机动车保险(属于财产保险)索赔的诉讼时效为 2 年(详见《保险法》第二十六条)。索赔时效应当从被保险人或受益人知道保险事故发生之日算起。

被保险机动车被盗抢事故的必备单证及获取途径　　　　　　表 9-2

单证名称	获取途径
事故报案证明、失窃证明	公安交警部门、停车场
车辆未破获证明	公安侦破部门
车辆档案封存证明	公安车辆管理部门
保险单	自备
营业执照或身份证复印件	自备
购车原始发票、购置附加费证原件	自备
被保险人开具的权益转让书	自备
在市级以上报刊上刊登的《寻车启事》	自备报刊

(四) 被保险人在索赔中的权利和义务

为保证索赔理赔工作的顺利进行,保险立法及具体的保险合同规定了各方当事人在索赔和理赔过程中的应当享有的权利和承担的义务。被保险人在索赔时的权利和义务如下。

1. 权利——索赔权

如果被保险人履行了所承担的各项义务,就有权在保险单许可的范围内要求保险人赔偿保险事故造成的损失或给付保险金。保险人对于其保险责任项下的款项应当迅速赔付,不得以其权利(诸如代位求偿权或分摊权等)尚未实现为由而暂缓赔付。否则,将构成违约。

2. 义务

(1) 发生保险事故的通知义务:被保险人在发生了保险事故后,应当立即通知保险人,将发生保险事故的事实以及损害发生的情况通知保险人及其代理人(详见《保险法》第二十一条)。其目的是让保险人能够及时地调查保险事故发生的原因,查证损失情况,并采取适当的措施来防止损失的扩大。用以避免因延误时间而增加调查的困难,防止被保险人隐瞒或消灭证据等欺诈行为。

如果被保险人在保险事故发生后,经过一段合理的时间,并且能够通知而没有向保险人及其代理人发出通知的,即违反了这一义务,保险人有权因此而拒绝赔偿。

(2)施救的义务:虽然被保险人的损失可以从保险人那里得到约定的赔偿,但是,出于保护社会财富,防止被保险人谋取不当利益的道德危险的要求,保险立法规定了此项义务,即被保险人在保险事故发生时,应当采取必要的合理的措施进行抢救,防止或减少保险标的的损失(详见《保险法》第五十七条)。

3. 提供索赔单证的义务

为了获取保险人的赔付,被保险人在提出索赔要求的时候,应当按照有关保险法和保险合同的规定,向保险人提交有关的索赔单证,以此证明保险事故发生的事实和损失数额(详见《保险法》第二十二条)。否则,保险人将拒绝接受其索赔请求。

三、汽车保险的理赔

机动车保险理赔工作是保险政策和作用的重要体现,是保险人执行保险合同,履行保险义务,承担保险责任的具体体现。保险的优越性及保险给予被保险人的经济补偿作用在很大程度上,都是通过理赔工作来实现的。

理赔工作一般是由被保险人提供各种必要的单证,由保险公司负责理赔的工作人员经过计算、复核等具体程序,最后使被保险人获得赔偿。随着计算机、信息和互联网技术的发展,各大保险公司已广泛采用网上通赔业务,为被保险人的获赔提供了极大的方便。

保险理赔是指保险人在保险标的发生风险事故导致损失后,对被保险人提出的索赔要求进行处理的过程。保险理赔应遵循"重合同、守信用、实事求是、主动、迅速、准确、合理"的原则,以保证保险合同双方行使权利与履行义务。

(一)理赔的特点

机动车保险与其他保险不同,其理赔工作也具有显著的特点。理赔工作人员必须对这些特点有一个清醒和系统的认识,了解和掌握这些特点是做好机动车理赔工作的前提和关键。

1. 被保险人的公众性

我国的机动车保险的被保险人曾经是以单位、企业为主,随着个人拥有机动车数量的增加,被保险人中单一车主的比例显著增加。这些被保险人的特点是他们购买保险具有较大的被动色彩,加上文化、知识和修养的局限,他们对保险、交通事故处理、车辆修理等知之甚少。另一方面,由于利益的驱动,检验和理算人员在理赔过程中与其交流过程存在较大的障碍。

2. 事故发生频率高

机动车保险的另一个特征是保险事故虽然损失金额一般不大,但是,事故发生的频率高。保险公司在经营过程中需要投入的精力和费用较大，有的事故金额不大，但是，仍然涉及对被保险人的服务质量问题，保险公司同样应予以足够的重视。另一方面，从个案的角度看赔偿的金额不大，但是，积少成多也将对保险公司的经营产生重要影响。

3. 标的流动性大

由于机动车的功能特点，决定了其具有相当大的流动性。被保险机动车发生事故的地点和时间不确定，要求保险公司必须拥有一个运作良好的服务体系来支持理赔服务，主体是一个全天候的报案受理机制和庞大而高效的检验网络。

4. 受制于修理厂的程度较大

在机动车保险的理赔中扮演重要角色的是修理厂，修理厂的修理价格、工期和质量均直接影响机动车保险的服务。因为，大多数被保险人在发生事故之后，均认为由于有了保险，保险公司就必须负责将车辆修复，所以，在车辆交给修理厂之后就很少过问。一旦因被保险机动车修理质量或工期，甚至价格等出现问题均将保险公司和修理厂一并指责。而事实上，保险公司在保险合同项下承担的仅仅是经济补偿义务，对于事故车辆的修理以及相关的事宜并没有负责义务。

5. 道德风险普遍

在财产保险业务中机动车保险是道德风险的"重灾区"。机动车保险具有标的流动性强，户籍管理中存在缺陷，保险信息不对称等特点，以及机动车保险经营中的特点和管理中存在的一些问题和漏洞，给了不法之徒可乘之机，机动车保险欺诈案件时有发生。

（二）理赔工作的意义和作用

机动车保险在我国保险市场上占有相当重要地位，在整个保险费收入中占有相当比例，是我国保险公司产险业务的支柱险种。

机动车自身的机动灵活性和流动性强，活动区域广，以及当前我国道路交通是以混合道路交通为主，少数地区道路条件差，机动车、自行车、行人混行，互相干扰，潜伏着很多不安全因素。随着我国经济的迅速发展和繁荣，机动车保有量急剧增加。鉴于以上诸多因素的影响，决定了机动车保险是一个出险率较高的险种。它涉及面广，社会影响大，机动车保险理赔工作质量好坏，直接影响到保险公司的信誉，关系到被保险人的切身利益，对机动车保险业务的开展甚至其他产险业务的拓展都起着举足轻重的作用，同时也决定了保险公司自身的经济效益。

理赔工作是加强车险防灾减损的重要内容和依据。机动车理赔工作的意义和作用表现在以下几个方面。

1. 经济补偿

在保险标的遭受保险责任范围内的自然灾害和意外事故损失后，保险人及时给予被保险人经济补偿。

2. 加强防灾、减少损失

在理赔处理过程中和理赔以后能起到加强防灾、减少损失的作用，在事故发生后，保险标的及第三者往往还有加重损失的可能性,需要采取必要的抢救和保护措施,尽量挽回可以避免的损失。

3. 吸取经验教训、掌握事故规律

理赔工作同时也是综合反映业务经营的一个重要环节。通过理赔案件的处理,可以从中吸取经验教训,掌握机动车发生事故的规律。如对机动车按使用性质、车型、车类以及车辆所有权(公有或私有)等进行事故理赔案件分类,或按事故性质进行分类,通过分类统计,找出机动车保险的发展方向。

此外,可以通过理赔案件分类统计,以及典型案例,配合公安交通管理部门进行机动车安全行车教育,提醒广大驾驶人注意行车安全。

理赔工作是检验业务质量,促进业务开展的重要环节。通过理赔可以检查机动车承保质量,还可以通过理赔扩大宣传,提高保险公司信誉,促进机动车保险业务的拓展。

(三)理赔工作的服务模式

汽车保险理赔工作的服务模式,常见的有以下几种。

1. 自主理赔

自主理赔是由保险公司的理赔部门负责事故的检验和损失理算。这种方式是我国各保险公司最常用的理赔服务模式。随着改革开放和市场经济的不断发展变化,全球经济一体化对我国产生了巨大影响,国际上先进的理赔估损方法和理念不断传入国内,被保险人的保险消费意识也不断提高,这种模式的弊端便日益凸显出来,主要表现在以下两个方面。

(1)资金投入大、工作效率低、经济效益差。对保险公司来说,从展业到承保,从定损到核赔,每个环节都由保险公司来完成,大而全的模式造成效率低下。庞大的理赔队伍,加上查勘车辆、设备的相应配置,大量的人力、物力处理烦琐的估损理赔事务,导致其内部管理和经营核算的经济效益差,还常常出现业务人员查勘不及时、估损不准确、理赔材料不完整的不正常现象。这种资源配置的不合理性与我国保险公司要做大做强、参与国际竞争,培养核心竞争力、走专业化经营道路的要求相比,是不相适应的。

(2)理赔业务透明度差,有失公正。汽车保险的定损理赔不同于其他社会生产项目,其涉及的利益面广、专业性强,理算类别多,这就要求理赔业务公开、透明。保险公司自己定损,就好比保险公司既做"运动员",又当"裁判员",对于被保险人来说,意味着定损结果违背了公正的基本原则和要求。对于这种矛盾,即使保险公司的定损结论是合理的,也往往难以令被保险人信服,导致了理赔工作中易产生纠纷。尤其是在信息不对称的市场中,这种弊端就越加突出。

2. 保险公估

保险公估由专业的保险公估公司接受保险当事人的委托,负责汽车的损失检验和理算工作,这是国际上通行的做法。这种做法的好处如下。

(1)可以减少理赔纠纷。由没有利益关系的公估人负责查勘、定损工作,能够更好地体现保险合同公平的特点,使理赔过程公开、透明,避免了可能出现的争议和纠纷,防止以权谋私。

（2）完善了保险市场结构。由专业公司负责查勘、定损工作，能够更好地体现社会分工的专业化，同时可以促进保险公估业的发展，进一步完善保险市场结构。

（3）可以促进保险公司优化内部结构，节省大量的人力、物力、财力。由于保险公司是按实际发生的检验工作量向公估公司支付检验费用的，因此能更如实反映经营的真实情况，避免保险公司配备固定的检验人员和相关设备，可以减少不必要的费用开支和经营成本。

（四）理赔工作的基本原则

机动车理赔工作涉及面广，情况比较复杂。在赔偿处理过程中，特别是在对机动车事故进行查勘工作过程中，必须提出应有的要求和坚持一定的原则。

1. 树立为保户服务的指导思想，坚持实事求是的原则

在整个理赔工作过程中，体现了保险的经济补偿职能作用。当发生机动车保险事故后，保险人要急被保险人所急，千方百计避免扩大损失，尽量减轻因灾害事故造成的影响，及时安排事故车辆修复，并保证基本恢复车辆的原有技术性能，使其尽快投入生产运营。

及时处理赔案，支付赔款，以保证运输生产单位（含个体运输户）生产、经营的持续进行和人民生活的安定。

在现场查勘，事故车辆修复定损以及赔案处理方面，要坚持实事求是的原则，在尊重客观事实的基础上，具体问题具体分析，既严格按条款办事，又结合实际情况进行适当灵活处理，使各方都比较满意。

2. 重合同、守信用、依法办事

保险人是否履行合同，就看其是否严格履行经济补偿义务。因此，保险方在处理理赔案件时，必须加强法治观念，严格按条款办事。该赔的一定要赔，而且要按照赔偿标准及规定赔足；不属于保险责任范围的损失，不滥赔，同时还要向被保险人讲明道理，拒赔部分要讲事实、重证据。

要依法办事，坚持重合同，诚实信用，只有这样才能树立保险的信誉，扩大保险的积极影响。

3. 坚决贯彻"八字"理赔原则

"主动、迅速、准确、合理"是保险理赔人员在长期的工作实践中总结出的经验，是保险理赔工作优质服务的最基本要求。

（1）主动：就是要求保险理赔人员对出险的案件，要积极、主动地进行调查、了解和查勘现场，掌握出险情况，进行事故分析确定保险责任。

（2）迅速：就是要求保险理赔人员查勘、定损处理迅速、不拖沓、抓紧赔案处理，对理赔案件要核得准，赔款计算案卷缮制快，复核、审批快，使被保险人及时得到赔款。

（3）准确：就是要求从查勘、定损以至赔款计算，都要做到准确无误，不错赔、不滥赔、不惜赔。

（4）合理：就是要求在理赔工作过程中，要本着实事求是的精神，坚持按条款办事。在许多情况下，要结合具体案情准确定性，尤其是在对事故车辆进行定损过程中，要合理确定事故车辆维修方案。

理赔工作的"八字"原则是辩证的统一体,不可偏废。如果片面追求速度、不深入调查了解,不对具体情况具体分析,盲目下结论,或者计算不准确,草率处理,则可能会发生错案,甚至引起法律诉讼纠纷。当然,如果只追求准确、合理,忽视速度,不讲工作效率,赔案久拖不决,则可能造成极坏的社会影响,损害保险公司的形象。总的要求是从实际出发,为保户着想,既要讲速度,又要讲质量。

(五)理赔工作人员应具备的条件

保险公司一般都有专职的理赔人员,经营规模较大的公司都设有理赔部门专门处理赔案工作。机动车理赔工作是一项技术性、业务性都很强的工作。因此,要求从事机动车理赔的工作人员必须具备以下条件。

1.廉洁奉公、秉公办事、认真负责

在理赔工作中,理赔人员接触对象广泛,要同被保险人及修理厂直接打交道。在与不同对象的接触中,有的人为达到其目的,会以请客、送礼、行贿等手段拉拢腐蚀理赔人员。也有个别被保险人(更多的是第三者受害方)借此提出无理要求,态度蛮横。这就对理赔工作人员提出很高的要求。

(1)热爱机动车理赔工作,且有从事机动车技术工作的实践经验,有一定的工作能力。

(2)热爱保险事业,关心和维护保险公司声誉,为人正派,实事求是,坚持真理。

(3)自觉服从领导,遵纪守法,团结同志,要有任劳任怨的奉献精神,严格按照理赔人员工作守则行事。

2.精熟条款,实事求是处理赔案

理赔案件的根据是保险合同条款,理赔人员必须认真领会和掌握保险条款。

在现场查勘时,对事故现场情况进行客观的、实事求是的研究分析,在搞清事故出险原因,确定是否属于保险责任后,应合理地确定损失程度,详细鉴定修理范围,制订合适的维修方案。特别是涉及第三者的损失,要本着实事求是精神慎重处理。

3.熟悉掌握有关专业知识

机动车种类繁多,车型复杂,特别是进口车型,要达到定责定损合理、准确,则要求理赔人员熟练掌握事故现场查勘要领,掌握和了解我国的《道路交通安全法》及《道路交通事故处理程序规定》,熟悉机动车构造及其工作原理,了解事故车辆修理工艺,准确核定修理方式、工艺及准确掌握汽车配件价格,了解汽车配件市场动态。

另外,道路交通事故往往涉及第三者的人身伤亡、财产损失以及车上货物损失和人员伤亡。因此要求理赔人员还要了解和掌握很多相关的知识以及赔偿标准。

一般来讲,理赔工作质量高低,能否把好理赔出口关,往往取决于理赔人员对所涉及的专业知识熟悉和掌握的程度。如果不懂有关专业知识,定责定损时就会无说服力,人云亦云,不可避免要出现漏洞,影响保险公司的声誉及经济效益。

(六)理赔工作的主要流程

机动车理赔工作流程如图9-1所示。机动车理赔工作主要分为以下几个环节。

```
                              发现险情
                                 │
        ┌────────────┬───────────┤
        │            │         报案
        │            │           │
        ▼            ▼     ┌──────┴──────┐
     ┌────┐       ┌────┐   │             │
     │积极│       │保护│   ▼             ▼
     │施救│       │现场│ ┌──────┐    ┌──────┐
     └────┘       └────┘ │政府机构│    │保险公司│
                         └──┬───┘    └──┬───┘
                            ▼           ▼
                        ┌──────┐    ┌──────┐
                        │取得事故│    │现场查勘│
                        │ 证明 │    └──┬───┘
                        └──────┘       ▼
                                   ┌──────┐
                                   │修复报价│
                                   └──┬───┘
                                      │ 核实
                                      ▼
                                   ┌──────┐
                                   │灾后恢复│
                                   └──┬───┘
                                      ▼
                                   ┌──────┐
                                   │提交索赔单证│
                                   └──┬───┘
                                      │ 核实
                                      ▼
                                   ┌──────┐
                                   │获得赔偿│
                                   └──┬───┘
                                      │ 涉及第三方责任
                                      ▼
                                   ┌──────┐
                                   │协助赔偿│
                                   └──────┘
```

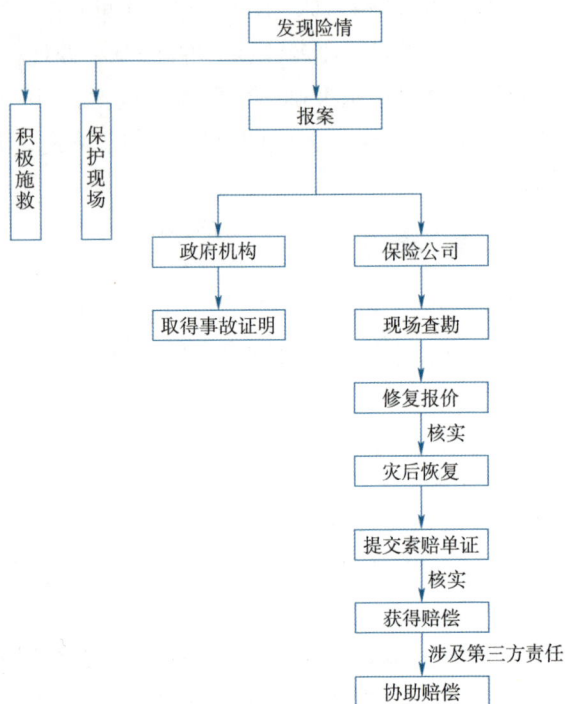

图 9-1　理赔流程

1. 出险受理

包括受理报案，接受损失通知，查抄底单，登记立案等。

机动车保险事故发生后，被保险人应将事故发生的时间、地点、原因及其有关情况，在规定的时间内通知保险人，并提出索赔要求。被保险人务必要保护事故现场，同时尽力施救以减少财产损失，要主动抢救受伤人员，迅速向公安交通管理部门报案，并在 48h 内向保险公司报案。火灾事故速向消防部门报案，盗抢案件在 24h 内速向公安刑侦部门报案。

发出损失通知书是被保险人必须履行的义务。被保险人发出损失通知的方式可以是口头方式、也可以是电话、网上通知等其他方式，但随后应及时补发正式的书面通知，并提供必备的索赔凭证，如保险单、出险证明书、损失鉴定书、损失清单、检验报告等。

保险公司接到被保险人的报案后，要立即查抄底单，登记立案。

2. 现场查勘

包括现场调查和施救保护。

保险公司理赔人员在登记立案、审核保险责任后，应派人到出险现场进行查勘，了解事故情况，进行损失检查，分析事故损害原因，确定损害程度，认定索赔权利，并进行必要的继续施救工作，以减少损失。

3. 损失确认

在现场查勘中，保险公司理赔人员要取得被保险人、公安交通管理部门和消防部门的配合，确认保险事故所造成的损失，包括对事故机动车及第三者财产的损失进行核定，逐项核实损失项目,即定损。到事故处理部门进行责任认定和事故调解。

制订修复方案,明确修理范围及项目,确定修复费用,并根据招标定修原则,确定维修厂家。当车辆进厂修理经拆解后,又发现其他损坏的,保险公司理赔人员要进行复勘。

在招标定修,确定维修厂家时,应掌握以下原则。

(1)定损价格是否合理。

(2)修理厂条件是否能保证事故车辆的修复质量。

对于第三者或车上人员的人身伤亡,要根据事故处理部门认定的责任和调解结果,确定被保险人应承担的相应经济责任。

保险车辆的火灾若原因不明,要求被保险人向权威检验部门申请鉴定。车辆遭盗抢要求被保险人到市级以上报社发布寻车启事,60 日后到公安刑侦部门开具未破案证明,到车辆管理部门办理失窃车辆牌证注销手续。

4.审核责任

保险人收到损失通知书后,应当立即审核该索赔案件是否属于保险责任范围,其审核的主要内容为:损失是否发生在保险单的有效期内、损失是否由所承保的风险所引起、损失的车辆是否是保险标的、请求赔偿人是否有权提出索赔等。

5.索赔处理

保险事故发生后,经过核查属实并估算赔偿金额后,保险人应当立即履行赔偿给付的义务。要求被保险人尽快收集必要的索赔单证,10 日内向保险公司申请索赔。若被保险人在 2 年内不提供单证申请索赔,即视为自愿放弃索赔权益。在索赔时,根据事故的性质要求被保险人提交以下有关的单证。

(1)保险单复印件,盗抢案件提供保险单正本。

(2)出险通知书。

(3)损失清单。

(4)保险公司估价单。

(5)行驶证复印件,盗抢案件需提供行驶证及副本原件。

(6)驾驶证复印件。

(7)修车发票。

(8)必要的、合理的施救费发票。

(9)事故证明,由保险公司确认的事故,也可由事故单位自行证明。

(10)事故责任认定书。

(11)事故调解书。

(12)第三者身份证复印件。

(13)伤者诊断证明。

(14)残疾鉴定报告。

(15)出院小结。

(16)医院病历。

(17)一次性赔偿凭证。

（18）医疗费、交通费、住宿费等票据。

（19）被抚养人的户籍证明（限伤残致丧失劳动能力者）。

（20）死亡证明书。

（21）消防部门的火灾事故证明。

（22）车钥匙。

（23）购车发票及车辆附加费凭证。

（24）登报寻车启事。

（25）停车场证明。

（26）停车场收据正本。

（27）权益转让书。

（28）盗抢车辆报告表。

（29）公安报案受理表。

（30）公安刑侦部门60日未破案证明，失窃车辆牌证注销登记表。

（31）单位营业执照复印件。

6. 理赔案件制作

包括责任审核，费用核定，赔损计算，综合报告，理赔案件审批等，并在10日内通知被保险人携带身份证到保险公司领取赔款。

（七）理赔工作的监督

1. 监督的目的和原则

理赔工作监督的目的是全面提高和确保保险产品的质量，强化保险公司内部的经营管理，提高公司和行业的总体水平。

对于理赔案件的监督是保险经营管理的一个重要内容，由于保险合同是一种射幸合同，大多数的保险合同提供的仅仅是一种承诺和保障，只有少数出险的保险合同才真正履行补偿的义务，为此对于理赔工作的质量应予以充分的重视。一方面理赔工作是保险人实际履约的过程，是被保险人感受和体验保险产品使用价值的过程，理赔工作的质量将形成被保险人对保险以及保险人的认识，对保险人的信誉将产生直接和重要的影响。另一方面理赔工作也是保险人控制经营风险的一个重要环节，严格地按照保险合同进行理赔是防止滥赔和骗赔、确保公平的一个重要的前提条件。同时，通过理赔还可以发现承保中可能存在的种种问题，并且可以有针对性地采取改进措施，这些对保险人的经营业绩将产生重要的影响。

理赔工作监督的原则如下。

1）合法原则

对于理赔工作的监督过程应遵照合法原则，保险合同是经济合同的一种，在合同的执行过程中关键是应严格按照法律和合同的有关规定执行。首先，应确保在合同的执行过程中符合国家的有关法律和法规，在机动车保险业务中应包括《民法典 第三编合同》《保险法》和国家有关交通事故处理的有关法律和法规。其次，应严格按照保险合同的有关条款执行，因为合同对当事人而言就是法律，当事人双方应严格按照合同规定履行相应的义务。

2）公平原则

公平原则是经济活动的基本原则,在保险合同的执行过程中,应遵循公平原则。由于一些被保险人的保障意识淡薄,往往不能很好地维护自身的合法权益,有时保险公司的工作人员从自身的利益出发,有意无意地利用了被保险人的这一缺陷,在理赔工作中任意降低赔付标准和水平,侵害了被保险人的利益。这种行为无疑是短视的和不公平的,从长远的角度看,这种现象将对保险业产生极其不良的影响。

3）强化管理原则

保险公司在经营过程中均制订了一系列管理制度和规定,但是,这些制度和规定的执行情况如何,大多数可以在理赔环节予以反映。承保工作的质量,包括条款的制定、费率的厘定和风险的评估等工作质量问题均将在理赔环节集中反映出来。同时,理赔工作的质量,包括理赔的正确性和时效性以及服务水平,更是理赔工作监督和管理的重要内容。通过对理赔工作的监督和管理,可以有效地强化保险公司的内部管理,提高产品质量和服务水平。

4）改善经营原则

保险公司是以经营风险为主业的机构,其生存和发展的前提条件是对于风险的科学经营和管理。对理赔工作的监督和管理,可以确保保险公司经营的科学性和目的性,能够通过理赔工作及时地发现经营中存在的问题,包括价格确定和业务管理。同时,一旦经营出现了问题,也可以通过对理赔工作的监督和管理及时予以研究和分析,并制定相应的对策及时地调整经营策略,确保经营的稳定。

2. 监督的方式

监督可以采用外部监督和内部监督两种模式。

1）外部监督

监督的外部模式即通过保险监督管理委员会或者行业公会(协会)的监督,也包括委托外部的审计机构对自身的业务进行专项审计,有的保险公司还请社会人士对公司的经营情况进行监督。

外部监督的优点是能够保证监督的透明度,真正形成压力。同时能够在消费者心目中塑造良好的企业形象,增强消费者对企业的信心和信任。

2）内部监督

监督的内部模式则是通过在保险公司内部建立监控和管理体系,通过业务、财务和审计,定期和不定期的检查和监督,建立保险公司内部的监督和管理机制。业务部门是进行机动车保险业务的经营和管理部门,同时,也是制订规则的部门,甚至是承受经营成果的部门,所以,业务部门对于业务的监督和管理专业性较强,具有责任和利益的双重压力。然而,从另一个角度看,这种监督和管理可能存在"护短"和维护"小团体利益"的现象,因此,通过财务和审计部门对于机动车保险业务进行监督和管理是十分必要的。通过财务数据的采集和分析,可以从经营成果、成本结构等宏观方面了解和控制经营情况,审计部门可以结合年终、专项和离任审计等形式,对机动车保险经营的一个局部进行深入的审计,从而了解经营中可能存在的问题,包括个性和共性两个方面的问题。

3. 内部控制制度

保险公司可以通过内部控制制度实现对理赔工作的监督，确保理赔工作的质量。这些内部控制制度包括：定期检查制度、专项检查制度、案件回访制度和客户满意度调查制度等。

1）定期检查制度

定期检查制度即由公司内部的职能部门定期对经营单位进行全面的业务综合检查，检查的内容包括理赔工作的各个方面，如查勘检验工作、案件理算工作、案件管理工作和赔款支付工作等，目的是定期了解经营单位的经营情况，发现经营过程中存在的问题，尤其是普遍存在的问题，以便研究对策，解决存在的问题。

2）专项检查制度

专项检查制度是根据在经营过程中发现的问题，对于某一类工作或者问题进行专门的检查，以了解问题存在的范围和影响程度，并针对这些问题研究解决的办法。

3）案件回访制度

案件回访制度是针对某些特定的客户群，或者特殊类型的案件，在理赔工作结束后对他们进行回访，目的是了解这些特定群体和个体的被保险人对保险人理赔工作的意见和建议以及对于保险的需求，以便有针对性地改进理赔服务。

4）客户满意度调查制度

客户满意度调查制度是指定期或不定期通过对被保险人进行问卷调查的方式，全面了解被保险人对保险公司各个方面工作的满意程度。被保险人对于保险公司理赔服务的满意程度应作为问卷调查的一个主要方面。通过发放问卷和回收，并对回收的问卷进行统计和分析，可以了解理赔工作中存在的主要和突出的问题以及产生这些问题的原因，以便有针对性地提出改进措施，改善服务水平。

思考与练习题

1. 简述汽车保险方案制订的原则。
2. 简述核保工作的重要意义。
3. 投保人在投保过程中应注意的问题有哪些？
4. 理赔有何特点？
5. 理赔工作的基本原则是什么？
6. 机动车理赔工作主要分为几个环节？
7. 根据事故的性质被保险人提交哪些单证进行理赔？
8. 理赔监督工作的原则是什么？

模块十
汽车交通事故鉴定与查勘 >>>

学习目标

知识目标

1. 掌握机动车交通事故鉴定的基本知识;
2. 掌握交通事故现场的有关概念。

能力目标

1. 熟悉在交通事故鉴定中的注意事项;
2. 能够分析判断机动车交通事故的碰撞类型。

素养目标

1. 通过交通事故查勘工作养成认真细致、一丝不苟的工作作风;
2. 通过事故鉴定查勘工作,树立以人为本的观念。

一、汽车交通事故的鉴定与查勘技术

(一)交通事故鉴定概述

1. 交通事故鉴定的意义

交通事故,是指车辆在道路上因过错或者意外造成的人身伤亡或者财产损失的事件。发生交通事故就会造成人身伤害或财产损失,对于被保险机动车就会涉及保险赔付,有些还会涉及刑事或民事诉讼。因此,对机动车交通事故进行科学公正的鉴定具有十分重要的意义。

一般来说,机动车交通事故鉴定可以委托交通事故鉴定专家进行。在我国,一般由公安交通管理部门负责,并出具正式文件。鉴定书一般格式见表 10-1。

鉴定书一般格式表　　　　　　　　　　　　　　　表 10-1

1　事故简介
....

续上表

2 鉴定内容	
2.1 …………	
2.2 …………	
3 鉴定依据	
3.1 …………	
3.2 …………	
事故车参数	
…………	
4 鉴定经过	
4.1 鉴定方法	
…………	
4.2 考证内容	
…………	
5 鉴定结论	
…………	
参考文献	
附录	

　　科学鉴定的目的主要是向事故处理人员、理赔员或法官及律师说明科学解释的程序，为事故处理、保险理赔和诉讼提供科学的依据。因此，鉴定书应尽可能简明扼要、易于有机地把握相关内容。在使用专业术语时，要通俗易懂地解释其意思。叙述要文理清晰，避免杂乱无章。

　　对于复杂的问题，在"鉴定经过"章节的开始要说明鉴定程序。在"考证内容"一节中要对证据中的重要资料进行详细的说明，并以此为基础对事故形态进行考证分析与推理计算。可以充分利用图表、图形和照片加深对事故过程及形态的认识，某些场合还可以利用模型和录像。

　　鉴定内容如下：碰撞事故的发生形态；单车事故的发生形态；碰撞车速、制动前的车速；碰撞地点的特殊情况（违章情况）；碰撞姿态（碰撞时的相对姿态、碰撞角度等）；碰撞发生前事故车的运动状况与驾驶人的动作；避免发生碰撞的可能性；是否为追尾或妨碍行车；该事故存在的真实性（是否伪造事故）；该事故是否为故意（蓄意）的（自杀事故、他杀事故）；驾驶人是谁；因车辆故障引发的事故（使用不当、维护不当、缺陷车）；车辆发生火灾的原因；废气中毒死亡事故的原因；交通信号灯状态；乘员所受的冲击；碰撞所造成的乘员身体运动状况；事故与受伤之间的因果关系；碰撞的顺序（台球式追尾或堆积式追尾）；证言的真伪；相反证言、相反鉴定结果真伪的判定；引发事故的诱因。

2. 机动车交通事故的形态

　　绝大部分的机动车交通事故是碰撞事故。如图 10-1 所示，把碰撞事故分为四个阶段，则更加容易理解。第一个阶段是碰撞发生前事故车辆的运动状态以及操纵车辆的驾驶人的动作。在这一阶段,往往由于驾驶人的错觉、判断错误、反应迟钝,或者车辆及道路环境的异常等原因而引起碰撞事故。

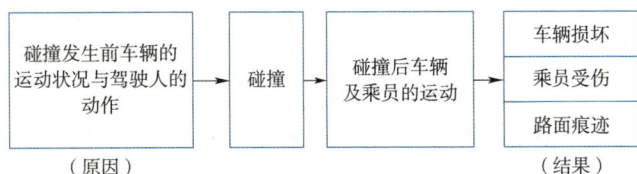

图 10-1　发生碰撞的四个阶段图

从科学鉴定理论的观点来说,机动车碰撞具有如下几个特点。

(1)是车辆之间相互交换运动能量的现象。

(2)是相互挤压,通过车身的损坏(塑性变形)来消耗一部分运动能量的现象。

(3)是部分相互损坏(塑性变形),而另一部分相互排斥(反弹、弹性变形)的现象。

(4)在进行运动能量交换的同时,有时还会将一部分运动能量转换为角运动的现象。因此,发生碰撞事故的车辆不仅存在平移运动,有时还伴随有旋转运动。

(5)由于惯性作用,乘员与车辆之间会产生相对运动,这就是所谓的二次碰撞,即乘员受伤的原因。

(6)碰撞现象一般发生在 0.1~0.2s 极端的瞬间。

在碰撞中未消耗掉的能量则通过碰撞后车辆和乘员的运动,以摩擦功的形式消耗掉。碰撞后的运动时间通常为数秒,整个碰撞过程几乎是人力无法左右的纯物理现象,这使得车辆碰撞事故的科学鉴定具有极高的客观性。碰撞和碰撞后的运动结果主要是造成车辆损坏、乘员受伤、路面痕迹(胎痕、车身的擦痕、路面上的散落物)等。

车辆交通事故的科学鉴定,就是根据这一事故的"结果",即车辆的损坏和乘员的伤害程度、路面痕迹等(同时参考目击者的证言),对照自然规律、汽车运动特性、结构特点、人体工程学等准确地再现碰撞现象。然后追溯、推定构成事故"原因"的碰撞发生前的车辆运动状态与乘员的动作。

交通事故中发生的这些物理现象一定会遵循以牛顿三大定律为首的物理定律而产生和发展,因此,只要正确地记录碰撞的结果,就能够完全正确地反推出交通事故发生的过程和原因。所以说,车辆交通事故鉴定具有较高的实证性。

3. 交通事故鉴定的基本知识

机动车交通事故的科学鉴定涉及多门学科知识,说明交通事故发生过程,必须广泛地跨学科集中收集相关知识。图 10-2 概括了机动车交通事故鉴定学的基本知识体系。

碰撞力学的基本知识主要包括各种力学的基本概念、术语、牛顿三大定律、能量守恒定律、动量守恒定律、有效碰撞速度、相对碰撞速度、反弹系数、摩擦系数、塑性变形等定义,以及必须加深对作为碰撞物体的汽车特性的理解。

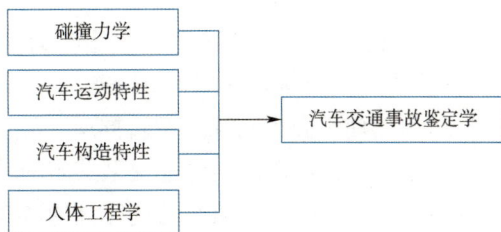

图 10-2　机动车交通事故鉴定学基本知识体系图

对于汽车运动特性的基本知识，主要应加深对加速、制动、转向等汽车的运动以及控制机械故障的原理、实验知识(实际经验)的理解。

在车辆构造特性的基本知识中，车身作为碰撞物体的特性至关重要。这是因为必须根据车身的损坏状况逆推出碰撞事故的发生过程。完成这些工作，还需要材料力学、破坏力学等方面的理论知识。

人体工程学的基本知识重点在于分析视觉、知觉反应时间，打瞌睡、酒后驾车、人体的耐冲击性等知识，以明确事故责任之间的关系。

4. 交通事故鉴定的注意事项

在进行机动车交通事故科学鉴定的过程中，应注意如下事项。

1）坚持中立性

在交通事故鉴定过程中，一定要坚持科学性、公正性，要遵守职业道德。在实际中出现完全相反的鉴定结论已屡见不鲜。当然，真理只有一个，两个鉴定书中必定有一个是错误的。错误的鉴定结果一般分为结论前提型(先入为主型)和错觉型两种。

导致结论前提型鉴定的原因和理由是鉴定人按照鉴定委托方所希望的结论，适当地捏造和杜撰。大多数情况是受经济或人情的束缚，经济和人情像一根看不见的线，间接地、紧紧地支配着鉴定人的行为。

错觉型鉴定是一种非恶意的、无意的错误鉴定。为了避免出现这种情况，必须细致谨慎，按要求进行科学鉴定。

2）做到通俗易懂

鉴定书要作为证据用于事故处理、理赔处理，甚至法庭诉讼。在这些过程中所涉及的人员普遍不熟悉科学鉴定中所使用的科学概念、定律、技术术语等。因此，鉴定书的撰写应尽可能简明扼要，不要在一些细枝末节上纠缠不清，使外行人也能读懂。将一些专业性比较强的论证部分作为附录，还可适当地添加一些图表、照片、图形、录像等，这样更有助于加深感性认识。

3）不要被细节束缚

要保证交通事故鉴定的客观性，最重要的是不受事件的细节所束缚，要完整地观察事故的全貌。不要过分拘泥于事故的部分细节，不要拘泥于某一特定的证据或理论设定假说。否则，会造成严重后果。

4）避免先入为主

这是在强行做出结论前提型鉴定时的常用手段。在鉴定过程中，必须清楚所做的考证过程与提交的结论之间的关联性，依靠考证的条理性与来龙去脉让相关人员弄清楚鉴定的结论。

5）避免使用夸大其词的逻辑推理

这也是在强行做出结论前提型鉴定时常见的方法。在鉴定时明显夸大损伤的程度，故意忽略难以掩盖的明显损伤的例证，以特定的不确切的证言或风闻为依据，故意展开故事情节，并围绕这些因素进行各种求证，来解释其理论的正确性。这种方法在事故鉴定中有极大的危害性。

6）从多种角度观察、论证

事故鉴定的证据主要分为证明碰撞及碰撞发生前的运动、碰撞发生后的运动状况的物证和证人的证言两种。实际上,碰撞发生前的运动状态与碰撞过程及碰撞后的运动状态紧密相关,各种状态之间的相互关系完全可以通过力学计算按时间序列追溯推定。因此,交通事故这一物理现象可以依据大量可靠的证据从多方面、多角度查证。

7)鉴定结论必须充分考虑采样数据的误差

当通过实验室来处理交通事故鉴定问题时,因与外界存在着各种可控条件的误差,会使鉴定结论存在较大的误差。

8)着眼于关键证据

在整个鉴定过程中,往往是某一关键证据决定着鉴定结论的真伪。

(二)机动车交通事故的碰撞类型

机动车与机动车之间发生的碰撞事故,按事故发生后的碰撞结果,可分为正面碰撞、追尾碰撞、迎头侧面碰撞、斜碰撞几种。

1. 正面碰撞

即相向行驶中车辆间发生的迎头正面碰撞。该现象多发生在超车过程中与对面来车相撞;在视线不良的弯道上与对面来车相撞;因其他原因驶入逆行车道,与对面来车发生的迎头正面相撞。由此引发的正面相撞一般不会引起车辆发生侧滑,所以不产生摩擦力。

2. 追尾碰撞

通常所说的追尾碰撞,一般发生在行进过程中,由于跟车距离过近,当前车猛然减速或紧急停车时,后车采取措施不力或在雨雾天行车视线不良,后车发现前车时由于距离太近,来不及采取措施而导致车头与前车尾部相撞。此时的碰撞面为正面而不会引起车辆发生侧滑,所以不产生摩擦力。

3. 迎头侧面碰撞

迎头侧面碰撞是指基本上垂直于被撞车辆的车身侧面的迎头碰撞。该现象多发生在无交通信号控制的交叉路口,两车垂直方向直行且同时进入路口时发生的拦腰碰撞。另外,在路口左、右转弯行进的车辆也可能发生此类碰撞事故。

4. 斜碰撞

斜碰撞是指有别于正面碰撞和迎头侧面碰撞的一种以锐角或钝角形式相互接近的碰撞。斜碰撞多发生在躲避正面碰撞和迎头侧面碰撞时形成的;左、右转弯车和直行车之间会发生斜碰撞。此时由于是重心与重心偏斜的碰撞,且碰撞面之间不呈直角,所以碰撞将伴随有旋转运动(角运动),车辆有侧滑现象发生,会有摩擦力。

(三)交通事故鉴定必要的人体工程学知识

1. 视觉

安全行车与躲避危险所必需的信息,大部分是通过视觉摄取的,通过视觉驾驶人可以获得80%的行车信息。视觉问题包括:可视距离、视野、识别、适应和眩目等。

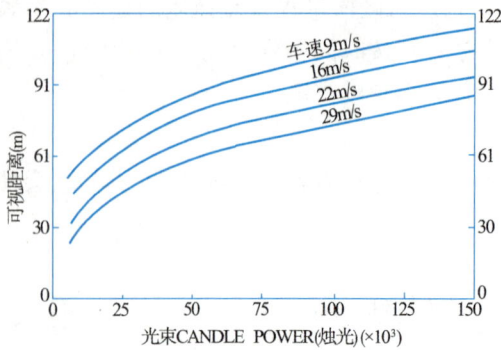

图 10-3　可视距离与前照灯亮度、车速间的关系

1）可视距离

对于驾驶人来说，"能看多远"对行车安全起着至关重要的作用，直接影响能否正确识别所看到的对象物。"能看多远"具体来说可分为可视距离和视野。可视距离基本上受亮度制约。夜间行车，前照灯的亮度直接决定着可视距离。车速也会间接影响到可视距离。图 10-3 所示为可视距离与前照灯亮度、车速间的关系。

对象物的反射率直接影响着可视距离。在夜间，汽车行驶在狭窄的道路上，对穿着黑色衣服的行人只有非常接近时才会发现。车辆行驶速度的高低也会使可视距离产生较大的偏差。因此，行人和自行车的反射率对交通安全有特别重要的意义。

人与视物的关系可分为：人与视物都静止的静止视力；人在移动的物体上，看静止的视物，叫移动视力；移动的人看移动的视物，人和物都在移动，称为移动体视力。与静止视力相比，移动视力约下降 5%，移动体视力约下降 10%。

机动车安全技术条件中对灯光的安全照射距离都有详细的规定。

2）视野

视野即生理性视觉的极限角度，左右两眼分别为 160°。中间重叠的视野为左右各 60°，确认色彩的视野为正前方左右 35°。一般说来，人的最佳视野为：水平 ±45°，垂直±30°。夜间视野主要受前照灯光的定向性的制约。间接视野由驾驶人的眼位和后视镜的特性决定。

3）颜色、形状与识别

驾驶人在行车过程中要有短暂的时间中断注视前方，用眼的余光去识别交通信号、交通标志、仪表、警报器等。所以这些装置应易于识别，一看就懂。

识别的要素主要有：颜色、形状、尺寸、表示方法、设置场地、与其他景物的相对关系等。

色彩鲜艳的颜色易于识别，所以，交通信号、车辆的灯光、仪表、警报装置都采用了红、黄、绿等颜色。行驶着的车辆的尾灯，与在路旁紧急停车的尾灯同样是红色。所以，在高速公路上，时常会发生后面的汽车追尾撞在闪着灯、紧急停在停车带上的汽车的事故。这主要是尾随前车而发生的追尾事故，应引起注意。

各种信息形状的图形越简单，边角越少，越容易识别。

设置场所与其他景物的相对关系对识别效果有较大的影响。信号或标志的设置高度应与驾驶人眼睛的位置相适应，应在眼的有效视野范围之内。

4）光照适应与炫目

人眼对光的适应有两种情况，即"暗适应"与"亮适应"。

行驶在明亮处的车辆，一旦进入较暗的隧道，驾驶人视力会暂时性地极度下降。相反，当从黑暗的隧道行驶到较明亮的外部时，也会因外部太明亮，眼睛不适应而产生看不见东西的现象。这就是光适应问题。

眼睛"暗适应"需要较长的时间,一般5min可恢复40%,10min能够恢复65%。

眼睛"亮适应"恢复较迅速,一般1~2s就可恢复。

相向行驶车辆的前照灯光束,映入眼睛后会出现眩目,有时还会看不清附近的行人,这就是"眩光影响"。随着眩光的照度增强,可视距离急剧下降。因此,交通法规规定,两车交会时要关闭远光灯,打开近光灯,以防止眩目。

2. 知觉与反应

行车过程中,从特殊景象进入驾驶人视野到采取相应行动的时间,即知觉反应时间。

知觉反应时间包括如下4个过程。

(1)发现,即把外部信息情报摄入到大脑内的时间。一般是通过视觉发现。

(2)识别,是对发现的情形作出判断。

(3)决定行动,识别后决定采取什么样的行动,也即产生行动命令的信号。

(4)反应,行动命令信号传递给手脚的肌肉组织,到开始操作的时间,叫反应时间。这一反应时间通常因人而异,反应敏捷的为0.45~0.85s;反应迟钝的超过1.13s。反应时间还和驾驶人的心理状态有关(疲劳、饮酒等)。

另外一个关键的问题是,驾驶人从发现到识别后,能否做出正确的判断,确认危险的存在。也就是说,驾驶人能否正确判定什么时间把脚从加速踏板上收回,什么时间踩制动踏板。在有限的时间内,行驶中的驾驶人发现、确认危险情况是一种概率现象。

3. 驾驶状态

驾驶人在行车过程中的精神状态是一种生理现象,这是造成交通事故的主要原因之一。不正常驾驶状态有如下几种:疲劳型打瞌睡,单调型打瞌睡,酒后驾车,注意力分散。打瞌睡事故也有伪造的自杀、他杀事故。

1)疲劳型打瞌睡

开车虽然并不是一种重体力劳动,但由于中枢神经特别是视觉神经的负担较重,因此,长时间行车,会加重中枢神经的疲劳,导致驾驶人打瞌睡。图10-4所示为因疲劳发生事故的过程。

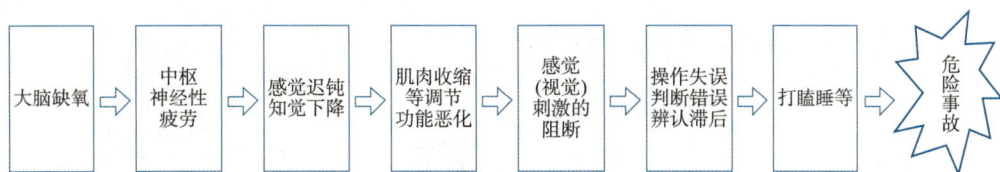

大脑缺氧 ⇒ 中枢神经性疲劳 ⇒ 感觉迟钝知觉下降 ⇒ 肌肉收缩等调节功能恶化 ⇒ 感觉(视觉)刺激的阻断 ⇒ 操作失误判断错误辨认滞后 ⇒ 打瞌睡等 ⇒ 危险事故

图10-4　因疲劳发生事故的过程

"感觉刺激的阻断"过程是"疲劳就要休息",这是十分自然的自卫性生理现象。长时间的驾驶,加上疲劳的积蓄,是打瞌睡的原因。

2)单调型打瞌睡

长时间在单调的环境下,人的感觉受到刺激的新鲜感就会消失,紧张感钝化,感到厌烦,最终导致催眠状态。

如果驾驶人在夜间单独长时间驾车行驶在单一环境的直线公路上,由于缺乏变化,最终会产生单调乏味的感觉。因此，为了减少这种现象的发生，在高速公路上应适当设置一些弯道。

3）酒后驾驶

饮酒、酗酒，会给驾驶人带来生理、精神和心理上的不良影响。

在生理上，会延长知觉反应时间，导致视力下降、视野变窄、多种感觉钝化、动作不协调等，综合驾驶能力下降。

醉酒会对人的心理和精神造成更大的影响，可导致与正常人完全不同的精神和心理状态。例如，情绪不稳定及感情控制力下降，注意力下降，理性判断能力下降，意识范围变窄，信息处理能力下降，预测准确度下降，危机感麻痹，不自觉地夸大运动能力等。

酒精的氧化速度随人而异。一般认为，血液中乙醇浓度在 0.05% 以下时，对驾驶无影响；血液中乙醇浓度为 0.05%～0.15% 时，有人会不适合驾车；若乙醇浓度超过 0.15%，对所有人都会有影响，不适宜驾车。

4. 人体抵抗冲击的能力

在进行交通事故鉴定的过程中，经常需要证明碰撞冲击与身体伤害的因果关系。这就要了解人体的抗冲击特性。因此，要制定"这种水平的冲击，不会对人体造成伤害"的安全限值标准，对维持汽车社会的秩序是非常重要的。

在现实社会中，我们经常会遇到，以交通事故为恰当理由进行保险金诈骗，对肇事者进行讹诈，以赚钱为目的的医疗费过剩现象。

但是，在制定这个极限标准时，必须充分考虑抗冲击特性的个体差异性。图 10-5 所示为人在各种情况下，所能体验的冲击加速度实例及抗冲击特性。其中，以冲击加速度 a 和冲击作用时间 t 为主要参数，横坐标为减速所需距离 S，纵坐标为因冲击产生的速度变化 Δv。

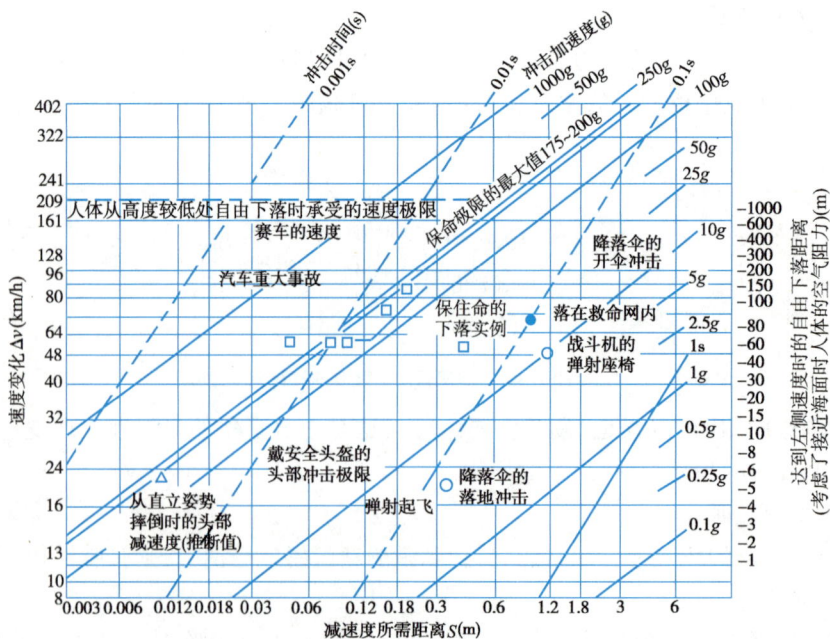

图 10-5　人所经历的冲击

图中各因子的关系：

$$S = \frac{1}{2}at^2$$

$$\Delta v = at = \sqrt{2aS} = 2\frac{S}{t}$$

各种现象的冲击加速度分别为：

降落伞的开伞冲击	$6 \sim 30g$
降落伞的落地冲击	$1.5 \sim 4g$
弹射的启动冲击	$3 \sim 7g$
战斗机的弹射座椅	$10g$
落在消防队的救命安全网内	$20g$
戴安全头盔时头部的冲击极限	$15 \sim 40g$
以直立姿势摔倒时对头部的冲击	$170g$
保住性命的下落实例(距离为 $15 \sim 52\mathrm{m}$)	$25 \sim 250g$
汽车重大事故	$100g$ 以上
大致的保命极限	$175 \sim 200g$

其中 g 为重力加速度。

(四)交通事故鉴定必要的汽车相关知识

1. 车辆动力特性曲线

车辆动力特性曲线即车辆在各挡位驱动力与行驶阻力之间的关系曲线。从车辆动力特性曲线上可以直接看出，车辆在不同道路阻力条件下，所能达到的最高行驶速度，在不同的挡位能驶过的最大坡度，车辆的加速能力等。

图 10-6 所示为手动变速器汽车的动力特性曲线。图 10-7 所示为自动变速器汽车的动力特性曲线。

图中，驼峰线为各挡位驱动力；带%号的缓和向右上方的曲线为行驶阻力(包括道路阻力和空气阻力)，%表示坡度；向右上方倾斜的直线为车速对应的发动机转速。

2. 车身结构

1)轿车车身结构

轿车车身结构分为非承载式(带车架的)结构和承载式(不带车架)结构两种。

(1)非承载式结构的车身。

借助于支撑缓冲橡胶将主车身像轿子一样连接在结实的梯状车架上，发动机、悬架等各总成都固定在车架上，非承载式车身结构如图 10-8 所示。车架承受着来自路面的外力、振动，承受着来自发动机的振动、驱动力的反作用力、车身的重力等。这种结构的车身设计自由度较大，舒适性也高。但由于增加了车辆的自重，故现代轿车采用这种车身的越来越少。

(2)承载式车身。

承载式车身没有车架，发动机等各总成都直接装在车身上，承载式车身结构如图 10-9 所示。承载式车身降低了车辆的自重，但是，在车身前部和车身底部上连接和支撑发动机、转向装置、悬架等总成的部位，局部承受着非常大的力。因此，这一部分需要增加加强筋等结构,以增加刚性。

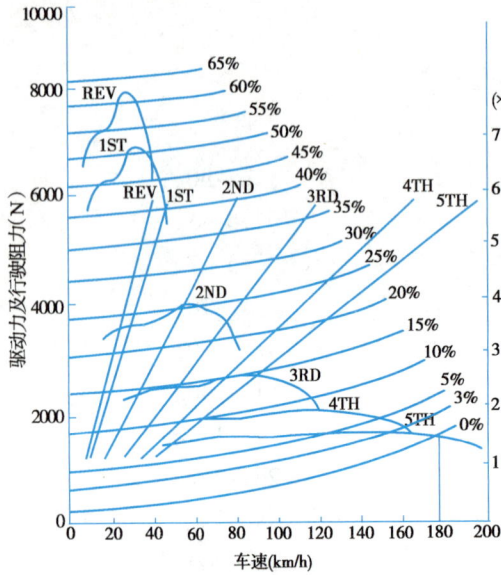

图 10-6　手动变速器汽车的动力特性曲线

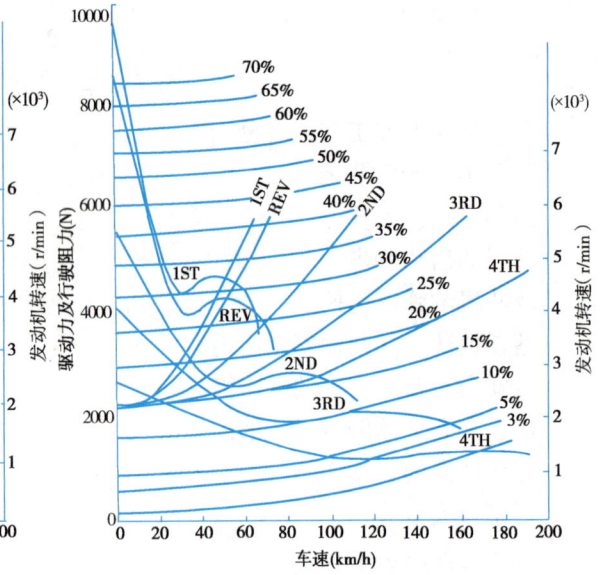

图 10-7　自动变速器汽车的动力特性曲线

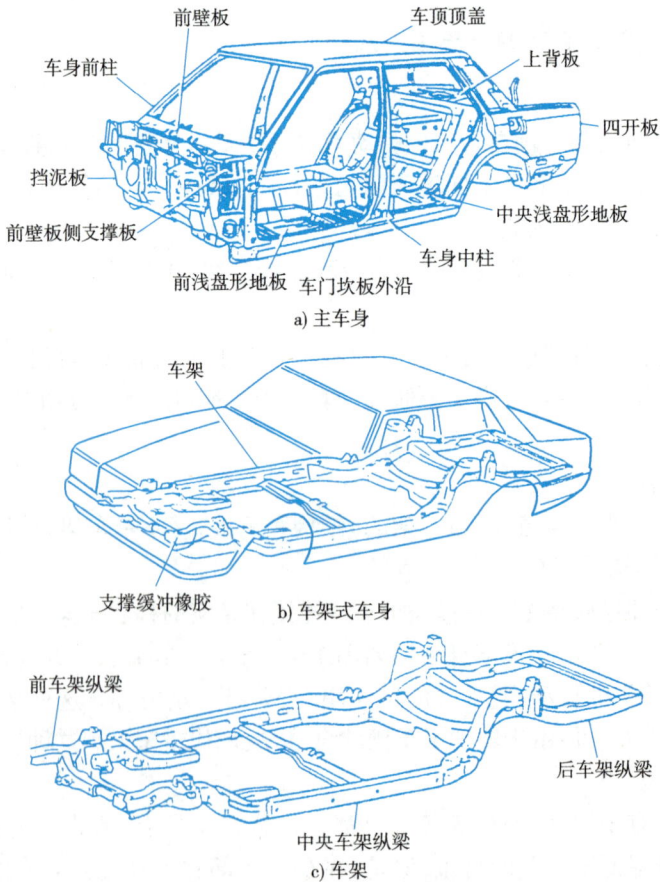

a) 主车身

b) 车架式车身

c) 车架

图 10-8　非承载式车身结构图

2）载货汽车车身结构

载货汽车的车身一般由车架、驾驶室及货厢三部分组成，驾驶室和货厢通过连接装置支撑在车架上，驾驶室主要是通过防振橡胶或螺旋弹簧支撑连接在刚性较高的车架上。货厢单独设计，可以根据装载的要求进行多种选择。

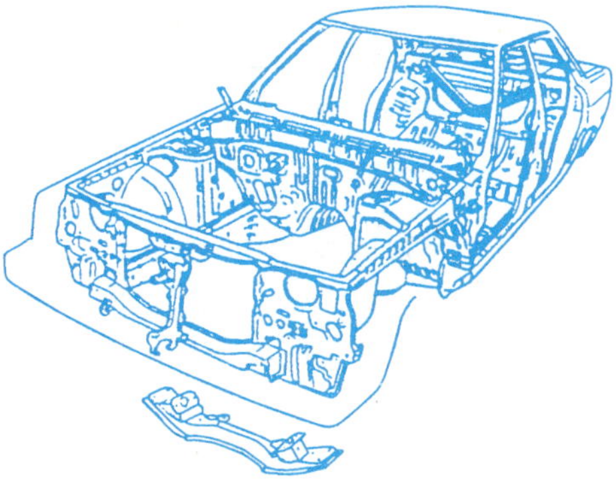

与轿车相比货车车身有如下特点。

（1）载货汽车车身的刚性远比轿车高，若货车与轿车相撞，一般轿车的变形和破坏会比较大。

（2）由于货车的车身比轿车要高，当轿车与货

图 10-9　承载式车身结构图

车相撞时，会出现轿车钻入货车车厢底板、车架下面的碰撞形态。特别是轿车发生追尾碰撞事故。因此，载货汽车应采取措施，在载货车尾部安装防止突入装置。

（3）当两载货汽车相撞时，结构比较脆弱的驾驶室会被两货车的货厢及货物挤在中间，难以保证驾乘人员的生存空间。

3. 汽车要害部位的冲击吸收能力

乘员受伤一般发生在二次碰撞。因此，二次碰撞时与乘员接触的部位必须能够吸收碰撞冲击能，以尽可能减轻对人体的伤害。

这些部位包括：吸收冲击式转向装置，仪表板，座椅靠背背面，车厢内后视镜，头枕，可倒式车厢外后视镜等。

4. 保险杠

保险杠是一个吸收碰撞冲击能的主要部件。目前，我国还没有关于保险杠吸收碰撞冲击能的标准。保险杠的损坏状态与碰撞速度之间的关系常成为人们难以解决的问题。

5. 轮胎

轮胎的状况对行车安全起着至关重要的作用，轮胎痕迹对交通事故鉴定同样意义重大。

图 10-10 所示为轮胎尺寸及各部分名称。图 10-11 所示为几种常见的轮胎花纹。

特别值得注意的是，胎面花纹是轮胎拖痕和碾压行人的重要证据，在事故鉴定中应予以重视。

车辆在高速行驶时，轮胎和路面摩擦产生热，轮胎接触地面会出现平衡阻碍变形，使内部摩擦而发热。这些热量的积累促使轮胎升温，一旦超过限度，会导致强度下降，致使轮胎爆胎。这个极限温度一般为 125℃。

在极高速状态下旋转的轮胎，会出现"驻波"现象。一旦达到驻波状态，轮胎产生的热量会急剧增加，超过极限会使胎面橡胶短时间内过热，出现破裂飞射出去的危险状况。

轮胎破裂的状况一般有剥落、帘线层断裂、轮胎裂纹、穿透、爆胎等几种。

6. 制动系统故障

由于制动系统制动效能下降或制动失灵，因车辆制动距离过长或车辆没有制动，会引发交通事故，造成人员伤亡或财产损失。

a) 轮胎尺寸特性　　　　　　　　　　　　　b) 轮胎各部分名称

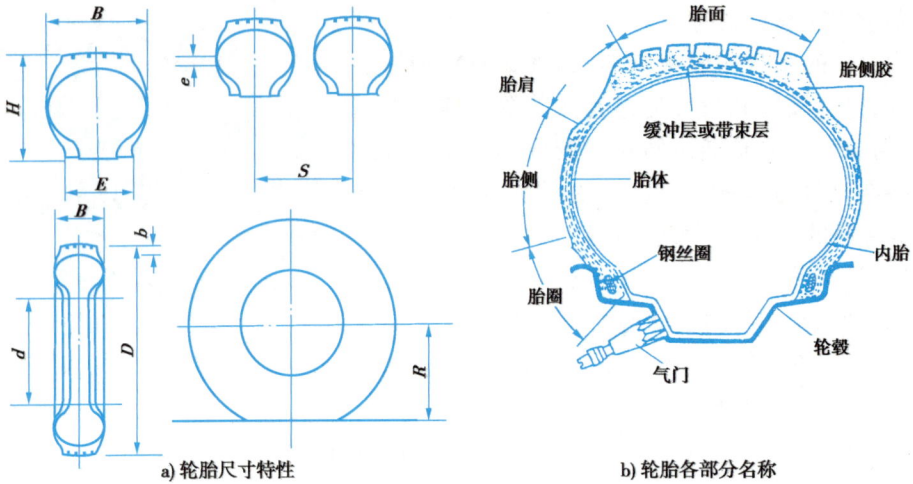

图 10-10　轮胎尺寸及各部分名称

S- 双胎间距；B- 轮胎断面宽度；D- 轮胎外直径；d- 配用轮辋直径；H/B- 轮胎断面扁平比；E- 配用轮辋宽度；R- 负荷下轮胎静力半径；e- 花纹深度

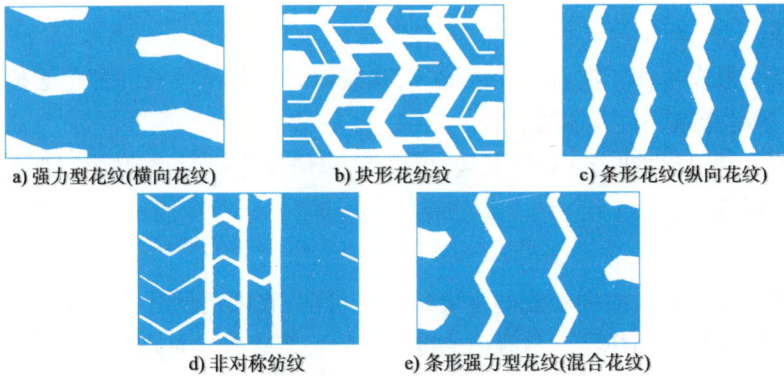

a) 强力型花纹(横向花纹)　　　b) 块形花纺纹　　　c) 条形花纹(纵向花纹)

d) 非对称纺纹　　　e) 条形强力型花纹(混合花纹)

图 10-11　轮胎花纹图

7. 风窗玻璃

风窗玻璃的结构对驾乘人员的伤害程度有不同的影响,采用夹层的安全玻璃可以减少事故对驾乘人员的伤害。

破碎的风窗玻璃或散落在路面上的玻璃片,可以反映出事故车的碰撞方向。对于夹层的安全玻璃,当发生与行人、自行车和摩托车乘员碰撞事故时,有时会留下身体,特别是头部的凹陷痕迹。

8. 转向系统故障

车辆转向系统故障也是引发交通事故的一个原因。由于转向盘自由行程过大,可能会使行车中躲避不及时而造成事故,转向操纵失控会造成严重的交通事故。

二、事故现场查勘的要求和工作内容

(一)交通事故现场

交通事故现场(以下简称现场)是指发生交通事故的车辆及其与事故有关的车、人、物遗留下的同交通事故有关的痕迹证物所占有的空间。现场必须同时具备一定的时间、地点、人、车、物五个要素,它们的相互关系与事故发生有因果关系。

交通事故现场可分为原始现场和变动现场。

(1)原始现场是指发生事故后至现场查勘前,没有发生人为或自然破坏,仍然保持着发生事故后的原始状态的现场。这类现场的现场取证价值最大,它能较真实地反映出事故发生的全过程。

(2)变动现场是指发生事故后至现场查勘前,由于受到了人为或自然原因的破坏,使现场的原始状态发生了部分或全部变动。这类现场给查勘带来种种不利因素,由于现场证物遭到破坏,不能全部反映事故的全过程,给事故分析带来困难。

出现变动现场的原因有如下几个。

①为抢救伤者或排除险情而变动了现场的原始位置。

②执行任务的消防、救护、警备、工程救险车,肇事后因任务需要驶离现场。

③过往车辆和行人及现场围观群众。

④自然原因(刮风、下雨、下雪、日晒等)。

⑤主要交通干道或繁华地段发生的事故,须及时排除交通堵塞而移动肇事车辆及相关证物。

⑥伪造和破坏现场。当事人为了逃避责任或进行保险诈骗,对现场进行破坏和伪造。这类现场事故状态不合常理,不符合客观规律。

⑦恢复现场。恢复现场有两种情况:一是对上述变动现场,根据现场分析、证人指认,将变动现场恢复到原始现场状态;二是原始现场撤除后,因案情需要,根据原现场纪录图、照片和查勘纪录等材料重新布置恢复现场。

(二)事故现场查勘范围与组织

现场查勘是一项细致、烦琐又复杂的工作。因此,在查勘前必须根据现场的具体情况,确定查勘的范围、顺序和重点,拟订查勘方案,按确定的顺序和步骤展开查勘。

现场查勘范围根据事故类型而定。查勘人员到现场后,应及时向现场保护人员了解事故情况,现场有无变动及变动的原因和范围,必要时根据当事人和证明人的记忆恢复现场。

对于现场范围比较小,肇事车辆和证物痕迹比较集中的现场,以肇事车辆为中心由内向外展开查勘。

对于肇事车辆和证物痕迹比较分散的现场,查勘顺序要灵活掌握。以重要部位和可能遭受破坏的部位为重点进行查勘,也可以由外围向中心进行,逐步缩小查勘范围;对于面大距离长的现场,可分片逐段进行查勘。

在现场查勘或对事故进行分析研究中,在认定痕迹或事故原因上存在异议时、在关键问题上意见无法统一时,应通过现场实验进行科学考察。

查勘人员到达事故现场后,要根据现场情况,由现场指挥人员统一部署,布置现场警戒;维护交通秩序,预防现场交通堵塞;保护现场;组织救护交通事故伤员,组织现场抢险。图 10-12 所示为现场移动保护图。

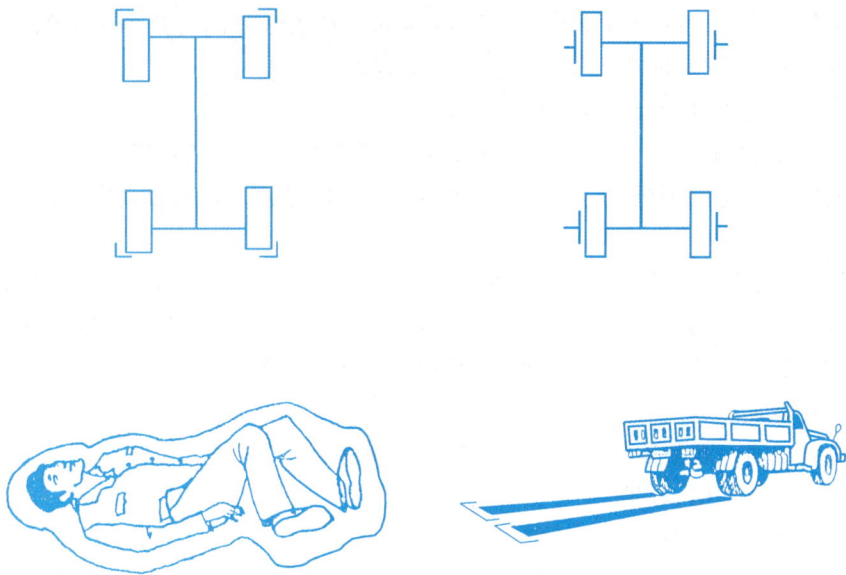

图 10-12　现场移动保护图

(三) 现场查勘的意义、目的和要求

现场查勘是道路交通事故处理过程中一项重要的法定程序。现场查勘是证据收集的重要手段,是准确立案、查明原因、认定责任、进行处罚的依据,是保险赔付、案件诉讼的重要依据,因此,现场查勘在事故处理过程中具有非常重要的地位。

1.现场查勘的意义

1)现场查勘是重大交通事故案件刑事及民事诉讼程序的重要环节

交通事故立案、调查、提起公诉和审判,是刑事诉讼活动的四项程序。现场查勘是刑事诉讼第一、二道程序中的重要环节。因此,事故发生后,必须对现场、肇事车辆、物品、人员损伤、道路痕迹等进行现场调查。

2)现场查勘是保险赔付的基础工作

对于被保险机动车,一旦发生交通事故,就涉及赔付问题。只有通过第一现场的查勘才能确定事故的真伪、事故原因及事故态势,确定赔付的基本依据和确认是否为骗保案件。

3)现场查勘是事故处理的起点和基础工作

只有通过严格细致的现场查勘,才能正确揭示事故的发生、发展过程;通过对现场各种物证痕迹等物理现象的分析研究,发现与事故有关联的诸项内在因素。也只有通过周密的现场查勘、询问当事人、访问证明人等调查活动,才能掌握第一手材料,对案情作出正确的判断。有了正确的判断,就能正确认定事故责任,追究事故责任者的法律责任,维护受害人的正当权益。

4)现场查勘是收集证据的基本措施

证据是查明事故原因和认定事故责任的基本依据。车辆交通事故是一种纯物理现象,交通事故的发生必然引起现场内客观事物的变化,在现场留下痕迹物证。因此,对现场进行细致的、反复的查勘,把现场遗留下的各种痕迹物证加以认定和提取,经过检验与核实就成为事故分析的第一证据。

5）现场查勘是侦破交通肇事逃逸案件的重要环节

现场是交通事故行为的客观反映。交通肇事逃逸的行为不可避免地引起现场各种交通要素的变化，留下痕迹和物品。通过现场查勘取得的各种痕迹证物等证据，是分析案情、揭露逃逸人的特征、侦破逃逸案件的重要依据。

2. 现场查勘的目的

1）确定事故的性质

通过客观、细致的现场查勘证明案件是刑事性质的交通事故，还是普通单纯的交通事故；是否是为骗保而伪造事故，为事故进行划分和处理提供依据。

2）查明事故情节及要素

通过现场的各种痕迹物证，对事故的经过进行分析调查，查明事故的主要情节和交通违法因素。

3）确认事故原因

通过对现场周围环境、道路条件的查勘，可以了解道路、视距、视野、地形、地物对事故发生的客观影响；通过对当事人和证明人的询问和调查，可以确认当事人双方违反交通法规的主观因素。

3. 现场查勘的要求

1）及时迅速

现场查勘是一项时间性很强的工作。要抓住案发不久、痕迹比较清晰、证据未遭破坏、证明人记忆犹新的特点，取得证据。反之，到案不及时，就可能由于人为和自然的原因，使现场遭到破坏，给查勘工作带来困难。所以，事故发生后查勘人员要用最快的速度赶到现场。

2）细致完备

现场查勘是事故处理程序的基础工作。现场查勘一定要做到细致完备、有序。查勘过程中，不仅要注意发现那些明显的痕迹证物，而且，特别要注意发现那些与案件有关的不明显的痕迹证物。切忌走马观花、粗枝大叶的工作作风，以免由于一些意想不到的过失使事故变得复杂化，使事故处理陷于困境。

3）客观全面

在现场查勘过程中，一定要坚持客观、科学的态度，要遵守职业道德。在实际中可能出现完全相反的查勘结论，要尽力防止和避免出现错误的查勘结果。

4）遵守法定程序

在现场查勘过程中，要严格遵守《道路交通事故处理程序》和《道路交通事故痕迹物证勘验》的规定。要爱护公私财物，尊重被讯问、访问人的权利，尊重当地群众的风俗习惯，注意社会影响。

4. 现场查勘的组织实施

现场查勘工作是一项政策性、技术性、法律性很强且烦琐细致的工作。尤其对于重大和特大交通事故，查勘工作量大，需要的时间长，涉及的部门、人员多，有些情况要现场处理。因此，现场查勘要有严密的组织和强有力的临场指挥，使查勘工作在统一领导、统一指挥下，有组织、有秩序地进行，避免杂乱无章。交通事故的现场查勘由属地公安交通管理部门统一组织，单方事故可以由保险公司独立查勘、处理。

现场查勘的组织应注意如下事项。

1）迅速赶赴现场

事故发生地的公安交通管理部门接到报案后，应立即组织警力，快速赶赴现场，按《道路交通事故处理程序规定》的要求，及时划定现场范围，实施保护，维护交通秩序，保证现场查勘工作的顺利进行。

2）全面了解和掌握现场情况

只有全面了解和掌握情况，才能对事故性质以及采取什么样的措施等一系列问题作出正确的判断与决策。否则，将会使查勘工作陷于被动。

指挥员到达现场后，应首先听取先期到达有关人员的汇报，亲自巡视、查看现场状况，确定查勘重点，布置各项查勘工作。对重要痕迹物证，要亲自查验，鉴别真伪与可靠程度，掌握第一手资料。

3）兼顾统筹、全面安排

（1）合理布置查勘力量，特别是重大、特大交通事故。在分配工作任务时，要注意发挥工作人员的特长，因人制宜、新老搭配，提高查勘取证的效率和质量。

（2）重点痕迹过细查勘。尽管现场查勘的工作内容很多，但对重点痕迹的查勘、痕迹形成的认定、收集人证物证、现场查勘纪录四项工作不得有误。这些工作直接关系到事故因果关系、事故性质、事故责任认定。

（3）掌握进度，协调工作。现场查勘工作既有分工又有合作，痕迹查勘与摄影录像、测绘现场图之间要彼此照应，相互协调。否则就会彼此干扰，影响工作的完整性。指挥员要协调各组的工作进度，进行必要的调整，使现场查勘工作顺利进行。

（4）及时采取应急措施。在现场查勘过程中，当遇到某些紧急情况时，应当机立断，及时采取相应措施，保证查勘工作的连续性。例如，对交通肇事逃逸案，一旦掌握基本证据，可立即采取措施，对肇事车辆进行堵截。

（5）组织现场汇报。查勘结束后，应召开现场工作报告会，听取各项调查汇报，查验查勘记录和现场纪录图是否符合《道路交通事故痕迹物证勘验》的要求。发现漏洞和差错，及时复查和补充。若需安排现场实验，另选时间和地点进行。

思考与练习题

1. 什么是交通事故？
2. 交通事故鉴定应注意哪些事项？
3. 知觉反应时间4个过程是什么？
4. 左右两眼视角应为多少？
5. 轿车车身与货车车身结构有什么区别？
6. 交通事故现场变动源有几项？
7. 现场查勘的意义是什么？

模块十一
事故车辆的检验与定损 >>>

学习目标

知识目标

1. 掌握事故定损的基本原则；
2. 掌握机动车事故造成损伤的主要形式。

能力目标

1. 熟悉并应用机动车事故定损的方法进行定损；
2. 掌握并会运用汽车底盘定损的方法。

素养目标

1. 养成坚持原则、认真负责、实事求是的工作作风；
2. 树立以人为本的理念，通过良好的沟通协调解决实际问题。

一、事故车辆的定损原则与方法

(一) 事故车辆验损机构的职责与定损原则

对于保险业，尤其是机动车保险业务，由于道路交通事故和其他事故，机动车保险赔付业务天天都有。因此，为了准确客观地、无争议地完成保险赔付业务，对于一定规模的保险分支机构或物价管理部门都设置有专门的机动车验损中心，配有专职的定损和估价人员。

1.机动车验损中心的职责范围

机动车验损中心的职责范围。接到报案或出险通知后，指派定损核价人员迅速赶到事故现场、停车场或指定及非指定修理厂，对出险事故车辆进行查勘、定损、估价；受理公司系统内异地委托代理业务的查勘、定损、估价；受理有关部门(公安交通管理机关事故处理部门)委托，对非保险车辆进行查勘、定损、估价。

2.定损核价人员的任务

定损核价人员的任务。接到任务及有关资料后，利用必要的设备和技术手段做好事故车辆的查勘工作，对事故车辆及受损部位进行拍照。定损人员确定事故车辆的损伤部位，并确定受损总成及零部件的更换或修理。核价人员在此基础上，对零配件价格及修理工时费用作出正确的核定。做到各司其职，各负其责。

3. 机动车定损的原则

保险公司的理赔工作应严格执行机动车保险条款的有关规定，工作人员在查勘、定损、估价过程中，要做到双人查勘、双人定损、交叉复核。对损失较大或疑难案件做到重复多次审核，专门会议分析研究，确保核定无误。对任何一个理赔案件都要做到严格细致、客观真实，不受人情的影响，做到既不损害保险人利益，又要保证被保险人的权益不受侵害。

定损核价人员在事故车辆的定损、估价过程中，在保证被保险人的权益不受侵害、不影响车辆性能的前提下，应遵循"公平公正""能修不换"的保险补偿原则，参照当地交通运输管理部门规定的修理工时及单价和零配件价格对事故车辆的损伤部位逐项进行审定，做到合理准确地定损核价。

定损核价是一项政策性、技术性十分强的工作，要求定损核价人员掌握必要的物价管理知识、汽车结构和性能方面的专业知识和修理专业方面的知识，要具有丰富的实际操作的经验，能准确认定车辆、总成和零部件的损伤程度，准确实施"能修不换"的原则。定损人员应根据事故车辆的损伤情况，准确认定保险赔付范围及赔付方式，即是修还是换。对于车辆的外覆盖件来说，应以损伤程度和损伤面积为依据，确定修复方法。对于功能件来说，判断零件的更换或修理存在一定的难度，要做到准确判定事故原因及损伤形成的因果关系，这要求定损人员必须掌握足够的汽车结构和性能方面的专业知识。汽车零部件功能的下降和受损，有两方面原因：一是随车辆行驶里程的增加，各零部件、总成的功能都会有不同程度地下降；二是在道路交通事故中，由于碰撞产生的撞击力使部分零部件或总成丧失部分或全部功能。定损人员应能正确区分，哪些是车辆本身故障造成的损伤；哪些是车辆正常使用过程中零件自然磨损、老化造成的损失；哪些是使用、维护不当造成的损失；哪些是损伤产生后没有及时进行维护修理致使损伤扩大造成的损失；哪些是撞击直接造成的损失。依照机动车保险条款所列明的责任范围，明确事故车辆损伤部位和赔付范围。

（二）事故车辆的定损方法

在实际运作过程当中，经常存在着这样的问题，被保险人与保险人在定损范围与价格上存在严重分歧，被保险人总希望能得到高的赔付价格，而保险人则正好相反。另外，在保险业，特别是机动车保险业，经常有骗保案件发生。因此，为避免上述情况发生，定损人员应掌握正确的定损方法。

（1）确定出险车辆的性质，确认是否属于保险赔付范围。根据有关机动车保险条款的解释及事故现场的情况，验明出险车辆号牌、发动机号、车架号是否与车辆行驶证及有关文件一致，验明驾驶人身份，驾驶证准驾车型是否与所驾车型相符，如驾驶出租车是否有行业主管部门核发的出租车准驾证，确认是否属于保险赔付范围及是否存在骗保行为。

（2）对现场及损伤部位照相。按事故查勘照相的要求，对现场及车辆损伤部位拍照，必须清晰、客观、真实地表现出事故的结果和车辆的损伤部位。

（3）对事故车辆损伤部位进行查勘，确定损伤程度。在对外部损伤部位照相的基础上，对车辆损伤部位进行细致查勘,对损伤零件逐个进行检查,即使很小的零件也不要漏掉,以确定损伤情况。如对车身及覆盖件查验时,应注意测量、检查损伤面积、塑性变形量、凹陷深度、撕裂伤痕的大小,必要时应测量、检查车身及车架的变形,以此确定零件是否更换或进行修理所需工时费用。对于功能件应检验其功能损失情况,确定其修理方法或是否更换及所需工时费用。

(4)对不能直接检查到的内部损伤,应进行拆检。如车辆发生强度较大的正面碰撞时,在撞击力的作用下,除车身及外覆盖件被撞损坏以外,同时会造成一些内部被包围件的损坏。如转向机构、暖风及空气调节装置等的损伤情况,就需要解体检查。所以发生碰撞事故后,应根据实际情况确定是否需要解体检查,以确认被包围件的损伤情况。

(5)确定损伤形成的原因。零部件及总成损伤形成的原因,可以由事故引起,也可能是其他原因,不能一概而论。因此,在定损过程中,尤其是对功能件的定损中,一定要根据其损伤的特征,正确区分造成损伤的原因,准确认定赔付范围。

二、汽车车身、发动机和底盘的定损

(一)车身变形及损伤程度的诊断

车辆的车身,尤其是轿车和客车的车身更是车辆的主体结构部分,在碰撞、刮擦和倾翻等交通事故或意外事故中,车身是受损最严重的部分,其车身覆盖件及其他构件会发生局部变形,严重时车架或整体式车身都会发生变形,使其形状和位置关系不能符合制造厂的技术规范,这不仅影响美观,还会影响到车身和汽车上其他总成的安装关系,使车辆不能正常行驶。因此,必须对其进行校正和修复,有些零部件和总成则需要更换。对于保险车辆,这笔费用需要保险人按保险合同的规定承担,这要求有相对准确的计算依据,必须正确地核定车身的损伤情况。

车身由于事故遭受损伤后的修复工作,是一项工艺复杂且技术性很强的专业工作,事故车的定损应考虑到工艺的复杂性和技术性,因此,要求定损人员应熟悉汽车车身结构及车身修复工艺。

要想准确鉴定事故车辆的损失,需要从多方面入手,确认导致变形的诸因素,确定损伤的类型及严重程度。

1. 碰撞力分析

碰撞所造成的车身损坏程度,主要取决于碰撞力的大小、方向及作用点。

1)碰撞力的大小

相向行驶的车辆发生正面碰撞,碰撞力为:

$$F = \frac{m_1 v_1 + m_2 v_2}{t}$$

顺向行驶的车辆发生追尾碰撞事故时,碰撞力为:

$$F = \frac{m_1 v_1 - m_2 v_2}{t}$$

式中：m_1、m_2、v_1、v_2——相撞汽车各自的质量与速度；

t——力的作用时间。

由此可见，同等条件下相向行驶的车辆发生的正面碰撞事故导致的伤害最大。

2）力的作用方向

碰撞形式决定了力的作用方向。迎面相向正面碰撞，力的作用方向垂直于车辆的重心；侧面正碰撞，力的作用方向同样垂直于车辆的重心；而斜碰撞时力的作用方向则对车辆中心形成力偶。

3）力的作用点

如图 11-1 所示，在力的大小和作用方向相同的条件下，不同的作用点导致的伤害结果却大不相同。显然，与对柱碰撞相比，对壁碰撞导致的伤害程度要低。

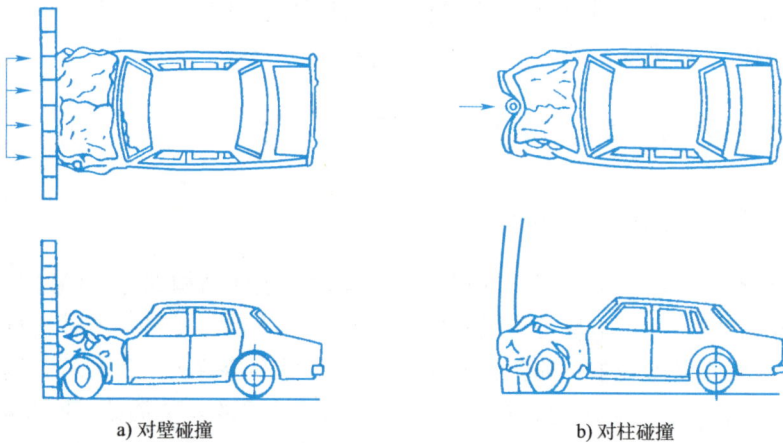

a) 对壁碰撞　　　　　　　　　　　　b) 对柱碰撞

图 11-1　碰撞损伤分析图

2. 损伤形式

根据车身损伤的原因和性质来说，车身的损伤形式包括：直接损伤、波及损伤、诱发性损伤、惯性损伤。

（1）直接损伤是车辆直接与其他车辆或物体发生碰撞而导致车身的损坏。直接损伤的特征是，两客体接触时在着力点形成的擦伤、撞痕、撕裂状伤痕。

（2）波及损伤是指碰撞冲击力作用于车身上并分解后，其分力在通过车身构件过程中所形成的损伤。根据力的可传性，碰撞形成的冲击力在分解、传播、转移的过程中，可以很容易地通过强度、刚度高的构件，但当传到强度、刚度相对较弱的构件时，就会造成车身不同程度的损伤，在这些相对薄弱的构件上形成以弯曲、扭曲、剪切、折叠为主要形态的损坏。

（3）诱发性损伤是指一个或一部分车身构件发生了损坏或变形后，同时引起与其相邻或有装配关系的构件的变形及损坏。与波及损伤的区别在于，这些构件并不承受冲击载荷或承受冲击载荷很少，主要是受到关联件的挤压和拉伸导致的诱发性损坏。损坏特征为弯曲、折断、扭曲。

（4）惯性损伤是指车辆发生碰撞时，在惯性力的作用下而导致的损伤。损伤的形态有：车辆其他总成与车身的接合部承受的惯性载荷超过其承受极限时而破坏。在惯性作用下，人或货物被抛起与车身部件发生二次碰撞造成车身损坏和人员伤害。惯性损伤的特征是撞伤、拉断或撕裂、局部弯曲变形等。如碰撞发生后,在惯性的作用下,人体脱离座位头部撞在前风窗玻璃上造成损伤。

3. 变形的倾向性分析

因车身结构不同,碰撞给车身带来的损伤程度和变形类型也都不同,但具有一定的倾向性。碰撞给车身造成的直接损失比较容易诊断,但对于波及损伤、诱发性损伤等就需要通过对变形倾向进行分析,才能作出正确的判断。

1)承载式车身的变形倾向

承载式车身由于没有车架,车身壳体由薄板类构件焊装起来,直接承受各方向的作用力。与车架相比刚性较低,因此,碰撞事故发生时,对整体变形的影响都比较大。碰撞冲击波作用于各构件,并在传递过程中被不断地吸收、衰减,最终在各部位以变形体现出来。

(1)前车身变形的倾向。如图 11-2 所示,前车身主要由发动机舱与发动机舱盖等组成。前悬架、行驶系统和转向装置等总成都布置于车身前部,相向碰撞发生时,也是通过前车身来有效地吸收冲击能量。

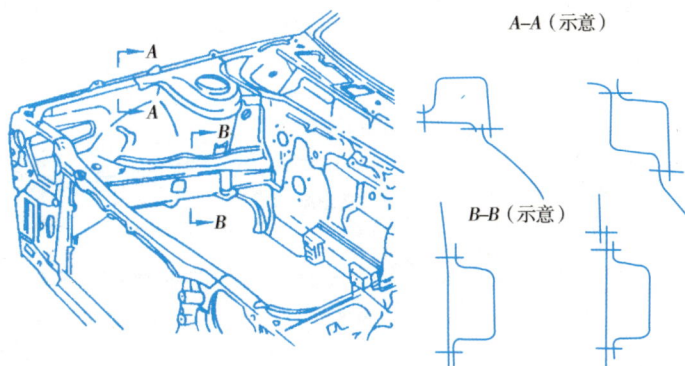

图 11-2 承载式车身前部图

发生正面相向碰撞,车身前部势必会产生变形,变形的倾向和损伤程度与冲击力的大小、方向、受力点和客体对象有关。

车辆发生较为轻度的正面碰撞,车的前保险杠及其支架会遭受到直接损伤,首先受到波及的构件是散热器框架、翼子板和发动机舱盖锁支架等,有可能引发前轮定位失准。

较大强度的正面碰撞,致使直接损伤的范围进一步扩大,翼子板变形增大,压迫车门使其开启困难;发动机舱盖拱曲变形并通过铰链触及前围板;前纵梁弯曲变形并引起前横梁产生变形,致使前围板变形后移伤及通风装置的塑料壳体,使前轮定位严重失准;更严重的碰撞则会使前保险杠、翼子板、散热器框架、散热器、冷凝器、横梁、前纵梁等严重损坏,冲击力的波及、诱发和惯性作用,结果使车身 A 柱变形弯曲,前围板变形严重,影响到空调通风装置,发动机支承错位,悬架装置严重受损,诱发车身底板和车顶篷拱曲变形,车门下垂、风窗玻璃损坏等。

(2)车身后部变形倾向。乘用车车身后部结构如图 11-3 所示,当车辆发生倒车和追尾事故时会造成车身后部的变形,其变形规律和变形倾向与车身前部大致相同。只是由于车身后部的刚度较弱，在相同的撞击力下，后部损伤较严重。但后部附件较少，损失价值稍低。乘用车的油箱多位于后排座椅下面，一旦发生严重的台球式追尾碰撞，伤及油箱会造成汽油泄漏，后果会很严重。

总之，在进行车身损伤的鉴定过程中，要针对损伤的性质、严重程度进行认真细致的鉴别。

2）车架变形倾向分析

对于非承载式或半承载式车身来说，车架与骨架是整车的基础，由于碰撞或倾翻致使车架变形，会严重影响整车的使用性能。车架的变形一般有弯曲和扭曲两种情况，同时伴随有皱褶类的损伤，往往是几种变形的综合体现，进行车架损伤鉴定时应引起注意。

（1）车架弯曲变形。车架弯曲的形式因碰撞方向的不同而不同。发生正面碰撞，车架易出现水平方向的弯曲；发生侧面碰撞，车架易出现垂直方向的弯曲。

（2）车架扭曲。同样，车架扭曲变形的形式也受冲击载荷方向的影响。车架受到垂直方向非对称载荷作用时，车架会形成垂直方向上的扭转变形，如高速上下台阶或重载下的过度颠簸等。当发生偏离车架中心线的角碰撞时，则形成一种水平方向上的对角扭曲（也叫菱形）。参见图11-4车架扭曲变形。

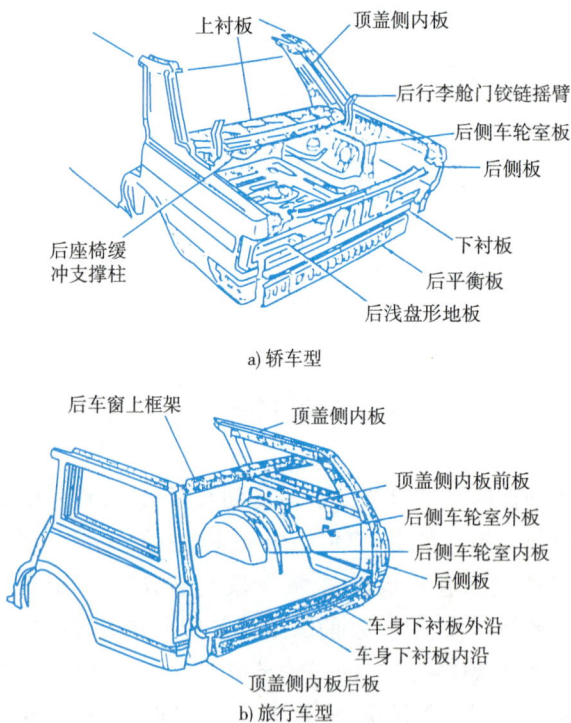

a）轿车型

b）旅行车型

图11-3　车身后部构成图

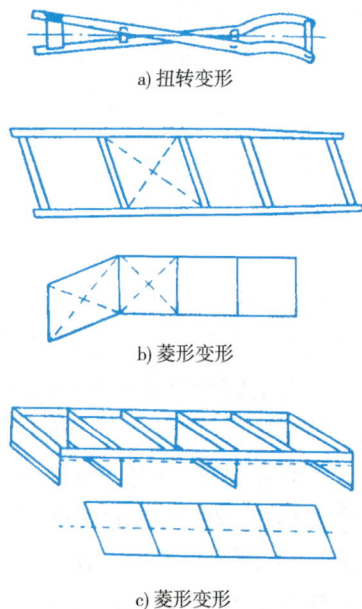

a）扭转变形

b）菱形变形

c）菱形变形

图11-4　车架扭曲变形图

车架发生严重的扭曲变形，使车身四周的离地间隙发生改变。离地间隙的改变有两种原因，一是由车架扭转力超过了悬架在空载状态下的弹力所致；另一原因是悬架弹簧的弹力不一。因此，在进行车架损伤鉴定时，应加以区别，一定要首先排除悬架弹簧弹力不均的问题。

(二)发动机和底盘的定损

车辆发生碰撞、倾翻等交通事故,车身因直接承受撞击力而造成不同程度的损伤,同时由于波及、诱发和惯性的作用,发动机和底盘各总成也存在着受损伤的可能。但由于结构的原因,发动机和底盘各总成的损伤往往不直观,因此,在车辆定损查勘过程中,应根据撞击力的传播趋势认真检查发动机和底盘各总成的损伤。

1. 发动机的定损

汽车的发动机,尤其是小型轿车的发动机,一般布置于车辆前部发动机舱。车辆发生迎面正碰撞事故,不可避免地会造成发动机及其辅助装置的损伤。对于后置发动机的大型客车,当发生追尾事故时,有可能造成发动机及其辅助装置的损伤。

一般发生轻度碰撞时,发动机基本上受不到损伤。当碰撞强度较大,车身前部变形较严重时,发动机的一些辅助装置及覆盖件会受到波及和诱发的影响而损坏,如空气滤清器总成、蓄电池、进排气歧管、发动机外围各种管路、发动机支撑座及胶垫、冷却风扇等,尤其对于现代轿车,发动机舱的布置相当紧凑,还可能造成发电机、空调压缩机、转向助力泵等总成及管路和支架的损坏。更严重的碰撞事故会波及发动机内部的轴类零件,致使发动机缸体的薄弱部位破裂,甚至致使发动机报废。

在对发动机损伤检查时,应注意详细检查有关支架所处发动机缸体部位有无损伤,因为这些部位的损伤不易发现。发动机的辅助装置和覆盖件损坏,可以直接观察到,可以采用旧车拆卸、更换或修复的方法。若发动机支撑和基础部分损坏,则需要将发动机拆下进行维修。当怀疑发动机内部零件有损伤或缸体有破裂损伤时,需要对发动机进行解体检验和维修。必要时应进行零件隐伤探查,但应正确区分零件形成隐伤的原因。因此,在对发动机定损时,应考虑到修复方法及修复工艺的选用。

2. 汽车底盘的定损

1)悬架系统的定损

悬架是车架(或承载式车身)与车桥(或车轮)之间的一切传力装置的总称。悬架系统的作用是把路面作用于车轮上的垂直反力、纵向反力(牵引力和制动力)和侧向反力以及这些反力所形成的力矩,传递到车架(或承载式车身)上;悬架系统还承受车身载荷;悬架系统的传力机构维持车轮按一定轨迹相对于车架或车身跳动;对于独立悬架还直接决定了车轮的定位参数。

由于悬架直接连接着车架(或承载式车身)与车桥(或车轮),其受力情况十分复杂,在碰撞事故中,悬架系统(尤其是独立悬架系统)经常受到严重的损伤,致使前轮定位失准,影响车辆正常行驶。

车辆遭受碰撞事故时,悬架系统由于受到车身或车架传导的撞击力,悬架弹簧、减振器、悬架上支臂、悬架下支臂、横向稳定器和纵向稳定杆等元件会受到不同程度的变形和损伤。悬架系统元件的变形和损伤往往不易直接观察到,在对其进行损伤鉴定时,应借助检测设备和仪器进行必要的测量及检验。这些元器件的损伤一般不宜采用修复方法修理,应换新件,在车辆定损时应引起注意。

2）转向系统的定损

转向系统的技术状况直接影响着行车安全，而且由于转向系统的部件都布置在车身前部，通过转向传动机构将转向机与前桥连接在一起。当发生一般的碰撞事故时，撞击力不会波及转向系统元件。但当发生较严重的碰撞事故时，由于传导作用，会造成转向传动机构和转向机的损伤。

转向系统易受损伤的部件有：转向横直拉杆、转向机、转向节等，更严重的碰撞事故，会造成驾驶室内转向杆调整机构的损伤。

转向系统部件的损伤不易直接观察，在车辆定损鉴定时，应配合拆检进行，必要时作探伤检验。

3）制动系统的定损

车辆制动性能下降会导致交通事故，造成车辆损失。车辆发生碰撞事故时，同样会造成制动系统部件的损坏。

对于普通制动系统，在碰撞事故中，由于撞击力的波及和诱发作用，往往会造成车轮制动器的元器件及制动管路损坏。这些元器件的损伤程度需要进一步的拆解检验。

对于防抱死制动系统（ABS），在进行车辆损伤鉴定时，应对有些元件进行性能检验，如ABS轮速传感器、ABS制动压力调节器。管路及连接部分的损伤可以直观检查。

4）变速器及离合器的定损

变速器及离合器总成与发动机组装为一体，并作为发动机的一个支撑点固定于车架（或承载式车身）上，变速器及离合器的操纵机构又都布置在车身底板上。因此，当车辆发生严重碰撞事故时，会造成变速器及离合器的操纵机构受损，变速器支撑部位壳体损坏，飞轮壳断裂损坏。这些损伤程度的鉴定，需要将发动机拆下进行检查鉴定。

三、汽车其他保险事故的定损

投保车辆的事故赔偿除去道路交通事故以外，还包括火灾、盗抢及其他灾害等。

（一）火灾损失的鉴定

根据《示范条款》（2020版）保险责任部分的规定，车辆发生火灾、爆炸事故属于保险赔偿范围。这里的火灾指的是由车辆本身以外的火源以及保险事故造成的燃烧导致保险车辆的损失，包括因车辆本身漏油、漏电或载运货物本身原因引起的火灾损失（即车辆自燃）。

因此，在对火灾事故车辆进行损失鉴定时，应依据公安消防部门出具的火灾原因证明，确认火灾原因及是否应负保险赔偿责任。

车辆发生火灾时，由于车身面漆、车身附件和汽车内衬都属于易燃品且有毒，发动机附件及车辆上的油品也会加剧燃烧，促使火灾损失加重。火灾过后，这些附件的品种和数量都不复存在，如确定车辆有修复价值，定损时应借助其他同型号的车辆进行。

车辆的车身（尤其是承载式车身）是由薄壁板材制造的，发生严重的火灾后，金属车身会降低其强度和刚度，致使车身塌陷，车辆丧失修复价值。

(二) 车辆被盗抢损失鉴定

全车被盗抢属于机动车损失险的保险责任。被保险机动车在停放过程中被他人偷走，或被保险机动车在停放和行驶中被劫走、抢走，下落不明，经县级以上公安机关刑侦部门立案证实，满60天未查明下落的赔偿案件成立。赔偿范围包括被盗抢车辆的实际价值，被盗抢后受到的损坏或车上零部件、附属设备丢失需要修复的合理费用。

(三) 其他灾害造成事故损失鉴定

造成车辆损失的意外原因有：外界物体坠落、倒塌。造成车辆损失的自然原因有：雷击、暴风、龙卷风、洪水、海啸、地陷、冰陷、崖崩、雪崩、雹灾、泥石流、滑坡、地震等。

(1) 外界物体(指地上或地下建筑物、树木)倒塌、空中运行物体(陨石、飞行器等)坠落致使被保险机动车受损。在对此类车险事故验损时，应根据坠落物体的外形结构，车辆被砸部位，结合碰撞事故车身的定损程序，采取不同的鉴定方法。

(2) 遇有暴风雨、洪水、海啸等自然灾害，车辆有可能部分或全部被淹，如不及时处理，会造成车辆损坏。对于该类出险事故车辆进行损失鉴定时，应考虑对整车或部分总成进行清洗处理，如发动机、驾驶室、变速器、驱动桥、空调及通风装置等。这项工作需要将总成或整车解体完成，需要消耗一部分辅助材料，如发动机进行解体清洗检查，需要的辅助材料有：润滑油、全车衬垫、机油滤清器、密封胶、清洗剂等。

对于现代新型汽车，普遍采用各种电子控制装置，这些电子控制装置浸水或被水淹，尤其是在运行中极有可能被损坏。对电子控制装置的定损，应格外慎重，因此类装置的价格一般都很高，定损时应采用检测仪器进行性能检测以确定是否损坏。

(3) 其他自然原因造成的事故往往会致使车身发生变形。对于这类事故造成的车身变形，应根据与车辆接触客体的外形结构，参照碰撞事故车身受力情况分析及变形趋势分析，进行车辆损失鉴定。

四、维修工时费用的确定

在确定了出险车辆的损伤程度后，就要确定修复方法和维修工时费用。维修工时费用的确定要依据车辆的损伤程度和维修工时定额标准进行，下面主要介绍维修工时定额的一般知识和制定。

(一) 汽车维修工时定额

从广义来说，定额就是对某一事物的发展过程所规定的额度，即人们根据各种不同的需要，对某一事物所规定的数量标准。如工资标准，办公用品的消耗定量，设计施工的技术标准，选举名额等。

对于汽车维修工作，定额是指在一定的作业条件下，利用科学方法制定出来的，完成满足规定技术要求的、质量合格的单位工作量，所需要消耗的人力、物力、机械台班和资金的数量标准。

汽车维修工时定额是汽车维修作业中诸多技术经济定额中的一种，是在一定作业条件下完成维修作业所消耗的劳动时间标准，是维修工时费用确定的重要依据。

(二)汽车维修工时定额的种类

汽车维修工时定额，根据汽车的维修类别和维修工艺规范的基本要求，包括以下几种。

(1)汽车大修工时定额，就是对一部汽车完成大修作业所需要的工时限额。汽车大修工时定额应分别根据车辆的类别、型号、技术含量并参考车辆厂牌制定。

(2)汽车总成大修工时定额，就是对汽车某一总成完成大修作业所需要的工时限额。汽车总成大修工时定额应分别根据车辆的类别、型号、技术含量并参考车辆厂牌的总成制定。

(3)汽车维护工时定额，就是对一部汽车完成维护作业所需要的工时定额。汽车维护工时定额应分别根据车辆的类别、型号、技术含量并参考车辆厂牌的维护级别制定。

(4)汽车小修工时定额，就是指完成汽车每一单项小修作业所需工时定额。汽车小修工时定额应分别根据车辆的类别、型号、技术含量、并参考车辆厂牌的每一单项具体作业制定。

出险车辆损伤的维修工艺和施工方法与汽车性能下降造成的损伤的维修工艺和施工方法存在一定的差别，其工时定额标准也有所不同，在确定出险车辆的维修工时定额时，可以参照当地维修行业管理部门制定的工时定额进行修订。

(三)制定汽车维修工时定额的原则和方法

1.制定汽车维修工时定额的原则

制定汽车维修工时定额是行业管理和企业生产经营管理的基础工作。对于被保险机动车，维修工时定额是出险车辆理赔工作的基础。维修工时定额不单单是一个劳动时间定额，重要的是定额要体现工艺设计和施工方法，体现出现代汽车的技术含量，保证做到耗时少、工效高、质量优。为此，在制定汽车维修工时定额时，要遵循如下几项基本原则。

(1)现实性。要求定额的水平要相对合理，要考虑到当地汽车维修行业管理水平和企业生产管理水平，考虑到工人的技术水平、工装设备水平和材料配件等。定额的制定应体现出行业平均先进水平，使企业能在该定额水平指导下，按质、按量完成各项维修作业，满足行业各项技术标准。

(2)合理性。要求在不同车型之间、不同工种之间的定额水平保持平衡，使其定额的实现比例和超额比例大体接近，避免相差悬殊、宽严不等，以防因工时定额制定不合理，造成有些车型的利润太高，而有些车型因工时不足达不到技术要求。

(3)特殊性。在制定维修工时定额时，应考虑到汽车上采用的新工艺、新结构、新技术，要满足这些新工艺、新结构、新技术的要求。另外对要求不同条件或特殊情况下的作业，应采取不同的工时定额。

制定维修工时定额时，特别是对一些新型汽车和新结构、新技术，应广泛征求管理者、技术工人等各方面的意见和建议，切实考虑当地行业的实际情况，使定额水平合理、公平。

2.制定汽车维修工时定额的方法

制定汽车维修工时定额的方法，应与当地的行业发展情况和企业的生产特点、生产技术条件、生产规模相适应，常见的工时定额制定方法有如下几种。

（1）经验估算法。经验估算法是定损人员根据自己的经历及经验，经过对维修项目、工艺规程、生产条件（如设备、工具、工人技术水平等）以及现场实际情况等方面的分析，结合过去完成同种维修作业或类似维修作业的实际经验资料，用估算的方法来确定工序的时间定额。

经验估算法的优点是简便易行、易于掌握、工作量小。经验估算法便于定额的及时制定和修改，比较适用于作业量小、工序较多或临时性作业中。但是，这种方法比较容易受到定损人员的主观因素影响，原因是对构成定额的各种因素缺乏仔细地分析和计算，技术依据不足，因而定额的准确性比较差。因此，要求定损人员生产经验丰富、技术水平较高、责任心较强，要仔细客观地分析各种技术资料，以求客观公正。同时建立估算登记制度，便于互相比较，达到提高定额准确性的目的。

（2）统计分析法。统计分析法是根据过去同类维修项目实际消耗工时的统计资料，进行分析整理，剔除其中不正常因素的影响，结合当前维修项目施工的技术组织和生产条件制定工时定额的方法。

统计分析法的优点是以丰富的统计资料为依据，使制定的工时定额较为准确，方法相对比较简便，工作量小，在统计制度比较健全、资料数据比较准确的条件下，方法比较容易实现。缺点是，对于较复杂的维修工艺和数量繁多的工序，繁重的统计工作量将会影响到资料的准确性。

统计分析法制定的工时定额的准确性，基本上取决于统计资料的可靠性。因此，为了保证工时定额具有较高的准确性，就需要建立真实、完整的原始记录，建立严格的统计制度，加强统计工作，建立健全各级业务核算制度，真实全面地积累工时消耗资料。在工时定额的制定过程中，还要仔细区分原来与当前生产技术、组织条件的变化，如人员结构、工艺水平与要求、材料性质有何不同，新技术、新设备的运用等。

（3）技术测定法。技术测定法就是根据企业生产技术条件和组织条件进行分析研究，再通过技术测定和计算，确定合理的维修工艺、操作方法和工时消耗限额。

技术测定法的制定过程相对比较烦琐，需要完成工序分析、设备情况分析、劳动组织分析、工人技术分析、维修工作分析等工作。包括维修工序的结构、衔接是否合理，生产工人的操作是否合理，是否有不必要的操作和交叉作业，维修工艺规程、维修项目、技术要求是否合理，设备性能是否得到充分发挥，现场各工序统筹是否合理，对工人作业有无影响等。通过详细的分析研究，确定作业内容，进而确定维修工时定额。

技术测定法的具体运作是，按单项工序时间的各个组成部分，分别确定它们的定额时间。按确定时间的方法的不同，又可分为分析研究法和分析计算法两种。分析研究法采用工作日写实和测时的方法来确定工序时间定额的各个组成部分的时间。分析计算法是根据写实、测时和其他调查统计方法长期积累的具有一定规律的资料进行计算确定。

技术测定法的优点是，所用资料内容比较全面、系统，技术数据充分，方法科学细致，所制定工时定额的准确性最高。但由于该方法细致复杂，整个工作费时费力，需要有系统的资料支持，所以不易做到及时修订。

（4）类推比较法。类推比较法就是根据现有车型维修项目的工时定额为依据，经过对比分析，推算出另一种车型同类项目的维修工时定额的方法。优点是简便易行，基本能保证定额水平。缺点是这种方法受到同类维修项目可比性的限制，通用性较差。

在工时定额制定的实际工作中，可以通过竞赛评比，总结先进操作经验，在此基础上制定工时定额；可以对项目和工艺进行技术测定，制定工时定额；可以结合诸多统计资料，运用数理统计的方法进行数学处理，然后综合平衡确定工时定额。

在实际运用中，要结合地区生产环境和现状，考虑经济上的合理性，客观上的可能性，综合平衡，制定合理的维修工时定额。在此基础上参照当地执行的单位工时定额费用，计算出全部维修工时费用。

五、第三者责任险赔偿标准与认定

（一）第三者责任险的保险责任与构成要素

1. 第三者责任险的保险责任

第三者责任险是机动车保险主险的一种，是指被保险机动车因意外事故，致使第三者遭受人身伤亡或财产的直接损毁，保险人依照合同的规定负责赔偿。

被保险人或其允许的驾驶人在使用被保险机动车过程中，发生意外事故，致使第三者遭受人身伤亡或财产的直接损毁。依法应当由被保险人承担的经济赔偿责任，保险人依照《道路交通事故处理程序规定》和保险合同规定负责赔偿。但因事故产生的善后工作，保险人不负责处理。

2. 第三者责任险的构成要素

第三者责任险的构成要素：责任人是被保险人或其允许的驾驶人，被保险机动车在使用过程中，事故是意外地致第三者人身伤亡或财产的直接损毁。

意外事故：事故的发生不是行为人出于故意（自杀、蓄意谋杀），而是行为人不可预见的以及不可抗拒的并造成人员伤亡或财产损毁的突发事件。

车辆使用中发生的意外事故有两类：一类是道路交通事故，另一类是非道路事故。

道路交通事故即在道路上发生的交通事故。道路即《中华人民共和国道路交通安全法》第一百一十九条所规定的：公路、城市道路和虽在单位管辖范围但允许社会机动车通行的地方，包括广场、公共停车场等用于公众通行的场所。

在我国，道路交通事故的处理权限归属于公安交通管理机关事故处理部门，交通事故涉及的赔偿，应依据《道路交通事故处理程序规定》规定的赔偿范围、项目和标准以及保险合同的规定计算保险赔款金额。

凡在《中华人民共和国道路交通安全法》所规定道路以外的地方使用被保险机动车过程中发生的事故均属于非道路事故。如在铁路道口、渡口、机关大院、企业院内、农村场院、乡间小道等处发生的与机动车有关的事故。

对非道路事故，公安交通管理机关的事故处理部门一般不予受理。这时可由当地政府有关部门根据道路交通事故处理规定研究处理。在我国，一般由当地公安机关的交通科处理。但处理时应参照《道路交通事故处理程序规定》规定的赔偿范围、项目和标准以及保险合同的规定计算保险赔款金额。

事故双方或保险双方当事人对公安交通管理机关事故处理部门或当地政府有关部门的处理存在严重分歧的案件,可提交法院处理解决。

在保险合同中,保险人是第一方,也叫第一者;被保险人或使用被保险机动车的致害人是第二方,也叫第二者;除保险人与被保险人之外的,因被保险机动车的意外事故致使被保险机动车下的人员或财产遭受损害的,在车下的受害人是第三方,也叫第三者。

需要注意的是,在车上的乘客不属于第三者,车上的乘客叫作乘车人。同一被保险人的车辆之间发生意外事故,相对方均不构成第三者。

(二)第三者责任险的赔偿范围及标准

1. 第三者责任险赔偿范围

第三者责任险的赔偿范围是:人身伤亡和财产直接损毁。

人身伤亡:人的身体受到伤害或人的生命终止。

直接损毁:被保险机动车发生意外事故,直接造成事故现场他人现有财产的实际损毁。

保险人不是无条件地完全承担"被保险人依法应当承担的经济赔偿责任",而是依照《道路交通事故处理程序规定》及保险合同的规定给予赔偿。

(1)无论是道路交通事故还是非道路事故,第三者责任险的赔偿均依照《道路交通事故处理程序规定》规定的赔偿范围、项目和标准作为计算保险赔偿的基础。如被保险人在事故中应负的责任,损失的内容,当地执行抚恤金的标准,各种伤害的一般治疗时限,陪护费、营养费的标准等。

被保险人在向保险人提出索赔时,应向保险人提供证据、相关证明和材料,包括:保险单及确认保险事故性质、原因、损失程度等有关的证明材料和有关费用单据。保险人依据保险合同的规定,认为有关证明和资料不完整的,应当及时通知被保险人补充。

事故的赔偿应当按照《道路交通事故处理程序规定》规定的交通事故"以责论处"的原则,被保险人应按照在交通事故中所负责任的比例承担己方损失和对他方的赔偿责任,保险人则按照保险合同的规定,对被保险人在事故中应负责任比例下承担的己方损失和对他方赔偿责任范围内承担保险赔偿责任。对于任何与所负交通事故责任不相适应而加重被保险人赔偿责任的,保险人不负责对加重部分的赔偿责任。

(2)在上述基础上,根据保险合同所载的有关规定计算保险赔款。如保险合同所签订的各项条款,投保项目及责任限额等。

根据车辆种类的不同,规定了第三者责任险每次事故的最高赔偿限额。

机动车每次事故的责任限额在签订保险合同时按 10 万元、20 万元、50 万元、100 万元和 100 万元以上不超过 1000 万元的档次协商确定。

挂车投保以后与主车视为一体,是指要求挂车和主车都必须投保了第三者责任险,而且是主车拖带挂车。无论赔偿责任是否挂车引起的,均视同主车引起的,保险人的总赔偿责任以主车赔偿限额为限。主车、挂车不在同一保险公司投保的,发生保险事故后,被保险人应向承保主车的保险公司索赔，同时还应提供主车、挂车各自的保险单。两家保险公司按照所收取的保险单上载明的第三者责任险的保险费比例分摊赔款。但当主车、挂车有其中之一没有投保时，保险公司不负责赔偿。

被保险机动车发生保险事故致使第三者的财产损坏，若估计修复费用不会达到或接近财产的实际价值，应根据"交通事故财产损失以修为主"的原则尽量修复。通过对损坏财产的修复，使其尽量恢复到损坏以前的状态和使用性能。修理前，被保险人应会同保险人对损坏的财产进行损失鉴定，明确修理项目、修理方式和修理费用。否则，保险人有权重新核定修理费用或拒绝赔偿。在重新核定修理费用时，被保险人有义务如实向保险人提供受损情况、修理情况及有关证明材料，如果发现其存在隐瞒，不如实申报，或严重影响保险人正常取证和确定事故原因、损失程度等行为，保险人可部分或全部拒绝赔偿。

（3）应剔除保险合同中规定的免赔部分。

2. 第三者责任险赔偿依据和标准

（1）第三者责任险的赔偿依据是现行《道路交通事故处理程序规定》的赔偿范围、项目和标准以及保险合同的有关规定。

（2）赔偿标准。根据保险单载明的赔偿限额核定赔偿金额，有以下两种情况。

当被保险人按事故责任比例应付的赔偿金额超过赔偿限额时：

$$赔款 = 赔偿限额 \times (1 - 免赔率)$$

即赔款额度不能超过保险合同规定的赔偿限额。

当被保险人按事故责任比例应付的赔偿金额低于赔偿限额时：

$$赔款 = 应付赔偿金额 \times (1 - 免赔率)$$

（3）第三者责任险免赔率。

第三者责任险的损失除经保险双方确认后，还应根据被保险机动车驾驶人在事故中所负责任的大小，在赔款中扣除一定的免赔率。负事故的全部责任以及单方肇事事故，扣除应付赔款金额的20%；负事故主要责任的，扣除应付赔款金额的15%；负同等责任的，扣除应付赔款金额的10%；负事故次要责任的，扣除应付赔款金额的5%。

被保险人自行承诺或支付的赔偿金额：不符合《道路交通事故处理程序规定》的赔偿范围、项目和标准以及保险合同规定的，且事先未征得保险人同意，被保险人擅自同意承担或支付的赔款，保险人有权重新核定或拒绝赔偿。

机动车第三者责任险的赔偿原则是：一次性赔偿结案。也就是说，保险人对第三者责任险保险事故赔偿结案后，不再受理被保险人追加受害人的任何赔偿费用。

第三者财产遭受损失后尚有价值的剩余部分，应由保险双方协商作价折归被保险人，并在计算赔款时直接扣除。

第三者责任险具有连续性，不因事故赔偿而终结，保险责任直至保险期满。在保险期内，无论每次保险事故的赔款是否达到保险赔款限额，第三者责任险的保险责任仍然有效，直至保险期满。

3. 第三者责任险责任免除

发生战争、军事冲突、暴乱。战争指国家与国家、民族与民族、政治集团与政治集团之间为了一定的政治、经济目的而进行的武装斗争;军事冲突是指国家或民族之间在一定范围内的武装对抗;暴乱是指破坏社会秩序的武装骚动。所谓的战争、军事冲突、暴乱以政府宣布为准。

被保险机动车被扣押、罚没。

非被保险人或非被保险人允许的驾驶人驾驶车辆发生的事故造成第三者人身伤害及财产损失,保险人不负赔偿责任。

被保险机动车直接参加比赛活动,被保险机动车进行性能和技术参数测量或试验时,被保险机动车在营业性修理场所进行修理作业时,发生事故造成的第三者人身伤害或财产损失,保险人不负赔偿责任。

被保险机动车所装载的液体或气体,因泄漏、流泻而对外界一切物体造成的腐蚀、污染、人畜中毒、植物枯萎以及其他财物的损失。保险人不负责赔偿。

机动车拖带车辆(含挂车)及其他拖带物时,二者当中至少有一个未投保第三者责任险,都属于增加被保险机动车危险程度,超出了保险责任正常所承担的范围,故由此产生的任何损失,保险人不负赔偿责任(公安交通管理部门清障车拖带故障车不在此列)。但拖带车辆和被拖带车辆均投保了车辆损失险的,发生车辆损失险范围内的损失时,保险人应对车辆损失部分负赔偿责任。

驾驶人因酒后驾车、吸食毒品、被药物麻醉,发生事故造成的车辆损失及致使第三者损失,保险人不负赔偿责任。

意外事故发生时,被保险机动车必须牌证齐全,即具有公安交通管理部门核发的行驶证和号牌。同时应达到《机动车运行安全技术条件》(GB 7258—2017)的要求,并在规定的时间内经公安交通管理部门检验合格。

思考与练习题

1. 事故车辆定损有几种方法?
2. 车辆损伤有几种形式?
3. 简述汽车底盘定损的内容。
4. 汽车维修工时定额的种类有哪些?
5. 简述制定汽车维修工时定额的方法。
6. 简述第三者责任险赔偿范围。
7. 第三者责任赔偿标准有哪几种?
8. 如何确定第三者责任险免赔率?
9. 第三者责任险免责范围是什么?

模块十二
赔款计算及案卷制作 >>>

学习目标

知识目标

1. 掌握保险责任审定的主要内容;
2. 掌握费用核定的原则和具体内容。

能力目标

1. 在保险责任审定中能够正确把握应注意的问题;
2. 熟练运用机动车保险赔款的计算方法。

素养目标

1. 在理赔案卷制作和管理中培养工作的责任心;
2. 保险责任审定时要强调实事求是,以人为本。

赔款计算及案卷制作包括:保险责任的确定,损失费用的审核,理赔计算,案卷制作及复核,审批。

理赔计算及案卷制作主要依据保险条款及现场查勘的详细资料,分析判断保险责任,公正合理地确定损失,迅速准确地计算保险赔款。这项工作是理赔工作的核心,是把好机动车理赔出口的重要关口,也是理赔工作的难点所在。它一方面对前段现场查勘定损工作的检查和复核,起着监督和制约作用;另一方面要按照保险条款和损害赔偿原则进行严格的损失费用审核和赔款计算,尽量避免与被保险人因经济利益发生冲突,引起矛盾纠纷。

一、保险责任确定及费用审核

(一) 保险责任的确定

保险责任的确定是处理赔案的一项非常重要的工作,是根据现场查勘记录及查勘报告,事故责任认定书及事故损害赔偿调解书,按照《保险法》、机动车保险条款及有关解释的规定,全面分析事故的主客观原因,以确定赔案是否属于保险责任范围和赔偿范围的一项工作。

1. 责任审定的主要内容

（1）是否属于保险责任的范围。审定发生的损失是否由保险条款所规定的自然灾害或意外事故所引起。如属于保险责任范围,应予赔付,否则应拒赔。

（2）是否在保险有效期间内。

（3）是否属于第三者责任。

（4）审定被保险人所提供的单证。

2. 责任审定时的注意事项

（1）要依法履行保险合同的条款。保险合同对保险当事人具有约束力,对于个别典型案例,在机动车保险条款及条款解释中含混不清的,不能急于定论、要集体讨论、研究决定。

（2）熟悉法规条款,实事求是地审核定性。保险责任确定工作的一个首要任务是理赔人员必须熟悉法规、条款及有关规定,这样才能准确定性。确定保险责任要根据法规、条款及有关规定,认真审定灾害事故的性质、发生原因、责任范围和各种证明文件的可靠性、有效性和权威性。

3. 审定中应注意掌握的问题

（1）货车拖带挂车发生第三者责任的掌握。货车拖带挂车或其他拖带物发生第三者责任后,如果货车(或牵引车)和拖带的挂车(或其他拖带物)均投保了第三者责任险,肇事后可予负责。如果货车和拖挂车(或其他拖带物)二者只保了其中之一,发生第三者责任保险事故后,不负责赔偿。

（2）抢救车辆不慎造成他人财物损毁,视为合理费用。被保险机动车发生保险责任事故后,由于抢救车辆不慎造成他人财物损毁,如果应由被保险人负责的费用,可视为合理费用,保险人可以酌情予以赔偿。但在抢救出险的被保险机动车时,参加抢救人员个人物品的损坏、丢失,保险人均不负赔偿责任。

（3）合理的施救费用,承担赔偿责任。车辆发生较大事故后,往往需要进行施救(例如严重碰撞及倾覆)才能使出险车辆脱离现场。被保险人未采取合理的施救及保护措施,致使事故损失扩大,其扩大部分不在赔偿范围之内。如:

①未对出险车辆派人现场看护,致使车上设备及零部件丢失。

②一般情况下,在对车辆进行施救时,难免对出险车辆造成再次损失(如使用起重机吊装,钢丝绳对车身的漆皮损伤)。对于合理的施救费用,保险公司可承担赔偿责任。对于不合理的施救损失则不承担赔偿责任。

（4）参加施救的车辆又出险。参加施救的车辆在施救途中发生新的事故,属于保险责任范围内的,保险人只对被保险人自己的或他人义务派来的车辆的损失,负责赔偿。而对被保险人雇请的或以支付施救费用为前提的施救车辆所造成的损失不负赔偿责任。

（5）第三者责任的认定。被保险人允许的驾驶人在使用被保险机动车过程中发生意外事故,致使第三者遭受人身伤亡或财产的直接损毁,依法应当由被保险人支付的赔偿金额,保险人依照保险合同的规定负责赔偿。但被保险机动车被人私自开走,或未经车主、被保险机动车所在单位负责人同意,驾驶人私自许诺的人开车,均不能视为"被保险人允许的驾驶人",此类情况发生肇事,保险公司不承担赔偿责任。

（6）车辆损失扩大部分不赔偿。被保险机动车因发生保险事故遭损失后，由于被保险人的原因没有及时进行必要的检查和修理，在车辆未达到正常使用标准前继续使用，造成车辆损失扩大部分，保险人不负赔偿责任。例如，机动车在遭受水灾后，发动机缸体内吸入泥水，被保险人未做检查修理，而盲目发动，致发动机缸体拉伤损坏。

4.临界于保险责任与责任免除之间的责任确定

在保险理赔实践中，常常发生一些特殊情况，这些特殊情况往往处在可赔可不赔，可多赔可少赔之间。怎样对待这些特殊情况，是衡量保险公司理赔人员业务水平的标准，处理得合理、准确、及时，双方满意为好，相反则说明不好。现就常见特殊情况列举如下。

（1）出险后未能及时报案私自决定修理，然后报案要求赔偿，保险人不负赔偿责任。凡是被保险机动车出险后造成损坏，被保险人应在48h内向保险公司报案，并经保险人查勘估损后送修理厂修理，未经保险人定损估价，而自行修理，然后才报案，使保险人无法对事故损失查勘核实的，原则上保险人不负赔偿责任。但确有特殊情况的，如通信不便，被保险人伤残或死亡，行政强行扣修等原因，可以根据照片和修理厂估价单、修理费用清单进行审核，通过协商，由被保险人自负部分经济责任，保险人赔偿部分损失。

（2）由于机械故障造成被保险机动车出险。由于被保险人未做好车辆正常的维护，带病行驶、发生机械故障，如转向盘失灵、传动轴脱落、制动器失灵等引起碰撞、翻车。在证据确凿的情况下，保险人应剔除其直接引起事故的材料费用，并且视情节由被保险人承担全部或部分经济损失。

（3）被保险机动车出险后驾驶人逃离或离开事故现场，造成责任加重。肇事后驾驶人有意逃离或离开事故现场，造成责任加重，或肇事后驾驶人有意逃离事故现场后，被警方查获或自首，被裁决负全部责任的，保险人视其情节只能承担事故损失的部分赔偿责任。

（4）公安交警在事故处理调解书中的损害赔偿超出规定、超出标准的由被保险人自负。

（5）被保险机动车事故的修理费用接近或高出保险标的的实际价值。保险人对被保险机动车的修理费用一般控制在实际价值的70%以内，若超过70%的，说明该车损失严重，接近报废程度，可以推定全损。按实际价值扣除残值和责任免赔后赔付。

（6）事故裁决书对肇事双方责任未明确分摊比例的处理。发生保险责任事故，在交通肇事处理意见书中，未按责任大小明确各自经济损失分摊比例的，保险人可以按主责承担70%，次责承担30%的比例分担经济责任。

（7）私了责任处理不赔。被保险机动车发生交通事故，必须报警，由公安交通管理部门依法处理，未按规定报警处理的，由双方肇事人私自了结的，保险人有权拒赔。如果事故发生在非正规交通道路上，可以通过当地公安派出所，也可以直接报保险人调查处理，私自了结所发生的费用完全由被保险人自负。

5.审定被保险人所提供的单证

（1）索赔单证必须真实可靠。被保险人所提供的索赔单证必须真实可靠。被保险人如果有涂改、伪造单证等欺诈行为，保险人有权拒绝赔偿。

（2）索赔单证必须齐全有效。被保险人所提供的单证必须齐全、有效。包括：保险单正本、出险通知书、驾驶证复印件（正、副本）、行驶证复印件、与事故有关的原始发票、收据、现场照片、事故经过记录。属单方事故的必须有保险公司理赔人员的现场查勘报告。属于双方责任事故,必须提供处理事故机关的"事故责任认定书"及"事故损害赔偿调解书"。对于不同类型事故,除提供上述单证外,还应提供如下单证。

①撞车事故:应提供双方车辆的估价单、修理项目清单及原始发票。

②致人伤残事故:应提供县级以上医院出具的诊断证明书、公安部门出具的伤残等级评定结论、误工护理工资证明、病休证明、家庭情况证明、医疗费原始单据、外购药品要有外购处方。

③致人死亡事故:提供死亡证明书、家庭情况证明或户籍本复印件。家庭情况证明用来核定死者及被抚养人的年龄、抚养年限、确定赔偿金额。

④失窃事故:要求提供公安部门的立案证明,60日后未破获案件证明;被保险人在电台、报刊登载寻车启事的证明、行驶证、附加费本、购车发票、保险证、丢失车车钥匙,并填写《权益转让书》一式三份。

⑤火灾事故:要求提供公安消防机关出具的火灾原因鉴定证明。

⑥车上责任事故:车上人员伤亡要求有医院的诊断证明、死亡证明、医疗费收据。车上货物损失应提供提货发票、验货发票、损失项目清单。

(二)损失费用的审核

理赔内勤人员在对被保险人所申报的索赔事故进行保险责任确定后,应对其提供的损失费用票据进行审核。损失费用的核定是否准确,直接关系到保险人能否准确、合理地履行经济赔偿义务。损失费用的核定应严格按照损害赔偿规定及标准进行。

1.损失费用的核定原则及内容

1)对机动车估损单进行复核

根据事故车辆照片对估损单进行审核,主要审核工时费用确定是否准确,换件项目是否合理,配件价格是否准确,是否扣除残值。审核事故车辆修理发票与机动车估损单估损金额是否一致,是否在估损单所确定的修理厂修理。

2)施救费审核

被保险机动车发生事故时的施救、保护费用;由于被保险机动车发生保险责任范围内的事故,所产生的合理的救护费用,保险人在与车辆车损险的保险金额相等的限额内负责赔偿。

施救措施是指被保险机动车在遭受保险责任范围内的灾害或意外事故后,被保险人为了减少或避免被保险机动车的损失,所采取的必要的、合理的抢救行为。施救费包括租用吊车、拖车、灭火器材等所支付的费用。

保护措施是指被保险机动车遭受保险责任范围内的自然灾害或意外事故后,被保险人为防止被保险机动车损失扩大或加重而采取的行为。保护费包括雇、请他人看守的费用等。

合理的费用是指为采取施救、保护行为而支出的直接的、必要的、符合国家有关政策规定的或找不到规定但符合情理的费用。其原则是:以尽可能减少被保险机动车及其他财产的损失为准,按照实际情况,从"必要"和"合理"两方面来考虑。一般情况下应注意以下几个方面。

（1）被保险机动车遭受火灾时，被保险人或他人使用不属于被保险人所有的消防设备进行灭火，所消耗的灭火剂和灭火器材，按照当地市场消防器材价格计算费用。属于合理的施救费，保险人负责赔偿。

（2）被保险机动车出险后，失去了正常的行驶能力，雇用起重机、拖车或者其他车辆进行拖移、运送的行为属于必要的施救行为。由此产生的费用，并且符合当地物价部门规定的台班费标准，属于合理费用支出，保险人负责赔偿。被保险人超过规定标准自行承诺的部分，由被保险人自负。

（3）被保险机动车出险后，不论事故是否属于保险责任，被保险人派出的任何工作人员，奔赴肇事现场，参加处理事故所支出的费用，如差旅费、招待费、食宿费及各种补助费等，保险人均不负责赔偿。

（4）保险人只对被保险机动车的直接救护费用负责赔偿。这就是说，如果被保险机动车所载的人和货物没有投保附加险，救人救货的施救费用应在总施救费用中剔除。如果分不清楚时，应按各自价值比例分摊。

（5）发生保险责任范围内的进口车出险，当地没有修复能力，经保险人同意去外地修理车辆的移送费用，可视为合理的施救费用。这种费用仅仅指起重机费用、运车或拖车费。对护送人员的一切费用，保险人概不赔偿。

（6）被保险机动车受损后不能行驶，雇人看守的费用，有交警部门出具证明的，可以赔偿，费用标准可比照当地劳动力平均收入标准。

3）第三者人身伤亡的损害赔偿费用的审核

（1）医疗费。医疗费按照医院对当事人的交通事故创伤治疗所必需的费用计算。一般规定交通事故受害者必须在县级以上医院治疗。因此，被保险人必须凭县级以上医院医疗收费单据索赔。但对一些特殊情况，如因交通原因，受害者需在当地紧急抢救或治疗一些轻微创伤，也可以凭其他医疗单位（如乡、镇卫生所）的医疗收费单据索赔，但必须经交通事故处理机关认可。

在医疗费审核方面应注意以下几个方面。

①伤者经治疗痊愈出院的，不再给付今后医疗费。

②伤者出院后，如受害人身体尚未康复确需继续治疗的，根据医生建议及病历诊断证明，根据实际病情可给付部分今后医疗费用（但最高给付不得超过实际住院医疗费用的50%）。

③出险当日或次日做一次性结案处理的（无须住院治疗的医疗费），如果不能提供诊断证明或病历的，原则上不予赔付。

交通事故受伤者擅自住院、转院、自购药品、超过医院通知的出院日期拒不出院的、擅自在指定医院外多处就医的、开假证明骗取医疗费用的、治疗非交通事故所造成的损伤或疾病的，以上所发生的医疗费用不在赔偿之列。

医疗费是目前在人身伤亡损失控制中的一个突出问题，由于一些医院，尤其是一些中、小型医院存在管理不善和利益驱动的问题，对受害者及其家属的不合理要求采取无原则迁就的态度,有的出于自身利益的考虑,故意引导受害者进行不合理的治疗,更有甚者与受害者家属串通,损害被保险人和保险人的利益。鉴于上述情况,保险公司理赔人员应予以充分重视,主要的对策是采取早期介入的办法,即在受害者送医院时就开始全过程的介入,全面了解受害者的受伤和治疗情况,主要了解各类检查和用药情况。对于一些疑难案件,必要时可以委托有关医疗专家协助检查。

(2)误工费。误工费指交通事故受害者因误工减少的收入。在此期间收入没有减少的,则不赔付误工费。误工费根据收入情况分成两种:有固定收入的误工费和无固定收入的误工费。误工日期为实际误工的日期,一般以医院出具的证明、单位证明为依据。有固定收入的,按照本人因误工减少的固定收入计算(在国家机关、企事业单位、社会团体等单位工作的,其收入包括:工资、奖金及国家规定的补贴、津贴;农村人口有固定收入的,其收入按交通事故发生地劳动力人均纯收入计算;其收入高于交通事故发生地平均生活费三倍的,按照三倍计算)。无固定收入的误工费,按事故发生地同行业的平均收入计算(按当地政府统计部门公布的上一年度各部门职工平均工资为准)。

(3)住院伙食补助费。住院伙食补助费指交通事故伤者住院抢救、治疗期间所需的伙食补助费用。补助以住院期间为限,只要住院不管其伤轻伤重都应给付。给付标准按事故发生地国家公务员的出差伙食补助标准计算(以各地政府部门"差旅费开支"规定为准)。

(4)护理费。护理费指交通事故伤者因伤势严重,生活不能自理,需要专门人员护理的费用。在掌握上注意以下几个方面。

①期限:以结案前的住院期限为限。

②需要护理的情况:一般指伤势严重,生活不能自理的或者医院要求家属护理的情况。

③护理人和护理费标准:护理人分为有收入和无收入的两种人,前者按误工费的规定计算,后者(如没有工作的亲属或雇人护理的)护理费按照事故发生地平均生活费计算,伤情危重必须24h护理的,护理人数不得超过2人,其他情况1人。

(5)残疾者生活补助费。残疾者生活补助费指因交通事故致残而给付残疾者的生活补助费。所谓"残疾"是指交通事故损伤后所致的后遗障碍,包括生理功能的、精神的和解剖结构的异常。残疾者生活补助根据伤残等级按照交通事故发生地平均生活费计算。伤残等级分为十级,补助费用的具体数额,按照伤残等级的十级,依次分为100%～10% 10个档次。赔偿自伤残等级评定结束做出评定之当日起(含当月)赔偿20年。即:50周岁以下的,赔偿20年;50周岁以上的,年龄每增加一岁赔偿减少一年,但最低不少于10年。如55周岁的应赔偿15年,60～69周岁的应赔偿10年(70周岁以上的按5年赔偿)。

(6)残疾用具费。残疾用具费指因残疾而造成全部或部分功能丧失,需要配制补偿功能器具的费用。残疾用具费用只能按照普及型器具的费用计算。所谓普及型器具是指在同一品种中被广泛使用的器具,一般以国产的为限(不包括豪华型)。确定残疾需要配制器具的,要凭县级以上医院证明。

(7)丧葬费。丧葬费指办理丧葬事宜所必需的费用,按照交通事故发生当地丧葬费标准支付。

(8)死亡补偿费。死亡补偿费指交通事故对死者家属的抚慰金,以及对死者家庭遭受损失的补偿金。死亡补偿费按照交通事故发生当地平均生活标准计算,补偿 10 年。即:16 周岁以上、70 周岁以下的补偿 10 年;不满 16 周岁的,年龄每小一岁减少一年;对 70 周岁以上的,年龄每增加一岁,补偿减少一年。如:14 周岁的补偿 8 年;74 周岁的补偿 6 年;但最低不少于 5 年,即 11 周岁以下的和 75 周岁以上的均补偿 5 年。

(9)被扶养人生活费。被扶养人生活费指死者生前或者残者丧失劳动能力前实际扶养的,没有其他生活来源的人的生活费。残者丧失劳动能力以伤残评定"第五级残疾以上(含第五级)"为限。

实际扶养的,没有其他生活来源的人的掌握原则:指死者或者残者丧失劳动能力前"已经在扶养的、无收入的被扶养人",包括配偶、子女(含非婚生子女、继子女、养子女)、父母、兄弟姐妹、祖父母、外祖父母、孙子女、外孙子女等。以上人员应由具有扶养义务和扶养能力的人共同承担,死者或残者只承担本人应扶养的一份费用。

被扶养人生活费按照交通事故发生地居民生活困难补助标准计算。对不满 16 周岁的人扶养到 16 周岁。对无劳动能力的人(指完全丧失劳动能力、无法获得生活保障的)扶养 20 年,但 50 周岁以上的,年龄每增加一岁减少一年,最低不少于 10 年。70 周岁以上的按 5 年计算。

在扶养费审核方面除按赔偿范围和标准进行掌握外,重点应审查提供的被扶养人证明材料,防止出现伪造和虚构扶养对象的虚假证明。

(10)交通费。交通费指伤残者就医、配制残疾用具等的车船票费,一般按当地公务员出差的最低交通费报销标准计算。

4)理赔案件中常见的间接费用和不合理费用,不负责赔偿

间接费用包括:通信费、停车费、招待餐费、交警部门收取大事故处理费、罚款、查勘现场租车费、伤者家属的医疗费、家庭生活困难补助费等。以上费用在审核时应予以剔除。

不合理费用包括以下方面。

(1)未按照交通事故责任承担的费用。如负事故次要责任,却承担全部费用或大部分费用。

(2)未按照当事人法定承担的份额赔偿的费用。

(3)其他超出赔偿标准的费用。

对于这些费用在核定时应严格按照规定处理,超标准的费用应予剔除。

2. 损余物资处理

机动车发生碰撞或倾覆事故后可能会造成车上所载货物及第三者物资财产的损坏。对于本车所载货物的损失若未投保车上货物责任险或货运险,则可考虑不予核损,但若已投保车上货物责任险或货运险,按照保险赔偿原则应对损坏物资进行鉴定并进行损失费用的核定。

对于一般普通类物资(商品),定损人员可通过现场查勘进行一般性常规外观检查予以鉴定,但对于机电类物资设备(产品)除进行常规性检查之外,必要时还应进行技术检测及技术鉴定实验。

一般情况下,有些物资受损后经过整理和修复完全可以使用;有些物资虽经修复但又不能保证原有的性能及质量,要降质使用;有些物资则无法修复,不能恢复原有的使用性能,只

能报废按全损处理。在实际查勘定损处理过程中,因为大多数损坏物资都属于商品(或产品),因此,在处理方面往往难度较大,即便是通过整理、修复可以使用,但作为物资所有者(商品销售者)往往强调其物资属商品(产品),整理、修复后的物资销售困难或要降价销售。在处理此类问题时,查勘定损人员要实事求是,合情合理地处理。做到物尽其用,准确核定实际损失费用,在对损坏物资进行修复安排时,应尽可能创造条件保证修复后能符合原产品的技术要求与质量标准。

1)损余物资的处理办法

(1)对于不需要再加工或一时不能处理或修复的,可在当时作价折算,由被保险人自行处理。

(2)对于能及时加工整理或修复的,可在修复后作价折归被保险人,由被保险人降价销售处理,有关修复、检测费用由保险公司承担。

(3)损余物资虽有残余价值,但被保险人已无法利用时,可协商作价转售他人或其他单位。

(4)如果被保险人确实无法自行处理或折价无法协商一致的,保险人也可收回损坏物资,另行处理。

2)损余物资处理的管理

(1)严格遵守国家有关规定和制度,坚持"物尽其用"的原则。损余物资达不到报废标准的不应按报废处理,能加工或修复使用的应尽量利用,合情合理核定修复费用,减少损失。

(2)本着实事求是的精神,按照条款规定,对于受损财产的残余部分应根据可利用程度,合情合理地折归被保险人。经技术鉴定无法修复或不能利用的,在核实品名、数量、质量后,按废品折价由被保险人处理,折价款均从赔款中扣除。对于易变质、易腐烂的(如食品、水果类等)物品,在保险公司有关领导同意后,应尽快与被保险人协商现场变价处理。被保险人未经保险人同意,不得以任何借口擅自削价处理。对于双方达不成协议,无法折价的,可报经公司有关领导批准后收回处理。

(3)收回的损余物资要严格按规定办理手续,开列清单,列明损余物资的品名、数量、损失程度、残值数额等,并由被保险人盖章。填制《损余物资回收单》一式三份,一份附赔案卷内,一份交财会部门做表外账目入账,一份交保管人员核实,登记留存。收回的损余物资要妥善保管,及时处理,防止损失及流失。

(4)对收回的损余物资进行处理时,要填制《损余物资处理单》一式三份。损余物资处理后的收入,必须按规定冲减赔偿,不得挪作他用和转移。

(5)损余物资如因工作需要留作保险机构内部使用的,须事先报经上级公司批准,并合理作价,按照财务会计制度登记账册,不得擅自无偿占用。不准将损余物资作为福利措施在保险机构内部发放给个人。

(三)领取赔款

保险公司在赔偿时是以事实为依据,依照条款按责赔偿。因此,被保险人在处理事故时要实事求是地承担责任,超过应负责任的损失,保险公司不负责赔偿。

交管部门结案后,被保险人可携带出险证明、事故责任认定书、事故调解书、损失技术鉴定书或伤残鉴定书、有关原始单据以及其他证明及材料到所投保的保险公司办理索赔。

1. 领取赔款时应提供的单证

被保险人领取赔款时须提供：出险登记表；被保险人身份证；公章；取款人身份证。如有疑问，可向理赔人员咨询。

2. 向保险人开具权益转让书

由于机动车保险具有补偿性，被保险人不能在补偿其被保险机动车损失的范围以外获取利益，因此，在机动车保险的索赔和理赔中适用代位追偿和委付制度。对于涉及第三者赔偿责任的时候，被保险人应当向保险人开具转移其向第三者索赔权给保险人的书面转让文件，用以证明保险人在向被保险人赔付后享有的向第三者追偿的权利。

此外，在推定机动车保险的保险标的全损的情况下，被保险人也可以向保险人申请委付，但是，被保险人必须出具转移保险标的的一切权利给保险人的书面文件。

3. 确认赔偿金额、领取保险赔款

被保险人提供齐全、有效的索赔单证后，保险公司即根据条款、单证进行赔款理算，然后向被保险人说明赔偿标准和计算依据，若被保险人对赔款没有异议的，即可领取赔款。一般情况下，赔款金额经双方确认后，保险公司在 10 日内一次赔偿结案。赔款收据应填上开户银行账号、盖上财务公章。如为私人车辆，则由被保险人签名，经保险公司审核无误后，凭本人身份证到保险公司领取赔款。

在被保险人领取了保险赔款后，其据以索赔的保险单是否继续有效，要根据具体情况来处理。对于机动车损失险来说，被保险人领取了全部保险金额赔偿后，其保险单的效力终止；对于第三者责任保险，责任险保单因其无责任限额，在领取了部分保险金额赔偿后，根据保险合同的约定，保险单继续有效，故原则上是在保险人赔付后继续有效至保险期限届满，若该类保单规定了累计限额的，则在扣除赔款额后的余额范围内继续有效。

（四）保险人的权利和义务

1. 义务

保险人在索赔和理赔过程中的主要义务是：应当根据被保险人或受益人的索赔要求，及时正确地进行理赔，依据法律和保险合同的规定，向被保险人或受益人予以赔付。如果保险人应当赔付而未予赔付，或故意拖延赔付，或所赔付的数额小于应当赔付的范围的，均构成违约行为，其依法要承担违约责任。

2. 权利

（1）调查权。为使审核损失，确定责任的工作得以顺利进行，法律赋予保险人调查损失的权利。基于这一权利，保险人得以进入事故现场，调查事故发生的原因及造成的损失情况。必要时，保险人有权聘请专门机构和人员评估损失。并且，保险人有权审核被保险人或受益人提交的索赔单证是否真实、齐全。

（2）代位求偿权。代位求偿权表现为如果第三者对于保险标的的损失依法负有赔偿责任时，保险人在向被保险人进行赔付时，有权要求被保险人将其享有的对第三者的赔偿请求

转移给保险人自己。然后,保险人得以代被保险人代位向第三者追索赔偿。

保险人取得代位求偿权的前提是向被保险人履行了保险赔偿义务。

如果被保险人作为受害人已经从第三者处得到了赔偿,且所得赔偿的数额等于或大于保险人依保险合同所应赔付的数额时,被保险人在保险合同中的索赔权随之消灭,则保险人也就不存在代位求偿的权利。

(3)分摊权。分摊权存在于重复保险的财产保险合同中。具体来讲,如果投保人就同一保险标的分别向两个或两个以上的保险人投保,导致各个保险合同的赔偿总额超过了被保险人的实际损失的,则构成重复保险。在重复保险的情况下,被保险人只向其中一个保险人提出索赔请求时,该保险人有权向其他保险人要求,按一定的分摊方法承担各自的赔偿责任。保险人要求其他保险人分摊损失的权利即为分摊权。

二、赔款计算及基本程序

计算赔款是理赔工作的最后环节,也是理赔工作的关键、重要一步。保险车辆肇事后经现场查勘、调查、定损以至事故车辆修复后,由被保险人提供单证、事故责任认定书、损害赔偿调解书、车辆估损单、修理清单和修车发票以及各种其他赔偿费用单据,经保险责任审定、损失费用核定后,应按机动车损失险、第三者责任险、施救费、附加险等分别计算赔款数额。

(一)机动车损失险的赔偿计算

在机动车保险合同有效期内,被保险机动车发生保险责任范围内的事故而遭受的损失或费用支出,保险人按以下规定赔偿。交通事故的经济赔偿部分,以《道路交通事故处理程序规定》及出险当地的道路交通事故处理规定为原则计算赔款。计算赔款的方法如下:

1. 机动车全部损失的赔款计算

机动车全部损失是指保险标的因碰撞、倾覆或火灾事故造成车辆无法修复即整车损毁;或保险标的受损严重,车辆修复费用极高,基本上接近于被保险机动车的保险金额,已失去修复价值,或按国家有关汽车报废条件,达到报废程度,由保险公司的查勘定损人员推定全损。

在车辆全损的赔款计算中应注意掌握和区分车辆的实际价值和车辆的保险金额。在车辆全损的赔款计算中,不论机动车损失险按保险价值或实际价值或由被保险人与保险人协商估价投保确定保险金额的,若保险金额等于或低于出险时的实际价值,在赔款计算中则以保险金额为最高赔偿限额进行赔款计算;若保险金额高于出险时的实际价值时,则以不超过出险当时的实际价值进行赔款计算。车辆残值应根据车辆损坏程度、残余部分的有用价值与被保险人协商作价折归被保险人,并在赔款计算中扣除。

车辆出险时实际价值的确定:机动车发生事故推定全损后,如何确定发生事故前车辆原有的实际价值,目前我国还没有一个比较准确的核定方法。因为车辆的使用条件、环境以及车辆的维护修理情况千差万别。同样一种车型,同时投入运行,但其使用强度以及车辆状况的差异,也就使车辆的实际价值可能差异很大。现在确定车辆实际价值的通常做法是按照国家关于汽车使用更新报废条件中的使用年限,比照现行车辆重置价值采取按使用年限折旧的方法予以确定。也可以按各地汽车交易市场同一车型、同一使用年限的车辆交易平均价格参照确定。

车辆全损赔付款计算公式为：

$$保险赔款 = 车辆核定损失 \times 按责任分担损失的比例 \times (1 - 免赔率)$$

（1）被保险机动车发生全部损失后，如果保险金额等于或低于出险时的实际价值时，按保险金额计算赔款。即：

$$赔款 = (保险金额 - 残值) \times 事故责任比例 \times (1 - 免赔率)$$

（2）被保险机动车发生全部损失后，如果保险金额高于出险时车辆的实际价值时，以出险当时的实际价值计算赔偿。即：

$$赔款 = (实际价值 - 残值) \times 事故责任比例 \times (1 - 免赔率)$$

在计算时应注意以下两点。

①免赔率是指机动车保险每次赔款计算中，应按规定扣除的按责免赔比例。免赔率的高低与被保险人承担的事故责任成正比。负全部或单方事故责任的免赔20%，负主要责任的免赔15%，负同等责任的免赔10%，负次要责任的免赔5%。

②计算公式中的按责任分担损失的比例是根据《道路交通事故处理程序规定》第60条规定：交通事故责任者应当按照所负交通事故责任承担相应的损害赔偿责任。交通事故责任认定划分为：全部责任；主、次责任；同等责任。全部责任（含单方事故）承担事故所造成的全部损失；主、次责任通常情况下按7:3比例分担事故所造成的全部损失，也有按9:1、8:2或6:4比例分担损失的。同等责任按5:5分担事故所造成的全部损失。

【例12-1】 甲、乙两车都在某保险公司投保了机动车损失险，两车均按保险价值投保，保险金额都为40000元。两车在不同事故中出险，且均被承保的保险公司推定全损。甲车投保时为新购车辆，即其实际价值与保险金额相等，残值作价2000元；乙车投保时该车已使用了两年，出险当时实际价值确定为32000元，残值作价1000元。试核定两车的损失。

解

$$甲车损失 = 保险金额 - 残值 = 40000 - 2000 = 38000（元）$$
$$乙车损失 = 实际价值 - 残值 = 32000 - 1000 = 31000（元）$$

【例12-2】 甲、乙两车发生严重碰撞事故，甲车被推定全损，该车在某保险公司投保，车辆损失险保险金额为8万元，出险时车辆实际价值被确定为6.5万元，残值作价3000元。根据交通事故处理机关认定甲方负主要责任，承担70%的事故损失。试计算保险公司应支付甲车车辆损失险的赔款。

解

$$甲车车损保险赔款 = (实际价值 - 残值) \times 按责任分担损失的比例 \times (1 - 免赔率)$$
$$= (65000 - 3000) \times 70\% \times (1 - 15\%)$$
$$= 62000 \times 70\% \times 85\%$$
$$= 36890（元）$$

2. 车辆部分损失的赔款结算

车辆部分损失是指被保险机动车出险受损后，尚未达到"整体损毁"或"推定全损"的程度，仅发生局部损失，通过修复，车辆还可继续使用。

机动车部分损失的赔款计算,也应区分两种不同情况分别计算:

(1)被保险机动车以新车购置价确定保险金额的车辆,发生部分损失后,按实际修理费用计算赔偿。但每次以不超过保额或出险当时的实际价值为限,如果有残值应在赔款中扣除。其计算公式为:

$$保险赔款 = (实际修复费用 - 残值) \times 事故责任比例 \times (1 - 免赔率)$$

(2)保险金额低于新车购置价的车辆,按照保险金额与新车购置价的比例计算赔偿修理费用。但每次以不超过保额为限,如有残值应在赔款中扣除。其计算公式为:

$$保险金额赔款 = (修理费用 - 残值) \times 事故责任比例 \times (保险金额/新车购置价) \times$$
$$(1 - 免赔率)$$

修复费用的确定以保险公司查勘定损人员出具的事故车辆估价单估损金额为准。残值是指部分损失车辆更换下来的零部件的残余价值,通常情况下按所更换配件价值的2%计算,但所更换的配件无残余价值(如风窗玻璃、灯具、橡胶塑料件等)的则考虑不予扣除残值。

被保险机动车损失赔偿及施救费用以不超过保险金额为限。如果被保险机动车按全损计算赔偿或部分损失的一次赔款金额与免赔金额之和等于保险金额时,机动车损失险的保险责任即行终止。但被保险机动车在保险期限内,不论发生一次或多次保险责任范围内的损失或费用支出,只要每次的赔款加免赔金额之和未达到保险金额,其保险责任就仍然有效,保险人应按原保险金额继续负责。

3. 施救费的计算

施救费用的赔偿是保险赔偿责任的一个组成部分,是在施救费用核定的基础上进行计算的。通常保险人只承担为施救、保护被保险机动车及其财物而支付的正常、必要、合理的费用,保险人在保险金额范围内按施救费赔偿;但对于被保险机动车装载的货物、拖带的未保险车辆或其他拖带物的施救费用,不予负责。施救的财产中,含有本保险合同未保险的财产,如果两者费用无法划分,应按本保险合同保险财产的实际价值占总施救财产的实际价值的比例分摊施救费用。计算公式为:

$$被保险机动车施救费 = 总施救费 \times \frac{保险金额}{保险金额 + 其他被施救财产价值}$$

【例12-3】 某被保险机动车的保险金额40000元,车上载运货物价值30000元,发生属保险责任范围内的单方事故,保护与施救费用共支出1000元。试计算应赔付的施救费用。

解

$$被保险机动车施救费赔款 = 1000 \times \left(\frac{40000}{40000 + 30000}\right) = 571.43(元)$$

(二)第三者责任险的赔偿计算

1. 赔偿的依据

被保险机动车发生第三者责任事故时,应按《道路交通事故处理程序规定》及有关法规、条例规定的赔偿范围、项目和标准以及保险合同的规定进行处理,在保险单载明的赔偿限额内核定、计算赔偿金额,对被保险人自行承诺或支付的赔偿金额,保险人有权重新核定或拒绝赔偿。计算赔款数额时，按以下两种情况采用不同的公式来计算：

（1）当被保险人应负赔偿金额超过保险赔偿限额时：

$$保险赔款 = 赔偿限额 \times (1 - 免赔率)$$

（2）当被保险人应负赔偿金额等于或低于赔偿限额时：

$$赔款 = 应负赔偿金额 \times (1 - 免赔率)$$

【例12-4】 甲车投保了机动车损失险及第三者责任险（限额10万元），在保险有效期内出车时，因雾大路滑，超速且占道行驶，与对面驶来的乙车相撞，造成对方车辆损坏严重，驾驶人受重伤，经交通事故处理机关现场查勘认定，甲车负全部责任。甲车投保的保险公司经对乙车查勘定损，核定车辆损失为40000元，乙车驾驶人住院医疗费105000元，其他费用（护理费、营养费、误工费等）按规定核定为5000元。以上两项，交通事故处理机关裁定甲车（即被保险人）应承担赔偿费用为150000元，已超过第三者责任险赔偿限额，试计算甲车保险公司应赔付甲车第三者责任险的赔款金额。

解

该题中甲车造成乙方的损失为：105000 + 5000 = 110000（元），已超过第三者责任险赔偿限额。

$$
\begin{aligned}
保险赔款 &= 赔偿限额 \times (1 - 免赔率)\\
&= 100000 \times (1 - 20\%)\\
&= 80000（元）
\end{aligned}
$$

【例12-5】 甲、乙两车在行驶中不慎发生严重碰撞事故。经查证，两车均投保了车损险和第三者责任保险，其中甲车车损险保险金额为30000元，新车购置价为50000元，第三者责任险限额为50000元；乙车车损险保险金额为80000元，保险价值为80000元，第三者责任险限额为50000元。经交通事故处理机关现场查勘分析认定甲车严重违章行驶，是造成本次事故的主要原因，应承担本次碰撞事故的主要责任，承担本次事故损失费用的70%。乙车措施不当，负本次事故的次要责任，负担本次事故损失费用的30%。经甲、乙双方保险公司现场查勘定损核定损失如下。

甲车：车损为20000元，驾驶人住院医疗费10000元，按规定核定其他费用（护理费、误工费、营养费等）2000元。

乙车：车损为45000元，驾驶人死亡，按规定核定费用为25000元（含死亡补偿费、被抚养人生活费），一乘车人受重伤致残，其住院医疗费为20000元，按规定核定其他费用为25000元（护理费、误工费、营养费、伤残补助费及被抚养人生活费）。以上两车总损失费用为：147000元，按交通事故处理机关裁定。

甲车应承担赔偿费用为：147000 × 70% = 102900（元）

乙车应承担赔偿费用为：147000 × 30% = 44100（元）

试计算双方保险公司按保险责任应支付的保险赔款。

解

甲车承保公司应支付甲车赔款：

车损险赔款 = 车辆核定损失 × 按责任分担的比例 ×（保险金额/保险价值）×

$$(1 - 免赔率)$$
$$= 20000 \times 70\% \times (30000/50000) \times (1 - 15\%)$$
$$= 14000 \times (30000/50000) \times (1 - 15\%)$$
$$= 8400 \times 85\%$$
$$= 7140(元)$$

第三者责任险赔款：

甲车应承担乙车的赔偿费用为：$(45000 + 25000 + 20000 + 25000) \times 70\% = 80500(元)$

因其已超过第三者责任保险赔偿限额，所以甲车承保公司应付甲车的第三者责任保险赔款数为：

$$保险赔款 = 赔偿限额 \times (1 - 免赔率)$$
$$= 50000 \times (1 - 15\%)$$
$$= 42500(元)$$

总计应支付甲车赔款为：$7140 + 42500 = 49640(元)$

乙车承保公司应支付乙车赔款：

$$乙车车损险赔款 = 45000 \times 30\% \times (1 - 5\%) = 12825(元)$$

第三者责任险赔款：

乙车应承担甲车赔偿费用为：$(20000 + 10000 + 2000) \times 30\% = 9600(元)$

$$保险赔款 = 9600 \times (1 - 5\%) = 9120(元)$$

总计应支付乙车赔款为：$9600 + 9120 = 18720(元)$

2. 第三者责任险的保险责任为连续责任

即被保险机动车发生第三者责任事故，保险人赔偿后，每次事故无论赔款是否达到保险赔偿限额。在保险期间内，第三者责任险的保险责任仍然有效，直至保险期满。

3. 第三者责任事故赔偿后，对受害第三者的任何赔偿费用的增加，保险人不再负责

(三) 车辆上人员责任险的赔款计算

1. 车上人员责任险的保险责任

被保险人投保了车上人员责任险后，则保险人负以下赔偿责任。

(1) 被保险机动车因发生规定范围内的灾害事故，致使车上人员伤亡，依法应由被保险人承担的经济赔偿责任。

(2) 被保险人对上述人员伤亡进行抢救、施救所发生的合理费用。

(3) 已投保机动车损失险的被保险人，在本车被抢劫时车上人员伤亡。

2. 车上人员责任险的赔款计算方法

被保险人凡发生车上人员责任险范围内的各项损失，保险人按责任限额以及被保险人在事故发生过程所应承担的责任，扣减相应比例免赔率进行赔付款计算。具体计算方法如下。

人员伤亡。车上人员伤亡按人分别计算，每辆车给付的人数以不超过被保险机动车的额定座位（包括驾驶人）为限。如实际载客人数超过额定座位时，以额定座位数与实际载客

数的比例付给。

（1）当被保险人应承担的受伤人员医疗费、抢救费超过限额时（含车上人员死亡）：

$$赔付款 = 赔偿限额 × (1 - 免赔率)$$

（2）当被保险人应承担的受伤人员医疗费、抢救费低于限额时：

$$赔付款 = 实际费用 × (1 - 免赔率)$$

按人分别计算后的合计数，即是保险人应支付被保险人的赔款数。

（四）车上货物责任险的赔款计算

（1）当被保险人应承担的车上货物损失（含施救费）超过限额时：

$$赔付款 = 赔偿限额 × (1 - 免赔率)$$

（2）当被保险人应承担的车上货物损失（含施救费）低于限额时：

$$赔付款 = 实际损失费用 × (1 - 免赔率)$$

三、理赔案卷的制作和管理

（一）理赔案卷制作

1. 编制《机动车损失计算书》

理赔人员完成保险责任的确定、损失费用的审核后，应按理赔计算原则及方法编制《机动车损失计算书》。

编制计算书时应注意以下几个问题。

（1）有关证明和单证材料要齐全，如报案登记表、出险通知书、查勘理赔工作报告、原始单据、第三者人身伤亡的医疗费单据、赔偿第三者的收款收据、施救费用清单和单据、查勘费用单据、汽车修理项目清单和费用单据、公安交通管理部门出具的责任认定材料、现场照片以及修车协议书（车辆估损单）等有关材料。如果保户原始单证入账无法提供，可用加盖财务公章的抄件或复印件，并注明原始凭证入账日期和会计凭证编号。

（2）《机动车损失计算书》是支付赔款的正式凭证，各栏要根据保险单、查勘理赔工作报告及有关证明单证详细核对填写，项目要齐全，计算要准确，数字、字迹要清晰，不可有任何涂改。损失计算要列明计算公式，经办人员盖章。

2. 赔案综合报告书

赔案综合报告是对一个赔案整个处理过程简明扼要的文字表述，要求文字表达准确、简练，内容要全面。任何人（包括赔案复核人、审核人）看了赔案综合报告后，能够对保险标的的承保情况、事故发生情况、保险责任确定以及损失费用核定情况有所了解，并能清楚整个赔案处理是否准确合理。

赔案综合报告书包含的要素为以下几种。

（1）保险标的承保情况：包括被保险单位或被保险人、机动车损失险投保金额、车辆重置价、第三者责任险限额、附加险投保情况、保险有效期限等。

（2）事故情况：包括事故发生时间、地点，事故类型（碰撞、倾覆或其他自然灾害），交通事故处理机关经查勘事故现场后,分析认定事故责任情况以及损害赔偿调解,经济损失分担情况(包括承担比例及损失赔偿费用)。

(3)保险责任确定情况:保险公司查勘定损人员现场查勘调查情况以及依据保险条款对是否属于保险责任的确定。

(4)损失费用核定情况:损失费用核定应分项表述。如:车辆损失费用核定情况、施救费用核定情况、第三者损失费用核定情况(人、车、物)、附加险损失费用核定情况。在分项表述时应重点表述核减、剔除费用的原因及依据。

(5)赔款分项计算情况及总赔款数。

赔案综合报告一般情况下要求全用文字表述,但考虑到理赔内勤的工作量以及要做到让综合报告简单明了,对一些基本通用情况,如保险标的的承保情况及事故处理情况中的事故发生时间、地点、事故类型等,可采用表格形式,其他要素则采用文字表述形式。

3.赔案材料的整理与装订

机动车保险理赔案卷内的理赔材料,一般排列顺序如下。

(1)赔案审批单。

(2)赔案综合报告书及赔款计算书。

(3)出险通知书。

(4)机动车保险单抄件。

(5)被保险机动车出险查勘记录(现场查勘报告)。

(6)事故责任认定书、事故调解书或判决书及其他出险证明文件。

(7)被保险机动车损失估价单(含附加车上责任险损失估价单)。

(8)第三者责任损失估价单(车、物)。

(9)事故损失照片(含事故现场照片、车辆损失照片、物资损坏照片)。

(10)损失技术鉴定书或伤残鉴定书(含病历、诊断证明)。

(11)有关原始单据。要求分类排列:

①车辆修复原始发票及修理厂修理清单;

②车辆施救票据;

③物资损坏修复费用票据;

④人员受伤医疗票据;

⑤其他赔偿费用票据;

要剔除不合理的费用单据,应另行粘贴,以便退还给被保险人。

(12)赔款收据。

(13)权益转让书。

(14)其他有关证明、材料。

案卷装订时,原始单据、照片一律要求贴在粘贴单上,要排列整齐有序。各种材料每页应在其右上角空白处依序编号。案卷目录应能反映出案卷内各种材料的数量(特别是原始票据数量),做到编排有序,目录清楚。案卷装订应按各保险公司有关档案装订的规定进行,案卷装订要整齐牢固、美观大方。

（二）赔案的周期

1. 赔案周期及其法律规定

赔案周期，即保险事故案件处理的周期，原则上是指从保险事故发生到保险公司向被保险人支付赔款的期间。

整个案件的处理过程又可以分为事故的外部处理期间和保险公司内部处理期间。

（1）外部处理期间是指有关部门对于一起交通事故的处理期间。

（2）内部处理期间是指保险公司在接到被保险人提供的索赔资料之后，进行理算和处理的周期，这个周期主要取决于保险公司的内部管理水平。

根据我国《保险法》第二十三条的规定："保险人收到被保险人或者受益人的赔偿或者给付保险金的请求后，应当及时作出核定；情形复杂的，应当在三十日内作出核定，但合同另有约定的除外。保险人应当将核定结果通知被保险人或者受益人；对属于保险责任的，在与被保险人或者受益人达成有关赔偿或者给付保险金额的协议后十日内，履行赔偿或者给付保险金义务。"根据上述规定，保险公司理赔的时限为十日。但是，从字面上理解这个"十日"的起点是"达成协议"之后，所以，时限计算的起点是保险公司与被保险人达成赔偿协议的时点。在对于时限的认定问题上存在着两方面的问题：一是被保险人方面，有的被保险人片面理解时限的规定，甚至认为时限的起点是出险的时刻；二是保险公司方面，有的保险公司的理赔经办人员用"达成协议"作为推诿的"挡箭牌"。

从机动车保险业务的客观实际上看，时限的起点应当是被保险人向保险公司提供了全套索赔单证。保险公司的理赔人员在接受了被保险人提供的全套索赔单证之后，就应向被保险人签发接收单证的凭证，并以此作为计算时限的依据。

2. 影响赔案周期的因素

影响赔案处理周期的因素主要有外部因素和内部因素。

（1）外部因素通常是指非保险公司的因素，主要是交通事故处理部门的处理周期。因为在交通事故的处理过程中包括对责任的认定和对损失的认定。责任认定较为简单，主要对事故现场进行认真的调查，参照有关的法律和法规就可以进行。而对损失的认定往往就复杂得多，这也是目前制约交通事故处理周期的主要因素。交通事故的损失一般分为两部分：车辆损失和人身伤亡。事故车辆的修理本身需要一定的时间，有的车辆在修理过程中需要采购大量的零配件。目前，制约修理工期的主要因素是一些进口车辆等待从外地购买甚至国外进口配件的时间。人身伤亡的损失认定则需要待伤员痊愈出院后才能最后确定，有的重伤员痊愈需要数个月，甚至一年以上的治疗和康复期，而只有等这些伤员痊愈出院之后才能确定医疗费用和伤残程度。所以，这些外部因素常常相当大的程度制约了保险事故处理的周期。

（2）内部因素则是指保险公司在接到被保险人提供的索赔资料之后进行内部理赔、核赔和划付赔款的过程。影响保险公司内部因素的主要原因有保险公司的内部管理水平和从业人员的综合素质，保险公司内部应建立有效的管理机制，包括内部各个环节的工作时限制度，监督和责任追究制度。同时，应当注意提高理赔人员的业务技术水平，避免由于人员的技术水平导致效率降低,还要加强对理赔人员职业道德的培养,增强服务意识。

3. 赔案周期控制的意义

保险公司对案件处理周期的控制具有十分重要的意义。首先,通过对案件处理周期的控制,可以确保其经营活动的合法性,避免合同纠纷和诉讼。理赔工作是保险合同执行过程中的关键环节,也是保险人履约的重要内容。如果保险公司不能按照法律和合同的有关规定进行理赔,势必构成保险公司的违约,甚至违法。其次,由于保险合同的射幸特点,被保险人是通过少数的案件处理认识和了解保险公司的,所以,对这些案件的处理将直接影响到保险公司的信誉。而信誉对于保险公司的意义远远不同于一般的企业,它事关保险公司的生存与发展。

(三)理赔案卷的管理

1. 已决赔案的管理

理赔案卷应做到一案一档,防止一档多案。理赔案卷在入档之前,理赔内勤人员要认真进行"理赔档案保管登记簿"登记。

登记的主要内容有:归档日期,案卷序号,赔案编号,被保险人姓名等。登记簿要指定内勤人员专人管理,便于查找调阅案卷。

案卷管理是一项长期、细致的工作,应指定专人负责管理。通常当案卷整理、装订完毕并分类编号登记后,应按类号装盒归档,有序陈放,并按业务档案的管理规定进行妥善保管。

2. 未决赔案的管理

1)未决赔案管理的意义

未决赔案是指已经发生的保险责任范围内的由于各种原因尚未赔付结案的案件。

保险公司在经营过程中出现和存在一定数量的未决赔案是正常的,但这并不意味着所有未决赔案的存在都是正常的。保险公司应当加强对未决赔案的管理,通过管理可及时了解动态,掌握经营的情况,提高保险公司经营决策的准确性。同时,通过对未决赔案的管理可以提高服务质量和服务水平,体现公司的管理能力和竞争优势。

2)未决赔案的管理程序

未决赔案的管理包括立案、撤案和结案三个环节。

(1)加强对立案的管理。有的公司将报案等同于立案,这是造成未决赔案管理混乱的一个原因。因为,有许多报案由于种种原因最终没有立案,如错报、不属于责任范围、因免赔额或者安全奖励因素放弃索赔等。

(2)加强对撤案的管理。即使立案之后,仍可能由于种种原因而没有进行索赔或者处理,在这种情况下应说明原因,及时将已经立案的案件撤销。

(3)加强对结案的管理。在案件处理结束之后,应将有关资料统计归档并核销立案。

对于未决赔案管理的关键是确保以上三个环节的资料统一、准确和及时,在可能的情况下,应采用专人负责的方式,及时地将有关资料统计并录入电脑。通常,应在每个月对未决赔案进行一次统计分析,并将统计分析的情况上报有关部门。

3）未决赔案的原因分析

对于未决赔案进行统计分析的目的是要了解存在未决赔案的数量和原因。未决赔案的原因通常可以分为两类：一类是正常原因造成的未决赔案；另一类是非正常原因造成的未决赔案。应注意加强对非正常原因造成的未决赔案的分析。非正常原因有外部因素和内部因素，但主要是内部因素，这些因素包括管理、技术以及服务质量方面的问题。分析的目的是要了解造成案件非正常未决的原因，以便有针对性地开展工作，解决这些问题，降低非正常未决赔案的比例。

思考与练习题

1. 简述汽车保险责任审定的主要内容。

2. 损余物资如何处理？

3. 损失费用核定的原则和内容是什么？

4. 简述保险人在索赔理赔过程中的权利和义务。

5. 领取赔款时应提供哪些单证？

6. 赔案综合报告书包含哪些要素？

7. 什么叫分摊权？

8. 甲、乙两车都在某保险公司投保了机动车损失险，两车均按保险值投保，保险金额都为 80000 元，两车在不同事故中出险，都被承保的公司推定全损。甲车投保时实际价值为 80000 元，残值 3200 元，乙车投保时使用两年，出险时价值为 76000 元，残值 2500 元，试核定甲、乙车的车损。

模块十三
汽车保险与理赔案例分析 >>>

一、机动车第三者责任险案例

案例 1　出了事故紧急投保，赔偿责任能否转嫁？

基本案情

2022 年 3 月，张伟从他人那里购买了一辆轻型载货汽车。2022 年 4 月 6 日 15 时 10 分，张伟驾驶该车辆行驶至邓州市某路段南段处，撞到驾驶电动车横穿道路的李霞，致使李霞受伤，两车受损。事故发生后，张伟立即联系原车主询问车辆投保情况，原车主告知其该车辆已过保险期。经"高人"指点，张伟在等待交警处理事故过程中，通过手机向某保险公司提起投保交强险和商业第三者责任险的申请，并交纳了投保费用，迅速完成了投保事宜。该事故经公安交警部门认定，张伟、李霞负事故的同等责任。受伤的李霞在先后被送往邓州市某医院和郑州某医院进行治疗，支出医疗费 12 万余元。2023 年 2 月，李霞诉至法院，要求张伟及保险公司赔偿其医疗费、误工费等各项费用共计 14 万余元。该案开庭审理时，被告张伟缺席，保险公司答辩称，愿意在保险范围内承担保险责任。

裁决结果

庭审后，承办法官在细致核对车辆投保情况的证据材料时，发现张伟在保险公司投保的交强险及商业第三者责任险，保险期间为 2022 年 4 月 7 日至 2023 年 4 月 6 日，而卷宗中记载的事故发生时间为 2022 年 4 月 6 日 15 时 10 分（仅比保险缴费时间早不到 1 小时）。依据卷宗证据，事故发生未在保险期间。但由于事故发生时间与投保时间比较接近，谨慎起见，法官又详细对张伟和保险公司进行了询问，并仔细调查了张伟投保的全过程材料，保险公司在配合法院调查过程也查明了张伟投保的时间确实为事故发生后，不在保险期间内，并拒绝了李霞的赔偿请求。依据有效的证据材料，法院最终判决张伟赔偿李霞各项损失 10 万余元。

裁决理由

张伟的车辆在发生事故前已经脱保，但其仍然驾驶该车辆出行，出了交通事故才想起来购买保险来转嫁责任，这种投机行为显然不可能得到法律的支持。

案例 2　老人因躲避车辆掉下道路受伤　法院判决驾驶人承担主责

基本案情

2022 年 10 月 3 日，周某在某乡村道路上行走，为躲避迎面而来陈某驾驶的小轿车，周某走到了路边堡坎处避让。由于陈某的小轿车后视镜距离周某过近，周某侧身避让时不小心掉下堡坎，导致身体多处骨折，并伴有脑震荡等伤情。后经司法鉴定，周某因此次交通事故造成的伤残等级为十级。经查，陈某驾驶的轿车登记在其本人名下，在保险公司投保了交强险及商业第三者责任险，此次交通事故发生在保险有效期内。事发时，陈某驾驶的车辆前部右边缘横向至车行方向右侧边白实线外边缘约为0.41m。

裁判结果

事后，周某要求陈某及保险公司赔偿其因事故产生的损失。但因多次调查均不能明确事发时周某是否与轿车车身右侧发生接触，无法判定事故责任，所以陈某和保险公司均拒绝赔偿。周某遂将二者诉至重庆市南岸区人民法院，该院判决二者共同赔偿医疗费、护理费、交通费、精神损害抚慰金、伤残赔偿金等各项损失共计10.4万元，酌定交强险不赔付部分由陈某承担90%的责任，周某承担10%的责任。

裁判理由

法院经审理认为，公民、法人或者其他组织的人身、财产权益受法律保护。行为人因过错侵害他人人身、财产权益的，应当承担侵权责任。本案中，陈某驾驶车辆行驶在乡村道路上，其危险性较大，需要承担更多的谨慎注意义务。虽然本案未能明确人车是否接触，但根据现场视频显示，事故发生时，周某已向道路边缘避让陈某驾驶的车辆，此时陈某未采取措施予以避让和减速，而是继续沿周某侧行驶，客观上造成了危险局面，应承担此次交通事故的主要责任。周某发现车辆向其驶来，因本能避让而掉下路边堡坎，与陈某的驾驶行为存在因果关系。但因周某系涉案乡村道路周边居民，对事故发生的道路比较熟悉，事故发生前，周某走在道路中间并向堡坎一侧避让，再结合其年龄和身体原因，其自身亦有一定的过错，应承担事故的次要责任。

案例3 代驾员驾车撞人，谁来担责？

基本案情

2021年11月的一天晚上，马某赴宴饮酒后欲回家，因是开车来的，其便登录某科技公司运营的出行小程序中的"代驾"板块发出订单，过了不久由某人力公司管理的代驾员赵某接单并赶来，按照订单路线送马某回家。不料，车辆刚行驶到北京通州区某路段时，正遇胡某和朋友共三人横过道路，赵某制动不及将胡某和朋友撞倒，造成车辆损坏，胡某等三人均受伤。事故经公安交通管理部门认定，赵某为全部责任，胡某等三人均为无责任。胡某伤情经过鉴定为轻度智力障碍，日常生活有关的活动能力极重度受限，符合七级伤残；右上肢肌力Ⅳ级符合八级伤残；开颅术后符合十级伤残（综合赔偿指数50%）。事发后胡某找到车辆使用人马某、代驾员赵某、出行小程序的运营方某科技公司、代驾平台的服务提供方亦即赵某的雇佣单位某人力公司、车辆第三者责任险的保险公司协商赔偿问题，但未达成一致意见，后胡某向法院提起诉讼，要求某科技公司、某人力公司、赵某、马某、某保险公司共同赔偿各项损失1187976.1元。

裁判结果

本案审理过程中，双方对由保险公司在机动车强制险和商业第三者责任险限额内赔偿金额并无异议，但是对于谁是超出保险理赔限额之外的赔偿责任主体、作为第三方，代驾员于事故发生之前亦处于平稳驾驶环境,故无证据证明某科技公司未尽到审核义务,某科技公司也无法预知事故的发生,故某科技公司在本案中不承担法律责任。综上,原告因本次事故造成的合理损失,应由赵某的用人单位即平台内代驾服务提供方被告某人力公司赔偿。故某人力公司及肇事车辆保险公司应当对原告的合理损失承担赔偿责任。最终,通州法院判决原告保险限额之外的合理损失费用由某人力公司承担,驳回原告的其他诉讼请求。判决做出后,原被告双方均未提起上诉。本案现已生效。

裁判理由

本案中某人力公司一方面作为平台内代驾服务的提供方应当承担服务提供者的民事责任,另一方面作为代驾员赵某的雇佣单位,亦应当承担雇主责任。而关于某科技公司的责任认定,其作为某出行交易平台中为用户和服务方提供代驾信息服务的主体,主要起到交易撮合、信息发布等服务,具有对平台内经营者资质进行审核的义务,在知道或者应当知道提供的代驾服务不符合保障人身、财产安全要求的情况下需要与某人力公司承担连带责任。但是在本案中,代驾员赵某所持驾驶证合法有效,且未有法律强制性规定的不宜驾驶情况。

案例 4　非营运车辆偶尔运货发生交通事故,保险公司能否拒绝赔偿?

基本案情

2023 年 6 月,李某驾驶轻型载货汽车先后与于某骑行的电动车、徐某骑行的电动车、翟某停放的轿车相撞,造成人员受伤、车辆损坏。后伤者于某送医后经抢救无效死亡,其家属遂起诉李某、保险公司至西平县人民法院,要求李某、保险公司进行赔偿。庭审中,保险公司辩称,涉案车辆投保时其使用性质为非营运,李某将涉案车辆作营运车辆使用,使保险标的危险性显著增加,且未通知保险公司,故保险公司不应赔偿保险金。法院查明,涉案车辆使用性质为非营运车辆,事故发生时在从事营运。

裁判结果

西平县人民法院经审理认为:机动车发生交通事故给公民造成损害的,应依法承担赔偿责任。本案被告李某驾驶机动车违反《中华人民共和国道路交通安全法》规定发生交通事故,负事故的全部责任,对死者家属要求的损失应承担赔偿责任,故原告要求李某承担赔偿责任的理由正当,本院应予以支持。因涉案车辆在被告保险公司投保有交强险和商业第三者责任险,所以原告的损失首先由被告保险公司在交强险限额内赔偿。关于被告保险公司是否应当在商业第三者责任险内赔偿的问题,由于被告保险公司提供的保险合同条款系格式条款,且没有证据证明该条款已向投保人明示,该条款为无效条款,其辩称理由不足,本院不予支持,遂判决保险公司也在商业三者险合同约定的范围内承担赔偿责任。被告保险公司对此不服提出上诉,后驻马店中级人民法院作出终审判决,驳回其上诉,维持原判。

裁判理由

认定保险标的是否构成危险程度显著增加,应综合考虑保险标的用途、使用范围、所处环境等变化,保险标的危险程度虽然增加,但增加的危险属于保险合同订立时保险人预见或者应当预见的保险合同承保范围的,不构成危险程度显著增加。本案中,李某驾驶涉案非营运车辆从事营运活动,确实导致保险标的危险增加,但涉案车辆为轻型载货汽车,有别于家用轿车,通常用于为自己或他人运输货物,且李某系偶尔使用涉案货车运送货物赚取少量运费,并非从事专营运输业务,李某购买涉案车辆运送货物,应属按正常用途使用车辆,不构成《保险法》第五十二条规定的"危险程度显著增加"的情形,且保险公司作为专业保险机构,在订立保险合同时,应详尽告知投保人投保营运车辆保险以及非营运车辆保险的区别、投保人车辆具体用途,并明确告知相应的法律后果,但从本案情况来看,李某对以上情况并不了解。保险公司未履行详尽告知义务,发生事故后以危险程度显著增加为由主张免责,有违最大诚信原则,故对于超出交强险赔偿限额的部分,应由保险公司在商业第三者责任险合同约定的范围内承担赔偿责任。

二、机动车损失险案例

案例 5　保险公司能否以驾驶人无道路运输从业资格证为由拒赔保险?

基本案情

2021 年 3 月,老王驾驶重型半挂牵引车与小刘驾驶的小型轿车相撞,经交警部门认定,老王负事故全部责任。事故发生时,小刘及老王驾驶的车辆分别在 A、B 公司投保,且均在保险期间。小刘车辆投保的 A 保险公司对小刘的车辆损失 7505 元予以赔付,A 保险公司取得代位求偿权,遂将老王车辆投保的 B 保险公司诉至费县法院。庭审中,B 保险公司认为,老王未能提供合法有效的道路运输从业资格证,依照双方签订的保险条款,保险公司不能承担赔偿责任。

裁判结果

山东省费县人民法院认为,本案的焦点在于驾驶人无道路运输从业资格证是否构成保险公司免赔事由。《B 保险公司机动车综合商业保险条款》中,关于驾驶人驾驶出租车或者营业性机动车无交通运输部门核发的许可证书或其他必备证书的含义约定不清,并未明确要求驾驶人取得何种许可证书或必备证书,难以认定所要求取得的许可证书是道路运输从业资格证;法院判决 A 保险公司要求 B 保险公司支付保险赔偿款 7505 元。

裁判理由

B 保险公司未能举证证明对上述内容以书面或者口头形式向投保人或其代理人作出解释,以使投保人明晰该条款的真实含义和法律后果;B 保险公司未能举证证明老王无道路运输从业资格证,且交通运输部门核发的许可证书仅是对从事相关运输行业驾驶员职业素养的基本评价,并不涉及对驾驶人驾驶能力的考核,驾驶人无道路交通运输从业资格证,与事故发生不存在必然因果关系,不能显著增加承保车辆发生交通事故的概率,进而增大其理赔风险;该条款系格式条款,存在免除已方责任,加重对方责任义务、排除对方依法应享有的主要权利情形,应认定为无效。综上所述,法院对 A 保险公司要求 B 保险公司支付保险赔偿款 7505 元的诉讼请求予以支持。

案例 6　私改车辆结构,保险公司拒赔?

基本案情

2021 年 9 月 18 日,赵某驾驶一辆重型半挂牵引车牵引一辆重型平板(自卸)半挂车运送石块,卸货时操作不当致平板挂车侧翻,造成车辆损坏。经交管部门认定,赵某承担本起事故的全部责任。事故发生后,赵某向保险公司申请定损,某财险宣城公司工作人员现场查看发现平板挂车在投保后被改装,固定安装了货厢,拍照取证但未定损,后平板挂车被送至原告宣城某汽车服务公司修理。涉案挂车登记在宁国某汽运公司名下,该公司为其在某财险安徽省宣城市宣城公司投保了机动车损失险。后宁国某汽运公司未支付修理费,并向宣城某汽车服务公司出具机动车保险权益转让及授权委托书,将涉案平板挂车赔偿等权益转让给原告。原告向法院申请对涉案挂车维修费等损失进行评估,因评估机构无法对车辆进行实地勘验未能成功评估,并退回了评估申请。

裁判结果

法院经审理认为,宁国某汽运公司所有的平板挂车在被告某财险宣城公司购买车辆损失保险,双方之间形成保险合同关系。涉案挂车行驶证登记的车辆类型为重型平板自卸半挂车,从现有证据看,该车加装了车厢,改变了车辆装载货物的种类和使用范围,使得整车重心升高,车辆危险程度显著增加。事故中平板挂车发生侧翻与车辆重心不稳具有一定因果关系。宁国某汽运公司在投保单投保人声明处盖章,视为被告某财险宣城公司已就《机动车综合商业保险免责事项说明书》宁国某汽运公司擅自违法加装车厢致使车辆危险程度显著增加,且未通知保险人,依据保险合同约定,保险人有权拒赔,法院判决驳回原告汽车服务公司的诉求。

裁判理由

根据《道路交通安全法》相关规定,任何单位或者个人不得拼装机动车或者擅自改变机动车已登记的结构、构造或者特征。宁国某汽运公司擅自违法加装车厢致使车辆危险程度显著增加,且未通知保险人,依据保险合同约定,保险人有权拒赔。据此,作出上述判决。

案例 7　网约车车主超范围接单发生车祸

基本案情

梁某在某网约车平台注册其所有的小型客车从事网约车业务。2021 年 7 月,梁某作为投保人及被保险人为涉案车辆向某保险公司投保机动车商业保险。2021 年 12 月,梁某驾驶涉案车辆与汪某驾驶的小型客车碰撞,造成涉案车辆上 3 名乘客受伤、2 车受损的交通事故。

裁判结果

公安交管部门认定梁某负全部责任。重庆两江新区(自贸区)人民法院审结该起网约车交通事故保险纠纷案,判决由车主梁某自行承担发生交通事故导致对方车辆损失的赔偿责任。

裁判理由

私家车车主从事网约车业务后应及时通知保险公司,并按要求为车辆购买相关保险,避免发生交通事故后,保险公司以投保人未履行通知义务为由拒赔。同时,在网约车平台注册过,但之后又不再从事网约车业务的私家车车主,应当及时在平台注销网约车信息,避免保险理赔受到影响。另一方面,保险公司也应当积极履行提示和说明义务,并适时开发适应网约车发展形势的新险种。保险公司在与私家车车主订立保险合同时,应仔细询问车主是否从事网约车业务,并提示车主如果今后需从事网约车业务,应当及时通知保险公司。

案例 8　擅自改变被保险车辆性质,保险公司还要承担赔偿责任吗?

基本案情

2023 年 5 月 15 日,原告赵某驾驶车辆在河南省卫辉市国道 G107 与一辆大型汽车发生交通事故。经卫辉市公安局交通警察大队作出事故责任认定，认定原告负全部责任。原告与被告保险公司协商理赔，保险公司拒绝赔偿，赵某将其诉至卫辉法院，要求被告赔偿车损36732元、鉴定费2000元、施救费1800元。原告赵某系该轻型厢式货车登记所有人。该车在被告保险公司投保有机动车损失保险，保险限额65116元。保险期间为2023年2月24日至2024年2月23日。保险车辆性质为非营业货运。保险合同特别约定："本车按照非营业性质承保，出险时如从事营业性运输，保险公司不负责赔偿"。而涉案车辆车体印刷有"货拉拉"宣传标识，原告亦使用该车辆信息在"货拉拉"平台注册用户，并从事货物运输业务。其车辆使用性质已从"非营运"转变成"营运性"车辆，显著增加了被保险车辆的危险程度，且未依照法律规定或合同约定通知被告方。

裁判结果

依照《中华人民共和国民法典》第五百零九条、《中华人民共和国保险法》第五十二条之规定，法院判决驳回原告赵某的诉讼请求。

裁判理由

赵某使用投保车辆从事营运业务，已经改变了车辆原有使用性质，使得机动车发生交通事故的危险程度显著增加，根据《中华人民共和国保险法》第五十二条的规定，赵某应及时通知保险公司，避免将来因发生交通事故时面临保险公司拒赔的风险。首先，在车辆投保时，应主动告知保险公司车辆使用目的、现状等，根据车辆实际用途诚实选择投保险种；其次，要在投保时认真阅读、仔细看清保险免责条款；最后，要如实告知保险公司车辆适用性质的变化、合理交纳保费，最大限度降低交通事故带来的风险和损失。

案例9　特种车辆在作业时致他人人身损害，交强险应否赔付？

基本案情

王某在某工地干活。一天，王某及其他工人正在辅助安装设备，突然正在作业的起重机吊装带断裂，吊装的设备坠落砸到了现场的王某，造成王某八级伤残。在申请理赔过程中，保险公司称，起重机在工地吊装过程中造成王某受伤，事发地点不是在道路上，且不是发生的交通事故，所以不属于交强险的理赔范围，理赔被拒。王某将建筑公司老板、起重机所有人、驾驶员和保险公司一起告上浙江海盐法院，要求赔偿医药费等各项损失53万余元。那么，用于起重的特种机动车辆在道路之外进行作业时发生的人身损害责任事故，是否属于交强险的理赔范围呢？

裁判结果

法院判决保险公司在机动车交强险范围内赔偿王某12万元，在机动车第三者责任保险范围内赔偿12万余元，起重机驾驶员赔偿3000余元。

裁判理由

法院审理认为，本案发生的事故虽不是在起重机通行时发生，但起重机属特种作业车辆，专项作业系其最主要的功能，行驶状态并非常态，作业状态才是常态。对特种车辆在作业中发生的事故，可比照适用《机动车交通事故责任强制保险条例》第四十三条的规定，即机动车在道路以外的地方通行时发生事故，造成人身伤亡、财产损失的赔偿，比照适用本条例。涉案的起重机投保了交强险及商业第三者责任险，保险公司对于投保车辆的性质、类型和用途应是明知的,其也应预见到此类特种机动车辆在道路通行状态下发生交通事故是小概率事件,而在起吊作业时发生责任事故是大概率事件,若仅以该特种机动车辆在道路通行状态下发生的交通事故作为理赔范围,显然有违特种机动车辆投保交强险及商业第三者责任险的目的,也有悖于《道路交通安全法》的立法意图,故保险公司理应承担赔偿责任。法院判决对交强险制度公益性和强制性的特点应予进一步彰显,以更好发挥其提供救济、增强保障、分担风险的作用。如若将特种车辆在作业中发生的事故排除在交强险赔付范围之外,将导致当事人为特种车辆投保交强险的目的落空,亦不符合交强险制度的宗旨。

三、机动车交强险案例

案例 10　二手车交强险脱保,18 万交通事故赔偿谁来"买单"?

基本案情

2022 年 1 月,小王与经营二手车生意的张某签订二手机动车买卖合同一份,约定小王向张某购买小轿车一辆,约定价格 4.88 万元。小王向张某询问车辆保险情况,张某告知其并未投保商业险,只为车辆投保了交强险。小王付清车款后,双方达成合意,张某向小王交付车辆。2022 年 2 月,小王驾驶涉案车辆发生交通事故致人受伤。该机动车交通事故责任纠纷涉诉后,经人民法院查明涉案事故车辆未投保交强险,判决小王对事故承担 40% 的赔偿责任,在交强险限额内赔偿伤者 18.32 万元及其他损失。小王认为,涉案车辆在购买时没有投保交强险,张某的行为严重违反了买卖合同中的告知义务,致使小王在交通事故赔偿案件中,在交强险范围内自行承担了赔偿责任。故小王将张某诉至上海市奉贤区法院,请求人民法院判定张某承担因违约给小王造成的损失 18.32 万元。张某辩称,涉案损失系小王自身发生交通事故所致,与被告无关。且被告不存在故意不告知的情形。涉案车辆买卖时,张某从原车主处了解到交强险期限到 2022 年 5 月,张某就直接向小王转述了相关信息,主要是由于小王自己没有进行核实,与其无关。

裁判结果

奉贤区法院审理后认为,张某向小王出售的二手车辆未购买交强险,这与张某交易时承诺的内容相悖,应认定张某存在违约行为,应对小王的损失承担赔偿责任。小王作为交强险投保义务人,在未核实车辆投保情况下径自上路行驶,自身存在较大过错。法院认为,小王与张某双方均存在过错,双方共同造成了该损害后果。法院综合考虑双方行为造成损害的原因力大小和过错程度,根据公平原则及诚实信用原则,遂作出判决:经审理判决张某承担本案 45% 的赔偿责任,即 8.24 万元。判决后,双方均未上诉,目前该判决已生效。

裁判理由

在本案中,张某违背承诺出售的车辆未购买交强险是违约并无疑问。双方的争论实际为张某的违约行为与小王的损失之间是否存在因果关系。法院认为应根据必要条件规则,即使是小王自行驾驶车辆发生的交通事故,但如果张某没有违反其承诺,所出售的二手车尚在交强险保险期间内,小王也不会因此在交通事故赔偿时承担交强险范围内的损失,故认定张某的违约行为与损害之间存在因果关系。根据《机动车交通事故责任强制保险条例》第二条的规定,在中华人民共和国境内道路上行驶的机动车的所有人或者管理人,应当依照《中华人民共和国道路交通安全法》的规定投保机动车交通事故责任强制保险。小王作为一个具有完全民事行为能力的机动车驾驶员应具有一定的风险识别能力，但小王作为交强险投保义务人未通过积极行为避免上述风险行为的发生，自身存在较大过错。根据法律规定，当事人一方违约造成对方损失，对方对损失的发生有过错的，可减少相应的损失赔偿额，法院根据过失规则，并综合考量在案其他因素，最终酌定由张某赔偿小王45%的损失份额。

案例11 被出租车撞成重伤，事故各方承担什么责任？

基本案情

2021年9月，艾某驾驶的出租车在变更车道时，与马某驾驶的两轮摩托车（载有谭某）发生相撞，造成马某和谭某受伤、车辆损坏。交警大队认定艾某负此事故全部责任。事故后，马某在医院住院治疗9个月，支付医疗费等费用合计34万余元。某鉴定机构认定马某伤残评定为二级；自理能力障碍属完全依赖范畴；马某残疾原因系前述交通事故所致。艾某驾驶的肇事车辆的所有人是某汽车公司，使用性质为出租客运。该公司与艾某签订了《租赁营运合同书》，将肇事车辆承租经营承包给艾某。该肇事车辆在事故发生时，已在某保险公司投保交强险和商业险，保险公司已向马某赔付620000元。现马某将艾某及该汽车公司诉至法院，要求赔偿其损失1295184元。

裁判结果

经法院审理，该汽车公司是涉案巡游出租汽车的所有权人。根据涉案《租赁营运合同书》，艾某驾驶涉案巡游出租汽车、以该公司名义为乘客提供出租汽车服务，并按照每日160元的标准向该公司缴纳费用，该公司对涉案巡游出租汽车的经营进行统一管理，并对艾某进行教育培训。涉案《租赁营运合同书》的性质应当属于《巡游出租汽车经营服务管理规定》第三十三条第一款"巡游出租汽车经营者应当按照有关法律法规的规定保障驾驶员的合法权益，规范与驾驶员签订的劳动合同或者经营合同"所称的"经营合同"。经查，马某所有损失为1673839.54元，扣减保险公司已支付的620000元及艾某已垫付的5000元，遂判决艾某向马某赔偿各项损失1048839.54元，某汽车公司对上述赔偿款承担连带责任。

裁判理由

我国对巡游出租汽车经营实行经营许可，由取得道路运输经营许可证的巡游出租汽车经营者对乘客提供出租汽车服务。该公司从艾某提供的具体出租汽车服务中获取利益，并对艾某有管理和培训教育的职责，与《最高人民法院关于审理道路交通事故损害赔偿案件适用法律若干问题的解释》第三条"以挂靠形式从事道路运输经营活动的机动车发生交通事故造成损害，属于该机动车一方责任，当事人请求由挂靠人和被挂靠人承担连带责任的，人民法院应予支持"所称的"挂靠形式"在本质上相同。

案例12 机动车撞死未拴绳的宠物狗，责任如何划分？

基本案情

2023年8月某日傍晚，侯某带着自家小型宠物狗在小区门口散步，牵着宠物狗的绳索不慎脱落，后该宠物狗挣脱后被路过的马某驾驶的小型轿车当场撞死。事故发生后，双方未就赔偿事宜协商一致，侯某遂向温宿县人民法院提起诉讼，要求马某及马某名下车辆所投保的保险公司赔偿其购买宠物狗的损失以及精神损失费。

裁判结果

该院审理后认为,侯某作为宠物狗的主人,应当对宠物进行有效的控制和管理,特别是在公共区域,应使用牵引绳等工具避免宠物进入机动车道或引发意外事故。本案中狗绳脱落后,侯某没有及时对宠物狗采取必要的防护措施,导致其随意乱跑并被马某驾驶的车辆撞死,因此侯某对此负有一定的过错责任。而马某作为机动车驾驶人,在行驶过程中未能充分注意道路状况,未能及时避让出现的动物,也存在一定的过失。结合双方的过错程度,该院认定马某承担70%的责任,侯某承担30%的责任。此外,鉴于马某已经为自己的车辆购买了保险,故判决保险公司在交强险及商业第三者责任险范围内先行赔付,对于超出保险理赔范围的部分,由马某个人负责赔偿。

裁判理由

关于马某主张的精神损失费的问题,根据相关法律规定,因侵权致人精神损害,但未造成严重后果,受害人请求赔偿精神损害的,一般不予支持,但确有必要的,可以根据实际情况予以适当支持。考虑到精神损害赔偿原则上限于人格权和身份权受到侵害的情形,此类赔偿通常限定在自然人的具体人格权利为核心的相关民事权益中,而本案中虽然侯某的宠物狗被撞死,但并未直接造成侯某的人身伤害,因此,该院驳回了侯某关于精神损失费的诉讼请求。

案例13　网约车免费搭乘亲属发生交通事故,能否以"旅客"身份主张赔偿?

基本案情

向某自有一辆小型客车,为从事网约车服务挂靠在第三人某汽车服务公司名下,主要从事客运服务并交纳挂靠费。向某以某汽车服务公司名义向某保险股份有限公司投保道路交通客运人责任险。2022年2月,原告峰某(系第三人向某儿子)等4人(其他3人另案处理)乘坐向某客车走亲戚,车辆撞到公路一侧山体,事故造成车辆受损及4人受伤的道路交通安全事故。本次交通事故向某负全责。事故发生后,某保险股份有限公司以向某作为驾驶人向没有购买车票的峰某提供的是无偿服务并非营运行为,且受害人峰某是向某亲属不是旅客为由而拒绝理赔。

裁判结果

本案中,"旅客"应当作出广义上的理解而非购票乘车人员才能被视为"旅客"。"旅客"与"亲属"的概念并非是一种对立排斥的关系,亲属作为乘车人员也是乘客,享有与普通旅客相同的权利,承运人有义务将其安全运送到约定地点。结合本案,应综合认定峰某属于经实际承运人向某许可搭乘享受免票待遇的旅客。在本案中,投保车辆为网约车,营运时间、线路并没有特别约定。综上所述,旅客的健康权依法不受侵害,承运人应当依法承担保障乘客安全的义务,沅陵法院遂依法作出判决:判决第三人向某赔偿原告峰某各项经济损失共计59739.77元,第三人某汽车服务公司对前述款项承担连带赔偿责任,以上59739.77元款项由被告某保险股份有限公司理赔支付。审判决后,某保险股份有限公司提起上诉。怀化市中级人民法院审理后维持原判。目前该案判决已经生效。

裁判理由

《中华人民共和国保险法》第十七条第二款即"对保险合同中免除保险人责任的条款,

保险人在订立合同时应当在投保单、保险单或者其他保险凭证上作出足以引起投保人注意的提示,并对该条款的内容以书面或口头形式向投保人作出明确说明;未作提示或者明确说明的,该条款不产生效力"。如果按保险公司的理解,以不购票的乘客不是旅客为由对受伤亡的乘客不予以理赔,该内容系对投保人不利的解释,按照法律规定应在保险合同中特别注明,并用特殊字体形式,如加大字体或红色等特殊醒目的颜色字体予以提示。本案中,对上述不利解释保险公司在向某投保承运人责任险时没有履行告知义务,在事发后却以此拒绝理赔,不仅违反了法律规定,同时也有违诚信原则。另外,按保险公司的理解也不利于保护投保人及受害人的权益,与道路客运承运人责任险用于化解和转移经营业户经营风险、保障旅客生命财产安全的目的相悖,这不仅不公平,同样也违背了投保行为保护受害人及投保人权益的宗旨。因此,保险公司拒赔的理由不能成立。

四、机动车附加险案例

案例 14　学生被撞伤致休学一年,"休学损失"该不该赔偿?

基本案情

2021 年 6 月 24 日,冯某驾驶二轮电动自行车载乘小李在路上行驶时,被沈某驾驶的载货汽车撞伤,致小李闭合性颅脑损伤、肋骨质骨折、双侧肺部挫伤等,后经过鉴定,构成九级伤残。治疗期间花去医疗费 14 万余元,住院 100 多天,小李因此休学,后复读一年,支出复读费 5000 元。经交警部门认定,沈某承担本次事故的全部责任,小李不承担责任。肇事车辆投保的某保险公司交强险、商业险和附加险,事故发生时,在承保期内。治疗结束后,小李的家人与肇事司机及保险公司协商,但协商未果。便将两方诉至法院,主张包括休学补偿5000 元在内的各项经济损失共 36 万余元。

裁判结果

庭审中,被告保险公司辩称,在核实无免责事由情形下,公司在承保范围内赔偿原告的合理合法损失。但原告所主张的休学补偿非法定赔偿项目,不应支持。河南省焦作市中站区人民法院审理认为,该起交通事故发生后,交警部门认定,被告沈某承担该事故的全部责任。因被告沈某驾驶车辆在保险公司投保交强险和 100 万第三者责任险,故被告某保险公司应在交强险范围内,对原告损失先行承担赔偿责任,不足部分由被告某保险公司第三者责任险范围内和被告沈某承担,附加险不在责任险范围内无承担赔偿,原告作为在校学生,身份具有特殊性,其因治疗交通事故造成伤情休学一年,期间产生的学业相关的损失,并非原告自行扩大的结果,且与本次交通事故具有直接的因果关系。相应损失应属于财产损失的赔偿范围。原告要求包括休学补偿 5000 元在内的各项损失 36 万余元,法院予以支持。不超过赔偿限额由被告保险公司承担。

裁判理由

在校学生因机动车交通事故受伤,治疗和休养的时间往往长达数月,必然难以跟上教学进度,影响学业。该损失与侵权行为间存在必然的因果关系,属直接损失而非自行扩大的损失。依法应当属于机动车交通事故造成的财产损失范围,应予赔偿。

案例 15　载货汽车车祸造成货物损失，挂靠公司是否担责？

基本案情

2022 年 9 月 10 日，冯某从菏泽出发至湖北，给某公司运输食用油，途中在河南省某县发生交通事故，造成食用油损失。该载货汽车登记在某运输公司名下，已在保险公司投保交强险、第三者责任险和车上货物责任附加险。2022 年 9 月 21 日，车辆损失保险公司赔偿完毕，货物损失有异议，某公司与冯某、某运输公司签订协议确认货物损失为 191995 元，残值 40000 元冯某已交给某公司，后冯某和某运输公司支付某公司赔偿款 5000 元，下剩 146995 元未赔偿原告。原告某公司起诉至法院，要求被告车辆驾驶人冯某、某运输公司共同赔偿原告货物损失 146995 元及利息。

被告冯某辩称：涉案货物损失数额应为保险公司评估的涉案货物损失 179740 元，其已支付原告涉案货物残值 40000 元及保险公司免赔款 5000 元，原告委托其运输的涉案货物损失已由保险公司理赔完毕。被告某运输公司辩称：其与原告不存在运输合同关系，不应承担赔偿责任，应驳回原告对公司的起诉。

裁判结果

法院审理认为，原告某公司与被告冯某成立运输合同关系，2022 年 9 月 11 日 19 时 52 分许，被告冯某驾驶载货汽车运载货物发生道路交通事故，造成涉案货物损坏。经交管部门认定，冯某承担该交通事故的主要责任。涉案货物在保险公司投保，经保险公司评定货物损失 179740 元，货物残值 40000 元，免赔款 17974 元。运输过程中因交通事故导致原告货物毁损，被告冯某作为承运人未能将原告货物安全运输到约定地点，应当承担违约赔偿责任。原告提交的货物损失协议书，只有被告冯某签字捺印，没有原告及被告某运输公司的确认签字，且原告认可向收货方于某转账 191995 元，系赔付收货方的全部损失。涉案货物损失数额应为保险公司评估的涉案货物损失 179740 元，原告提交的协议书确认货物损失为 191995 元，法院不予确认。原告已收到保险公司赔偿款 121766 元、被告冯某已支付原告货物残值 40000 元、赔偿款 5000 元，现原告剩下损失 12974 元未得到赔偿。根据案件事实及相关法律规定，被告冯某应赔偿原告货物损失 12974 元，对于超出部分，于法无据，法院不予支持。被告冯某在事故发生后，未及时支付原告赔偿款，实际为原告带来损失，因原、被告未约定付款时间及逾期付款利息，原告起诉后，被告冯某仍未及时支付赔偿款，由被告冯某以赔偿款 12974 元为基数，自起诉之日起参照当时中国人民银行授权全国银行间同业拆借中心发布的一年期贷款市场报价利率（年利率 3.65%）标准计算利息，承担逾期付款违约责任。被告冯某驾驶的涉案车辆挂靠在被告某运输公司名下，且冯某对涉案交通事故的发生负有主要责任，根据《民法典》第一千二百一十一条规定，被告某运输公司应对上述赔偿款承担连带责任。对被告某运输公司辩称不应承担赔偿责任的意见，法院不予采纳。

法院判决：由被告冯某于本判决生效之日起十日内支付原告货物损失 12974 元及利息；被告某运输有限公司对上述款项承担连带责任。

裁判理由

机动车道路运输经营不同于一般的机动车出行，其使用频率、事故率相对较高，损害后果相对较重。为保障公共安全，国家对其实行严格的准入制度。《中华人民共和国道路运输条例》明确规定，从事客运或货运经营，应取得道路运输经营许可，车辆营运证不得转让、出租。道路运输企业允许他人挂靠，实质系变相转让、出租车辆营运证的行为。《中华人民共和国民法典》第一千二百一十一条规定，以挂靠形式从事道路运输经营活动的机动车，发生交通事故造成损害，属于该机动车一方责任的，由挂靠人和被挂靠人承担连带责任。同时，挂靠行为的有偿与否均不影响被挂靠人承担责任。

案例 16　起重机事故纠纷案

基本案情

2021 年 8 月 13 日 10 时许，在新沂市中新钢铁厂南侧新厂内，原告张某某驾驶操作起重机苏 C×××××为该厂吊卸隔音板等材料，因路面限制，支撑腿没有固定到位等原因，导致该辆起重机侧翻倒地，造成该辆起重机严重损坏。事故发生后，原告及时向公安部门报警，同时向被告保险公司报险。公安部门对本事故出警处理，并出具了相关证明；被告保险公司也及时地对本事故进行调查、核实、拍照等查勘工作，但未在法定期间内将定损结果交予原告，一直拖延不赔。因该起重机是营业车辆，原告为了减少自己的损失，原告将该车施救至盐城市强慕起重机械有限公司进行修理，产生修理费 188890 元、施救费 20000 元。因原、被告就理赔协商未果，特提起诉讼，请求依法判决。被告国任保险公司辩称：（1）原告并未投保附加起重等车辆损失扩展条款，该险种为单独险种，被告拒赔系因原告未购买该险种；（2）原、被告双方在投保过程中，系双方真实意思表示，投保前及投保后亦明确告知原告其承保范围及提示免责条款等，原告本人签字确认，具体操作其知悉也了解上述具体内容；（3）即便原告理解为被告需要对其进行理赔，然而原告提供的修理费用等不能确定是否实际支出，即使实际支出，费用是否合理，且应扣除 2000 元免赔额度。关于施救费，不是必要支出的费用；（4）原告长期操作使用该特种车辆，应当知晓投保及承保的范围，从其投保单可看出，原告单独购买附加险种自燃险，而未对涉案争议的理赔事项险种进行购买，表示原告愿意风险自担。

裁决结果

关于原告主张的赔偿数额问题，原告主张车辆损失 188890 元，被告对该损失数额有异议申请评估，经法院委托，第三方评估机构确定涉案车辆在扣除残值后的损失金额为 107857 元，原告对该评估报告的真实性无异议，认为评估金额过低申请重新评估，但并未提供充分证据证明该鉴定结论明显依据不足，法院对被告提出的重新评估申请不予准许，故应以评估机构确定的车辆损失金额 107857 元作为保险金赔偿依据，因保险合同约定车损险每次事故绝对免赔额 2000 元，应予扣除，扣除后的 105857 元，被告应予赔偿，原告主张的超出部分法院不予支持。原告主张施救费 20000 元，并提供了相应增值税发票予以证实，该费用系原告为减少保险车辆的损失所支付的必要的、合理的费用，依法应由被告承担，故法院对原告的该项诉讼请求予以支持。综上，原告诉讼请求部分成立，法院对成立部分予以支持。据此，依照《中华人民共和国保险法》第十条、第十四条、第五十七条之规定，判决如下：被告国任财产保险股份有限公司徐州中心支公司于本判决生效后十日内赔付原告张某某机动车损失 105857 元、施救费 20000 元，合计 125857 元；驳回原告王某某的其他诉讼请求。案件受理费 4584 元，由原告张某某负担 1767 元，被告国任财产保险股份有限公司徐州中心支公司负担

2817元。

裁判理由

法院经审理认定事实如下:2021年8月26日,原告张某某为其所有的号牌为苏C×× ×××的起重机在被告处投保机动车损失险,保险金额为671300元,车损险每次事故绝对免赔额2000元,并投保不计免赔率险,保险期间自2021年7月7日0时起至2022年7月6日24时止。投保条款名称为国任财产保险股份有限公司特种车综合商业保险示范条款,保险条款第六条约定:保险期间内,被保险人或其允许的驾驶人或操作人员在使用被保险机动车过程中,因下列原因造成被保险机动车的直接损失,且不属于免除保险人责任的范围,保险人依照本保险合同的约定负责赔偿:(一)碰撞、倾覆、坠落;……。第十条约定了保险人不负责赔偿的损失和费用……(五)作业中车体重心偏离造成被保险机动车的损失……附加险之一的《起重、装卸、挖掘车辆损失扩展条款》约定:本保险合同扩展承保被保险机动车的下列损失:(1)作业中车体重心偏离造成被保险机动车的自身损失;(2)吊升、举升的物体造成被保险机动车的自身损失;(3)本保险合同其他内容不变。保险条款释义中对"倾覆"的定义是:被保险机动车由于自然灾害或意外事故,造成被保险机动车翻倒,车体触地,失去正常状态和行驶能力,不经施救不能恢复行驶。

庭审中,被告提供了原告机动车商业保险、机动车交通事故责任强制保险电子投保单、张某某字样电子签名打印件,特种车综合商业保险条款,并述称该份保单系电子投保,被告将投保信息的链接以短信形式发送至原告手机,由原告打开链接进行签字确认,原告对投保内容、保险条款知悉并了解,但被告未能提供原告投保时的流程信息、保险条款及免责条款的强制阅读等信息。原告张某某认可收到短信,但称未收到保险条款,亦未进行电子签名,保费系其本人点击业务员通过微信发送的二维码完成支付。另,法院与涉案保单保险代理人王某某做谈话,其称与原告沟通投保事宜时,仅将含有保险险种和金额出具报价单给原告确认,沟通无误后向原告出具支付码,待原告支付保费后,其将保单打印送交原告,报价单中不含免责条款等内容,其亦未与原告沟通具体保险条款内容。诉讼过程中,被告申请对涉案苏C××××车辆损失进行评估,经法院委托,中正保险公估有限公司徐州分公司于2021年8月30日出具公估报告,确定车辆损失金额为107857元(已扣除残值9000元),被告为此支出评估费20000元。法院认为,原告为其所有的汽车起重机在被告处投保机动车损失保险,由此成立的保险合同系双方真实意思表示,合法有效,依法应受法律保护。

案例17 车辆发动机进水纠纷案

基本案情

2021年8月12日,原告赵某某驾驶冀E×××××小型轿车途经隆尧县固城镇王村路口时,恰逢暴雨天路面积水,导致该车发动机进水,车辆损坏。事故发生后,原告将车辆送至邢台蓝池德致龙汽车销售服务有限公司进行维修,花费修理费用14850元,原告的冀E×× ×××汽车在被告处投保机动车损失保险,保险金额238000元,保险期间2021年4月28日0时起至2022年4月27日24时止。被告对原告车辆的车损险和车损原因暴雨均无异议,并于2021年8月25日对原告车损中的3850元做出理赔(直接给付维修方邢台蓝池德致龙汽车销售服务有限公司),被告对剩余的11000元车损以发动机进水损坏不属于赔偿范围为由拒绝赔付。另查明，《中国人民财产保险股份有限公司机动车综合商业保险条款》第六条第四项约定：因雷雨、暴风、暴雨、洪水、龙卷风、冰雹、台风、热带风暴造成的被保险机动车的直接损失，且不属于免除保险人责任的范围，保险人依照本保险合同的约定负责赔偿；第十条第八项约定：发动机进水后导致的发动机损坏，保险人不负责赔偿；附加险内包含有涉水损失险。

裁决结果

一审判决：中国人民财产保险股份有限公司邢台市分公司于本判决生效之日起十日内赔付赵某某保险理赔款 11000 元。如果未按本判决指定的期间履行给付金钱义务，应当按照《中华人民共和国民事诉讼法》第二百五十三条规定，加倍支付迟延履行期间的债务利息。案件受理费 76 元，减半收取计 38 元，由被告中国人民财产保险股份有限公司邢台市分公司负担。

二审中，当事人没有提交新证据。经法院审理查明的事实与一审一致，对一审查明的事实予以确认。法院认为，上诉人人保邢台分公司所承保的被上诉人赵某某涉车辆在保险期间内发生保险事故，人保邢台分公司应当依照法律规定和合同约定承担赔偿责任。涉案双方签订的保险条款约定被保险车辆发动机进水后导致发动机损坏不属于保险理赔范围，但同时又约定暴雨致被保险车辆损坏的属于保险理赔范围，在上述约定条款存在冲突的情况下，人保邢台分公司与赵某某对合同条款发生争议，由于保险合同系由人保邢台分公司单方提供的格式合同，故应当作有利于被保险人的解释。赵某某所有的车辆系暴雨所致损失，属于保险合同约定的保险责任范围，人保邢台分公司应当予以赔付。

综上所述，中国人民财产保险股份有限公司邢台市分公司的上诉请求不能成立。依照《中华人民共和国民事诉讼法》第一百七十条第一款第一项规定，判决如下：驳回上诉，维持原判。二审案件受理费 76 元，由上诉人中国人民财产保险股份有限公司邢台市分公司负担。本判决为终审判决。

裁判理由

法院认为，保险条款既约定保险人不负责赔偿发动机进水后导致的发动机损坏，同时约定因暴雨造成的车辆损失由保险人负责赔偿。上述两个条款并不存在矛盾。理由在于，涉案车辆发动机进水是暴雨等自然现象致损的表现之一，因此发动机进水可以由多种原因引起，既可以由暴雨等自然现象所致，也可以由驾驶员失误或有意涉水行驶所致。当暴雨与涉水行驶同时存在时，判断何者是导致发动机进水的近因，关键在于判断暴雨时所涉水行驶是否不可避免，原告车辆在该事故中发动机进水，但在当天恶劣天气中，普通驾驶员无法对降雨量、路面积水深度作出预料，对于积水多深以及发动机是否进水无法作出准确判断，驾驶员在主观上不具有故意或重大过失，应区别于天气状况良好情况下因驾驶人误操作或故意涉水行驶的情形。并且保险公司并未在投保人投保时明确告知"车辆在暴雨天气中行驶时导致的发动车进水，保险人不予赔偿"。另外，保险条款既约定保险公司对暴雨造成的车辆损失负责赔偿，同时又约定对发动机进水造成的发动机损坏不予赔偿，并抗辩因发动机涉水属于一个单独的附加险，只有在车辆投保此附加险时保险公司才负责发动机进水造成的损失，在主保险条款之间以及附加保险条款不一致的情况下，应当作出有利于被保险人或受益人的解释。况且发动机作为车辆不可缺少的部件,其所受损失亦应视为保险车辆损失的一部分,如发生保险事故,造成发动机损失,被告保险公司应对发动机的损失予以赔偿。综上被告依据保险免责条款对本案所涉保险车辆发动机进水受损而拒赔的理由不能成立。本案中导致发动机进水的近因是暴雨,而非驾驶员的误操作或故意涉水行驶,应属被告的保险责任范围,故被告应当依照法律规定和合同约定,对原告主张的发动机损失予以理赔。

案例 18　机动车相撞交通事故责任纠纷案

基本案情

李某某驾驶机动车与刘某某停放的机动车相撞,经交警部门认定,李某某、刘某某负事故同等责任,肇事车辆在大地保险公司投保交强险及商业第三者责任险,事故发生在保险期内,事实清楚。李某某因本次事故造成的损失,应由大地保险公司在保险责任范围内承担赔偿责任。李某某因本次事故住院治疗,对医疗过程及用药并无选择权,由此产生的医疗费属于其治疗所必需并已实际发生的费用,故一审法院认定李某某医疗费共计 17402.94 元并判决由大地保险公司承担并无不当。大地保险公司主张应扣除 10% 非医保用药,但未提供证据证明就免责条款向被保险人作出提示与明确说明义务,其主张免赔,证据不足,不予支持。一审时,大地保险公司提出重新鉴定伤残等级及评估车损,但在规定期限内没有提交书面申请并缴纳有关费用。现大地保险公司主张李某某提交的鉴定报告认定伤残过高,但未提供充分证据推翻鉴定结论,其主张依据不足,不予支持。大地保险公司上诉请求:(1)撤销山东省招远市人民法院作出的(2021)鲁 0685 民初 480 号民事判决,依法改判或者发回重审;(2)一、二审诉讼费由李某某承担。事实和理由:李某某非医保用药应予以扣除。涉案车辆未在大地保险公司投保医保外医疗费用责任险,应扣除 10% 非医保用药。

裁决结果

一审法院判决:大地保险公司于判决生效后 30 日内赔偿李某某各项损失 171957.48元;驳回李某某的其他诉讼请求。如果大地保险公司未按判决指定的期间履行给付金钱义务,则应当按照《中华人民共和国民事诉讼法》第二百五十三条的规定,加倍支付迟延履行期间的债务利息。案件受理费 3800 元,由李某某负担 61 元、受理费 3739 元、鉴定费 2080 元、评估费 100 元,均由大地保险公司负担。

二审法院判决:大地保险公司的上诉请求不能成立,应予驳回;一审判决认定事实清楚,适用法律正确,应予维持。二审案件受理费 3739 元,由上诉人中国大地财产保险股份有限公司烟台中心支公司承担。本判决为终审判决。

裁判理由

一审法院认为,李某某驾驶机动车与刘某某停放的机动车相撞,经交通警察大队认定,李某某、刘某某负事故同等责任,该认定事实清楚、责任认定准确,法院予以采纳。肇事车辆在大地保险公司投保交强险及商业第三者责任险,事故发生在保险有效期内,依照相关法律规定,李某某造成的各项损失首先在交强险责任限额内赔偿,超出部分在商业第三者责任险保险范围内应由保险公司赔偿 60% 为宜。

本次交通事故给李某某造成的合理损失为:医疗费 17402.94 元、伤残赔偿金 174904 元(43726 元/年 × 20 年 × 20%)、误工费 18802.2 元[(7040.4 元/月 × 3 个月)- 已发工资

(773元/月×3个月)]、护理费3820元(1910元/月÷30天×60天)、营养费900元(30元/天×30天)、住院伙食补助费1350元(50元/天×27天)、交通费酌情考虑600元、车损1290元,以上合计219069.14元。大地保险公司在交强险责任限额内赔偿李某某121290元,交强险之外的损失97779.14元按照60%的赔偿即58667.48元,大地保险公司应赔偿李某某共计179957.48元,扣除已为李某某垫付的医疗费10000元,再加上精神损害赔偿金2000元,大地保险公司应再赔偿李某某171957.48元。刘某某为李某某垫付医疗费2000元,李某某同意待大地保险公司赔偿完毕后返还刘某某。

另查明,肇事车辆在大地保险公司投保交强险及商业第三者责任险100万元,且商业第三者责任险约定不计免赔,事故发生时在保险有效期内。2021年山东省城镇居民人均可支配收入为43726元。李某某受伤前在招远市玲珑轮胎有限公司上班,前三个月平均工资为7040.4元。事故发生后在误工期内,李某某实发工资为773元/月。李某某自行委托评估的车损为1290元,并缴纳鉴定费。

五、机动车骗保案例

案例19　向保险公司虚假报案理赔

基本案情

2023年2月,吴某某驾驶的五菱小型普通客车追尾窦某某驾驶的领克牌小型轿车,由于吴某某所驾驶车辆的交强险和商业险已到期,二人商议先将车辆存放,等吴某某购买的交强险和商业险生效后再向保险公司虚假报案理赔。两天后,吴某某向中国平安财产保险股份有限公司购买了交强险和商业险。保险生效后,吴某某便进行报案,电话谎称车辆发生事故后造成车辆拥堵。在征得保险公司工作人员同意后,二人直接前往定损点进行定损,并向中国平安财产保险股份有限公司乌鲁木齐中心支公司提供了当时事故时的现场照片用于理赔,该公司经审核后对车辆进行了定损理赔,两人共计骗取24400元保险理赔金用于维修车辆。案发后,吴某某向中国平安财产保险股份有限公司乌鲁木齐中心支公司退还了24400元保险理赔款。

裁判结果

法院经审理认为,被告人吴某某、窦某某发生了交通事故,因吴某某车辆没有保险,不符合保险理赔条件,二人为非法获取保险金,在事故发生后才办理车辆保险手续,然后采用谎报出险时间的手段,虚构了保险标的,向保险公司骗取24400元理赔保险金,且已达到法定数额较大标准(个人诈骗数额10000元以上的),因此二人的行为均已构成保险诈骗罪,最终法院判决:被告人吴某某犯保险诈骗罪,判处有期徒刑九个月,缓刑一年,并处罚金人民币10000元;被告人窦某某犯保险诈骗罪,判处有期徒刑九个月,缓刑一年,并处罚金人民币10000元。

裁判理由

《中华人民共和国刑法》第一百九十八条规定:有下列情形之一,进行保险诈骗活动,数额较大的,处五年以下有期徒刑或者拘役,并处一万元以上十万元以下罚金;数额巨大或者有其他严重情节的,处五年以上十年以下有期徒刑,并处二万元以上二十万元以下罚金;数额特别巨大或者有其他特别严重情节的,处十年以上有期徒刑,并处二万元以上二十万元以下罚金或者没收财产:(一)投保人故意虚构保险标的,骗取保险金的;(二)投保人、被保险人或者受益人对发生的保险事故编造虚假的原因或者夸大损失的程度,骗取保险金的;(三)投保人、被保险人或者受益人编造未曾发生的保险事故,骗取保险金的;(四)投保人、被保险人故意造成财产损失的保险事故,骗取保险金的;(五)投保人、受益人故意造成被保险人死亡、伤残或者疾病,骗取保险金的。有前款第(四)项、第(五)项所列行为,同时构成其他犯罪的,依照数罪并罚的规定处罚。

案例 20　伪造道路交通事故责任认定书骗保案

基本案情

2016 年至 2021 年期间,被告人王某某先后到昆明慷运汽车维修服务有限公司维修车辆多次,并以该机动车向中国平安财产保险股份有限公司云南分公司谎报发生交通事故,先后使用伪造的 21 份由"昆明市交通警察支队七大队(原五大队)"开具的"道路交通事故责任认定书",向中国平安财产保险股份有限公司云南分公司虚报定损,骗取中国平安财产保险股份有限公司云南分公司理赔款共计 132624.20 元。

经被害单位报案后,被告人王某某于 2021 年 11 月 16 日被民警抓获到案。上述事实、指控罪名及量刑建议,被告人王某某在开庭审理过程中均无异议并已签字具结。

裁判结果

被告人王某某犯诈骗罪,判处有期徒刑三年二个月,并处罚金 6000 元。(刑期自判决执行之日起计算,判决执行前羁押一日折抵刑期一日,即自 2021 年 11 月 16 日起至 2025 年 1 月 15 日止;罚金须于判决生效后十日内缴纳)。责令被告人王某某向被害单位中国平安财产保险股份有限公司云南分公司退赔损失 132624.20 元。

裁判理由

法院认为,被告人王某某以非法占有为目的,虚构事实、隐瞒真相,骗取他人财物,数额巨大,其行为已构成诈骗罪,依法应当判处三年以上十年以下有期徒刑,并处罚金。公诉机关起诉指控被告人王某某犯诈骗罪的事实及罪名成立,法院予以支持。

公诉机关及辩护人均提出被告人王某某系坦白的意见,与庭审查证事实相符,法院予以采纳并据此对其从轻处罚。关于辩护人提出涉案部分交通事故是真实的,被告人采取伪造交通事故责任认定书仅是为承揽业务获取快速理赔,且诈骗款项并非私自占用,主要用于支付工资等意见,法院认为,被告人王某某利用伪造的道路交通事故责任认定书向保险公司获取虚假理赔,其诈骗主观故意明显,且其骗取理赔款后是否占为己用或另作他用并不影响其本案定罪量刑,故法院对上述意见均不予采纳。

案例 21　智能反欺诈系统精准打击故意驾车碰撞保险诈骗案例

基本案情

2021 年 1 月 25 日,王某某向保险公司报案称,自己驾车在青岛即墨区青威路附近与一辆牵引挂车相撞,所驾轿车受损严重。保险公司查勘人员迅速赶往事故现场。查勘发现,报案人王某某驾驶的轿车为一辆二手玛莎拉蒂轿车,车主系元某,事故造成轿车严重受损,预估损失超过 50 万元。发生事故的路段车速普遍较慢,车辆撞击程度如此严重实属异常,加上驾驶员和乘员杨某某对查勘人员的问询并不十分配合，种种现象引起了查勘人员的注意。

查勘人员将案件信息录入理赔系统后，公司内部 AI 智能风险识别系统通过对多种风险因子的分析和风险规则的逻辑辨别，最终判断此案存在故意碰撞嫌疑，自动在理赔系统中发起调查任务。2021 年 1 月 26 日，保险公司就该案件向公安机关报案，公安机关审查发现，车主元某购买二手高档汽车，与王某某、杨某某密谋通过保险事故骗取保险赔款的事实。1 月 27 日，公安机关出具立案告知书，对犯罪嫌疑人王某某、杨某某采取刑事拘留的强制措施，对未到案的车主元某实施网上追逃。1 月 29 日，案发第四天，被保险人向保险公司出具了放弃索赔声明，保险公司成功减损 50 余万元。目前，该案犯罪嫌疑人已被移交检察院提起公诉。

不法分子利用老旧高档车型故意制造碰撞事故骗取保险金，已经引起了保险行业的高度重视。保险行业运用信息化手段、大数据技术打击保险欺诈的能力不断增强，正一步一步把不法分子揪出来，让其受到法律严惩。

案例 22 故意驾驶机动车碰撞骗取保险典型案例

基本案情

2023 年 8 月，驾驶员逢某报案称，其驾驶车辆路边起步时追尾高某驾驶的特斯拉轿车。保险公司查勘人员现场查勘发现，肇事车是一辆奔驰汽车，在两车内放有同一款功能性饮料，而且该饮料市场较为少见。查勘人员遂对该碰撞事故产生怀疑，保险公司随即对该案发起调查。

保险公司依托青岛市打击保险诈骗犯罪中心"道路交通事故监控视频查询机制"，向有关部门申请查询事故监控视频。经核查，在该事故发生前，两车驾驶员在路边一直聊天，随后驾车发生碰撞事故。经过交警部门约谈，肇事车驾驶员最终承认系故意碰撞行为，放弃所有保险理赔。该案件实现拒赔减损 24 万余元。

该案属于故意制造保险事故骗取保险金的典型案例。本案中两位驾驶员把保险诈骗视作儿戏，想利用高端车辆故意碰撞骗取高额赔款，但因为一瓶饮料露出破绽，最终警保联合查明真相。"君子爱财取之有道"，希望该案例给一些"有心人"敲响警钟，别轻易尝试"骗保剧本"，以免得不偿失。

案例 23 "低价高保"、虚假诉讼诈骗保险金典型案例

基本案情

2022 年 9 月 16 日，青岛某财产保险公司接到某车主报案，称其车辆遭受水淹事故。经核实，该车辆的投保金额为 9 万元，但实际价值仅 2 万元左右，显著低于投保金额。该车主提出的索赔金额与保险公司的定损价格产生较大争议，且不同意调解，执意通过法律程序提起诉讼。保险公司调查发现，该车主有保险从业经历，且在案件处理过程中不断采用投诉手段向公司施压，行为较为异常。

裁判结果

该案最终进入诉讼程序，在首次开庭时，第三方评估鉴定机构对该车进行损失鉴定，评估金额为 4.8 万元。承保公司认为该车辆损失部件存在重大疑点，遂向法院申请损失部件与事故关联性鉴定。在二次鉴定中，受托鉴定机构用专业技术角度分析受损部件的损失合理性及事故关联性，并出具了客观公正的评估报告，剔除了首份鉴定报告中的大部分部件。

法院根据保险公司提交的证据材料并结合当庭答辩情况,最终判决保险公司赔付1.1万元。

裁判理由

该案属于夸大损失程度实施保险诈骗的典型案例。该车主意图通过车辆"低价高保",出险后夸大损失程度的方式骗取保险赔款,也不排除故意制造水淹事故的可能。该类通过监管投诉施压和法院诉讼索赔的欺诈案件,损害司法权威、浪费行政资源,是当前司法机关和监管部门联合整治的重点。

参 考 文 献

[1] 彭静,金明. 汽车保险与理赔[M]. 重庆:重庆大学出版社,2019.

[2] 曾鑫,李建明. 汽车保险与理赔[M]. 3 版. 北京:人民邮电出版社,2021.

[3] 史辉. 汽车保险与理赔[M]. 2 版. 重庆:重庆大学出版社,2020.

[4] 林绪东,蒋玉秀. 汽车保险定损与理赔实务[M]. 北京:机械工业出版社,2016.

[5] 安明华. 汽车保险与理赔[M]. 北京:机械工业出版社,2017.

[6] 李文涛. 汽车保险与理赔[M]. 北京:北京理工大学出版社,2017.

[7] 王富饶,尤佳. 汽车保险与理赔[M]. 2 版. 北京:清华大学出版社,2017.

[8] 赵长利,李景芝. 汽车保险与理赔[M]. 北京:机械工业出版社,2021.

[9] 张洪涛,王国良. 保险核保与理赔[M]. 北京:中国人民大学出版社,2006.

[10] 周燕. 汽车保险与理赔实务[M]. 2 版. 北京:机械工业出版社,2019.

[11] 吴冬梅,高丽英,李华. 汽车保险与理赔[M]. 2 版. 北京:人民交通出版社股份有限公司,2018.

[12] 郭颂平,赵春梅. 保险基础知识[M]. 北京:首都经济贸易大学出版社,2014.

[13] 中国法制出版社. 中华人民共和国保险法[M]. 北京:中国法制出版社,2018.

[14] 乔治·E·瑞达,迈克尔·J·麦克纳马拉,威廉·H·拉伯尔. 风险管理与保险原理[M]. 14 版. 刘春泽,译. 北京:中国人民大学出版社,2023.

[15] 王俊娜. 我的第一本保险业入门书[M]. 北京:人民邮电出版社,2015.

[16] 王健康,周灿. 机动车辆保险实务操作[M]. 3 版. 北京:电子工业出版社,2016.

[17] 吴高盛.《中华人民共和国合同法》释义及实用指南[M]. 北京:中国民主法治出版社,2014.

[18] 段文军. 保险学概论[M]. 成都:西南财经大学出版社,2012.

[19] 刘子操,刘波. 保险学概论[M]. 5 版. 北京:中国金融出版社,2014.

[20] 魏华林,林宝清. 保险学[M]. 2 版. 北京:高等教育出版社,2006.

[21] 中国法制出版社. 机动车交通事故责任强制保险条例(最新修订)[M]. 北京:中国法制出版社,2012.